Reinhard Meier

Selbständig Reiten

Reinhard Meier

Selbständig Reiten

› Ziel und Aufbau des Trainings
› Lektionen
› Springgymnastik
› Parcoursreiten

KOSMOS

Bildnachweis

Mit 113 Fotos von:
Werner Ernst (S. 11, 15, 34, 169, 174, 204),
hz/Foto (S. 12, 13, 140, 180), Thom Lehmann (S. 7)
und Reinhard Meier.

Zeichnungen: Gerhard Kapitzke
Grafiken: Max Eicher

Impressum

Mit 113 Farbfotos, 38 Grafiken und 28 Zeichnungen.

Umschlaggestaltung: Friedhelm Steinen-Broo, eStudio Calamar.
Umschlagfotos: Jacques Toffi (Vorderseite), Christof Salata / Kosmos (Umschlagrückseite), Julia Rau / Kosmos (Umschlagrückseite).

Bibliographische Information der Deutschen Bibliothek
Die Deutsche Bibliothek verzeichnet diese Publikation in der Deutschen Nationalbibliografie; detaillierte bibliografische Daten sind im Internet über http://dnb.ddb.de abrufbar.

Gedruckt auf chlorfrei gebleichtem Papier

2. Auflage 2004

ISBN 3-440-09745-5
Lektorat: Sigrid Eicher
Produktion: Kirsten Raue, Claudia Kupferer
Printed in Czech Republic/
Imprimé en République Tchèque

Postfach 106011
D-70049 Stuttgart
TELEFON +49 (0)711-2191-0
FAX +49 (0)711-2191-422
WEB www.kosmos.de
E-MAIL info@kosmos.de

Selbständig Reiten

Vorwort

von Christoph Hess, Leiter der Abteilung Ausbildung Deutsche Reiterliche Vereinigung (FN)

Alle Reiter und Pferde haben eine Grundausbildung zu durchlaufen, die unabhängig von einer eventuellen späteren Spezialisierung ist. Dies gilt in besonderer Weise für Reiter, die ein eigenes Pferd besitzen oder regelmäßig ein und dasselbe Pferd reiten.

Zunächst muß bei Reiter und Pferd die „innere" und „äußere" Balance erreicht sein. Der Reiter muß lernen, in sein Pferd „hineinzuhorchen", denn nur aus dem richtigen Gefühl heraus kann korrekt eingewirkt werden.

Das nach den klassischen Regeln ausgebildete Pferd wird im Lauf seiner Ausbildung „schöner". Es wird stärker bemuskelt, es bewegt sich eleganter und elastischer und kann am Sprung besser abdrücken und basküIieren. Die Leistungsbereitschaft eines solchen Pferdes wird sich steigern, seine Bewegungen werden ausdrucksvoller. Der Reiter bekommt ein „erhabeneres" Sitzgefühl, weil das Pferd sich relativ (in Relation zum Beugen und Untertreten der Hinterbeine) aufrichtet.

Die Reitausbildung endet nie! Solange der Mensch den Reitsport betreibt, besteht die Verpflichtung zur Aus- und Fortbildung. Gutes Reiten ist praktizierter Tierschutz und die beste Vorsorge gegen Unfälle!

Um gut zu reiten, muß der Reiter regelmäßig Unterricht nehmen. Das gilt für alle, unabhängig von Alter und reiterlicher Motivation – also auch für den Freizeitreiter ohne Turnierambitionen. Da guter Unterricht aber nicht immer und überall erteilt wird, soll das Buch „Selbständig Reiten" dem häufig auf sich allein gestellten Reiter helfen, mit den täglichen Schwierigkeiten, die ein jeder bei der Ausbildung seines Pferdes hat, leichter fertig zu werden.

Möge Ihnen das Buch von Reinhard Meier helfen, beim selbständigen Reiten erfolgreich zu sein. Ich wünsche Ihnen viel Freude beim Lesen und beim Reiten und Ausbilden Ihres Pferdes.

Reiterinnen mögen dem Autor verzeihen, daß sie bei der häufig auftretenden Bezeichnung des **Reiters** nicht immer wieder mit der sprachlich unschönen Erweiterung **ReiterInnen** oder gar **Reiter(innen)** angesprochen werden. Der Inhalt des Buches macht deutlich, daß Reiterinnen nicht vernachlässigt werden. Eher trifft das Gegenteil zu. Sie sind Reitern im Umgang mit empfindsamen Pferden aus mancherlei Gründen zumindest ebenbürtig, wenn nicht gar überlegen.

Im Buch wird als Anrede das Du verwendet. Während meiner aktiven Laufbahn konnte ich feststellen, daß mit diesem kameradschaftlichen Umgang, der auch bei sämtlichen Spitzensportlern gang und gäbe ist, das Training mit noch mehr Begeisterung aufgenommen wurde.

Außerdem noch ein Hinweis: Einige der abgebildeten Reiter und Reiterinnen tragen keine **Reitkappe**. Eine Reitkappe, die allen Sicherheitsnormen entspricht, sollte aber möglichst auch dann getragen werden, wenn sie nicht ohnehin zwingend vorgeschrieben ist.

Teil 1

Reiten ist mehr!

Unzufrieden mit dir und deinem Pferd?

Wieder einmal steigst du verärgert und deprimiert vom Pferd. Trotz aller Mühe will es einfach nicht so recht klappen. Dabei hast du eigentlich gedacht, du könntest jetzt reiten. Ein Anfänger bist du jedenfalls nicht mehr. Du hast Unterricht gehabt, sitzt ganz passabel im Sattel und weißt, welche Hilfen wann und wo gegeben werden. Dennoch steckst du offenbar gerade in einer sportlichen und geistigen Sackgasse. Irgendwie geht im Augenblick überhaupt nichts weiter.

Deine Enttäuschung nimmt täglich zu, und es bedrückt dich, daß du als Reitanfänger noch froher gestimmt und mit höheren Erwartungen in den Reitstall gegangen bist. Wesentlich zuversichtlicher als jetzt, wo du doch schon zu den „Fortgeschrittenen" zählst und regelmäßig dein eigenes oder zumindest ein Privatpferd reitest. Deine reiterliche Entwicklung hattest du dir jedenfalls anders vorgestellt, und daß dich beim letzten Einkaufsbummel in einer Sportabteilung sogar Tennisschläger mehr interessiert haben als die neuesten Reithosenmodelle, ist ein Alarmzeichen.

Die geschilderte Situation ist im gesamten Sport nicht außergewöhnlich. Sie zeigt lediglich, daß auch der Reiter, sobald er dem ersten Anfängerstadium entwachsen ist, seine Ausbildung zu rasch forcieren will. Er glaubt, es nun im großen und ganzen begriffen zu haben. In der Zusammenarbeit mit Pferden ergibt diese trügerische Annahme, womöglich noch mit einer verständlichen Portion Ehrgeiz und Ungeduld angereichert, eine denkbar ungünstige Ausgangsposition, um über die reine Technik, die Fortbewegung zu Pferd hinaus wirklich gutes und pferdeschonendes Reiten zu lernen.

Aber ein ehrgeiziger, echter Sportler resigniert nicht. Er arbeitet nur um so härter an sich. Ein guter und pferdefreundlicher Reiter besitzt die natürliche oder angeeignete Fähigkeit, einen Fehler zu beheben, indem er zunächst grundsätzlich sämtliche Reaktionen des Pferdes als das Ergebnis seiner Hilfen oder äußeren Einflüsse ansieht. Er flüchtet sich **nie** in die Annahme, sein Pferd könne zwar besser gehen, aber es wolle einfach nicht!

Denken und fühlen Reiter so, arbeiten sie ausschließlich für ihren persönlichen Erfolg und mehr gegen ein Pferd als mit ihm. Schon die Ansicht, daß ein Pferd gearbeitet werden müsse, führt zu Trugschlüssen: Ein Pferd will sich bewegen, aber nicht arbeiten.

Arbeite dein Pferd nicht, sondern trainiere mit ihm gemeinsam für ein harmonisches, erfolgreiches Reiten.

Überschätze vor allem nicht die „geistige" Aufnahmefähigkeit deines Pferdes. Beachte dafür aber um so mehr sein außergewöhnlich ausgeprägtes Erinnerungsvermögen wie auch seine hohe Empfindsamkeit. Sobald ein Reiter die Möglichkeiten seines Pferdes in sportlicher oder „geistiger" Hinsicht falsch einschätzt, bleibt die Zusammenarbeit unfruchtbar und endet für Pferd und Reiter gleichermaßen unerfreulich.

Mal ehrlich: Vier Fragen an dich

Überdenkst du die folgenden vier Fragen nüchtern und realistisch, entdeckst du vielleicht schon einen ersten Hinweis, weshalb du mit deinem Reiten nicht so recht weiterkommst, warum du mit dir und deinem Pferd unzufrieden bist.

1. Kennst du deine reiterlichen Mängel?
Bist du dann auch wirklich bereit, diese mit konsequentem, teilweise recht unbequemem Training allmählich abzustellen?
2. Welche Erwartungen und Ziele hast du?
Entsprechen deine reitsportliche Veranlagung und dein derzeitiges reiterliches Können überhaupt deinen Erwartungen und den Anforderungen, die du an dich stellst?
3. Hast du ein Trainingskonzept?
Ist auch dein Pferd den sportlichen Anforderungen dieses Konzepts wirklich gewachsen?
4. Schätzt du dein Pferd richtig ein?
Wie ist es um die „geistige" Aufnahmefähigkeit deines Pferdes bestellt? Sitzt du überhaupt auf dem richtigen Pferd?

Möglich, daß dich beim ersten Lesen die sehr direkt, beinahe schon herausfordernd gestellten Fragen ein wenig schokkieren oder auch verärgern. Du kommst aber nur dann weiter, wenn du begreifst, daß vor allem Selbstbetrug und unrealistische Beurteilung der tatsächlichen Fähigkeiten von Pferd und Reiter jeden Fortschritt, aber auch jedes Reitvergnügen blockieren.

Kommen wir zur ersten Frage:

1. Kennst du deine reiterlichen Mängel?

Da man nie auslernt, sollte jeder Sportler diese Frage grundsätzlich bejahen. Demnach werden auch Reiter ausnahmslos bereitwillig zugeben, daß sie sich in diesem oder jenem Bereich noch reiterlich verbessern könnten. Dabei handelt es sich größtenteils um Mängel, die bereits während der ersten Reitstunden auftraten, vom Reiter nie ganz abgestellt werden konnten und ihn seitdem hartnäckig begleiten. Solange es sich bei den Schwächen um Haltungsfehler handelt, sollte das nicht weiter beunruhigen. Haltungsfehler sind leicht zu deuten und können daher mit gezieltem und beharrlichem Training abgestellt werden. Du solltest dir nur darüber im klaren sein, ob eine Haltungsänderung auch reiterliche Vorteile mit sich bringt, was nicht unbedingt selbstverständlich ist.

Weitaus schwieriger sind reiterliche „Hilfenfehler" zu beheben, die zur Gewohnheit geworden sind. „Hilfenfehler" entstehen entweder aus einem mangelhaften Sitz, oder sie beruhen auf undeutlichen oder sogar irreführenden Hinweisen des Reiters an sein Pferd: Das Pferd begreift nicht, was der Reiter von ihm verlangt.

Die wohl wichtigste Erkenntnis eines erfolgreichen Reiters ist die, daß ein gesundes und für den Sport geeignetes Pferd grundsätzlich bereit ist, den Reiterhilfen zu gehorchen.

Wäre dem nicht so, stünden dem Pferd wirkungsvolle Maßnahmen zur Verfügung, das Gerittenwerden von vornherein unmißverständlich abzulehnen. So könnte es sich heftig wälzen oder ließe uns erst gar nicht aufsitzen. Bei den „intelligenteren" Hunden oder Katzen käme es zu diesen Reaktionen. Sobald ein Reiter von seinem Pferd annimmt, es würde sich vor der Arbeit drücken, ist er gleichzeitig bereit, wenn auch unbewußt, sein Pferd ungerecht zu behandeln. Von diesem Moment an wird der Graben zwischen Pferd und Reiter immer tiefer; ein noch so sportlich veranlagter Reiter müht sich vergebens.

Nun sollte sich der Reiter fragen, warum beispielsweise Haltungsfehler selbst innerhalb von zehn oder noch mehr

Jahren nicht abgestellt wurden. Lag es an einer zu geringen sportlichen Veranlagung oder an mangelndem Ehrgeiz? Da es für die allgemeine sportliche Betätigung eines Reiters keiner außergewöhnlichen Belastungen von Herz und Kreislauf bedarf, sollte ein gesunder Mensch, der genügend auf sein Gewicht und seine körperliche Fitness achtgibt, den sportlichen Anforderungen des Reitens im allgemeinen genügen. Sind allerdings selbst diese grundsätzlichen Voraussetzungen nicht gegeben, geht dieser Mangel selbstverständlich zu Lasten der Pferde und des Reiterfolgs. Hier verhält es sich wie in jeder anderen Sportart, bei denen unsportliche Aktive über bescheidene Handwerklichkeit nicht hinauskommen.

So schlußfolgern wir eher, daß reiterliche Mängel nicht abgestellt wurden, weil der Reiter sie nicht erkannte oder sie, und das ist wahrscheinlicher, nicht mit dem erforderlichen Biß und Ehrgeiz bekämpfte.

Gerade im Reitsport führt für den Reiter der Weg zum Erfolg über harte Arbeit. Neben Fleiß und eisernem Willen sind Liebe zum Pferd und sachliches Verständnis, was dessen Auffassungsvermögen betrifft, bloßem reiterlichem Talent, und sei es noch so groß, stets überlegen.

Im Sport übertrifft ein halbwegs begabter und fleißiger Arbeiter auf Dauer immer ein träges Genie!

Kaum ein Reiter kann von sich behaupten, daß er seine geistige und körperliche Energie während des Reitens vor allem darauf verwendet hat, reiterliche Mängel abzustellen. Etliche Faktoren durchkreuzen immer wieder die guten Vorsätze, die man sich noch auf dem Weg zum Stall beispielsweise für ein konsequentes Sitztraining vorgenommen hat.

So wirft der Reiter seinen guten Vorsatz über Bord, sobald er von als kritisch bekannten Vereinsmitgliedern beim Reiten beobachtet wird. Sofort richtet er seine Reitweise so ein, daß seine Mängel nicht zu offensichtlich werden. Anstatt vermehrt im Trab auszusitzen, wie es sein Reitkonzept eigentlich vorsah, trabt er leicht oder galoppiert allenfalls. Er unternimmt alles, um den Zuschauern zu gefallen, und reitet ausschließlich „für die Galerie". Nützliches Training für Pferd und Reiter bleibt also an den Tagen auf der Strecke, an denen er sich beobachtet fühlt. Seine reiterliche Einwirkung wird zusehends schwächer.

Mit einfühlsamer Hand und sanfter Linksstellung bereitet die Reiterin ihr Pferd gegen Ende des starken Trabs auf den versammelten Trab und die bevorstehende Ecke vor (Isabell Werth auf Gigolo FRH).

Aber auch dann, wenn ihm und seinem Pferd die Halle allein gehört, kann er sich nicht zu einem wirklich gewinnbringenden Training durchringen. Nun geht er es besonders gemächlich an, weil er eben einmal nicht beobachtet wird. Täglich nimmt der Reiter eine neue Situation zum Anlaß, sich zu „schonen". Kreativ ist er hauptsächlich darin, Gründe dafür zu finden, den dringend notwendigen reiterlichen Nachholbedarf auf einen anderen Zeitpunkt zu verschieben. Oder er betrügt sich selbst, indem er vorgibt, irgend etwas sei mit der Trense, dem Sattel, den Bügeln, der Reithose, den Stiefeln oder den Sporen nicht in Ordnung, und dies als Begründung für den Mißerfolg vorschiebt.

Aufmerksam, rund, harmonisch und alles im Gleichgewicht: souveräner Sprung eines wahren Weltmeisters (Franke Sloothaak auf Corrado).

Es gibt wohl keinen Reiter, dessen Gedanken sich nicht schon einmal in eine ähnliche Richtung verlaufen haben. Besonders anfällig ist er für derartige Ausflüchte, wenn er schon abgespannt und ratlos aufs Pferd steigt oder in seine noch so gut gemeinten Trainingsüberlegungen die tatsächlichen Möglichkeiten des Pferdes wie auch die eigenen nicht realistisch einbezieht.

Möchtest du zufrieden und erfolgreich reiten, solltest du dir eine geradlinige Einstellung zu den aufgeführten Punkten aneignen. Übe häufig, was dir schwerfällt, und achte dabei nicht auf unwichtige Zuschauer, von denen du weder einen Vorteil noch irgendwelche nennenswerten Auszeichnungen zu erwarten hast.

Reite nicht „für die Galerie", sondern für das Wohlbefinden deines Pferdes, dein reiterliches Weiterkommen und deine Zufriedenheit.

Beim konsequenten Üben bestimmt allerdings grundsätzlich das Wohlbefinden des Pferdes Gestaltung und Ausmaß des Trainings. So solltest du dein Pferd nicht täglich drei Stunden traben, nur um dein Aussitzen zu verbessern. Hier bieten sich andere Trainingsmöglichkeiten an, auf die wir noch im Kapitel „Sitz und Einwirkung" zu sprechen kommen.

2. Welche Erwartungen und Ziele hast du?

Diese Frage bezieht sich darauf, ob deine sportlichen Ziele mit deinen Eigenschaften und Fähigkeiten im Augenblick zu erreichen sind. So solltest du daran arbeiten, deine Angst zu verlieren, wenn dir schon auf einem sicheren Springpferd bei nur 1 m hohen Sprüngen über Jahre hinaus immer wieder das Herz in die Hose rutscht.

Mit einem geeigneten Training kannst du herausfinden, ob du für diesen Sportzweig weniger veranlagt bist oder ob dich lediglich dein fehlerhaftes Übungsprogramm verunsichert hat. Solange beispielsweise dein Auge für das Anreiten eines Sprungs nicht ausreichend geschult ist, wirst du fortwährend mit einigem Unbehagen über Sprünge reiten. Du kannst nicht einschätzen, was dich beim nächsten Sprung erwartet. Der Reiter sollte bedenken, daß schönes Sitzen und elastisches Mitgehen über dem Sprung zu den selbstverständlichen und eher unbedeutenden Merkmalen eines guten Springreiters zählen. Einen deutlicheren Hinweis auf die Qualität eines Springreiters gibt seine Fähigkeit, ein Pferd mit einer gleichmäßigen Zügelanlehnung bei geeignetem Tempo in einen vorteilhaften Absprungbereich zu reiten. Auch wenn dich das im ersten Augenblick vielleicht überrascht, wirst du mir bei genauerer Überlegung recht geben: Der Sprung selbst ist nicht das entscheidende Kriterium. Hier sollte sich beispielsweise der unsichere Springreiter fragen, ob bei seiner Springausbildung diese Faktoren genügend beachtet wurden. Näheres hierzu im Kapitel „Schule dein Auge“.

Als Dressurreiter solltest du in diesem Zusammenhang grundsätzlich überprüfen, ob du dein Pferd überhaupt in allen Gangarten gut genug sitzen kannst, um es mit geschmeidig führender Hand an den Zügel zu stellen.

3. Hast du ein Trainingskonzept?

Prüfe, ob du nach einem zumindest groben, aber dennoch klaren Ausbildungskonzept reitest und ob dein Pferd den sportlichen Anforderungen dieses Konzepts gewachsen ist. Reiter, die ihre tägliche Reitstunde sinnvoll aufbauen, erkennen, wie spannend das tägliche Reiten sein kann. Sie langweilen sich nicht und werden auch nicht ratlos. Ein vielseitiges Trainingsprogramm bedeutet, daß in der Reitstunde Lektionen so aneinandergereiht werden, wie es beim augenblicklichen

Raumgreifende Bewegung des Pferdes, gestreckter Sitz des Reiters. Beide verfügen über eine sportliche Begabung.

Stand der Ausbildungsskala von Pferd und Reiter zweckmäßig erscheint. Im Kapitel „Der tägliche Trainingsaufbau“ werden wir näher darauf eingehen.

Das tatsächliche Trainingsprogramm einer Reitstunde richtet sich danach, wie sich dein Pferd verhält, welche Möglichkeiten es dir mit seiner augenblicklichen Form anbietet.

Beobachte genau die sportliche Veranlagung deines Pferdes für die Dressur oder das Springen. Noch zu viele Turnierreiter (es werden glücklicherweise immer weniger) bürden ihren Pferden wegen einiger unbedeutender Turnierschleifen eine jahrelange harte Arbeit auf, die dem jeweiligen sportlichen Talent der Pferde nicht entspricht, noch weniger den pferdefreundlichen Gedanken des Reitsports oder den Richtlinien der Deutschen Reiterlichen Vereinigung. Manche dieser Reiter, die sich an ihrem persönlichen Erfolg berauschen, mögen im rein sportlichen Sinne erfolgreich sein. Das beglückende Gefühl jedoch, gemeinsam mit ihrem Pferd auf leichtem und harmonischem Weg mit viel Ausdauer und Fleiß eine vertretbare sportliche Leistung erreicht zu haben, bleibt ihnen leider immer fremd.

4. Schätzt du dein Pferd richtig ein?

Diese Frage, die sich als Leitfaden bei sämtlichen Trainingsanregungen dieses Buches zum Wohlbefinden der Pferde und zum Ansehen des Reitsports wiederfindet, bezieht sich auf die tatsächliche Aufnahmefähigkeit, die praktische „Intelligenz" eines Pferdes und die Frage, ob der jeweilige Reiter diesbezüglich auf einem geeigneten Pferd sitzt.

Erfolg und Harmonie einer Zusammenarbeit richten sich hauptsächlich danach, wie treffend die Intelligenz des jeweiligen Partners eingestuft wird. Während der Mensch im allgemeinen die Fähigkeiten von seinesgleichen eher zurückhaltend beurteilt, ist er unerklärlicherweise nur zu geneigt, Tieren sagenhafte und überirdische Eigenschaften zuzuschreiben. In diesem Zusammenhang erscheint die Intelligenz von Tieren – besonders von Pferden – in einem ungerechtfertigten Glanz, sie wird viel zu hoch eingestuft. Dieser Irrtum verleitet manchen Reiter zu ungerechten Handlungen, unter denen – neben dem Reitvergnügen – das Wohlbefinden der Pferde wie auch das Ansehen des Reitsports leiden.

Um Reiterhilfen zu geben, die für die Pferde verständlich sind, müssen wir die Intelligenz von Pferden realistisch einschätzen. Anhand eines einfachen Experiments, das Wissenschaftler diesbezüglich im Rahmen eines Forschungsauftrags durchführten, läßt sich einleuchtend darstellen, wie es um die tatsächliche Aufnahmefähigkeit von Pferden bestellt ist:

In der Mitte einer großen Weide wurde ein fünfzig Meter langer, gerade verlaufender Zaun errichtet. Zu früher Morgenstunde führte man eines von vier Pferden, die sich täglich auf dieser Weide aufhielten, am Halfter aus dem Stall bis vor die Mitte des 1,5 m hohen Zauns. Das hungrig gehaltene Pferd durfte kurz aus einem mit Hafer gefüllten Futtereimer fressen und mußte dann mit ansehen, wie der Futtereimer auf die andere Seite des Zauns gestellt wurde.

Sofort begann das hungrige Pferd, verunsichert zu schnauben und mit den Hufen zu scharren. Ohne den Futtereimer aus den Augen zu lassen, lief es einige Trabtritte nach links, zurück zur Mitte und einige Trabtritte nach rechts. Die Aufregung wuchs, so daß aus den Trabtritten bald zur linken und rechten Seite einige kurze, verspannte Galoppsprünge wurden. Obwohl zwischen beiden Enden des künstlich erstellten Zauns bis zum wirklichen Weidezaun noch jeweils über fünfzig Meter lagen, kam das Pferd nicht auf den „Gedanken", um den Zaun auf der linken oder rechten Seite herumzulaufen, um so durch eine der großen Öffnungen auf die andere Seite an den Futtereimer zu gelangen.

Schließlich hatte man mit dem Pferd ein Einsehen und führte es zur links liegenden Öffnung um das Zaunende herum zum Futtereimer. Sofort nach dem Fressen wurde es wieder auf gleichem Weg zurück in seinen Stall gebracht. Bei drei weiteren Pferden verfuhr man ebenso und erzielte die gleichen Ergebnisse.

Am nächsten Morgen lösten die vier Pferde die gestellte Aufgabe sofort. Bemerkenswert war, daß alle Pferde zur der ihnen bekannten linken Öffnung galoppierten. Nach dem Fressen wurden die Pferde wieder auf gleichem Weg von der Weide in ihren Stall geführt. Das Experiment wurde erweitert, indem man den Zaun nach links bis zum Weidezaun verlängerte. Somit bestand nur noch die Öffnung auf der rechten Seite.

Wie am ersten Tag stellten sich die Pferde hilflos an, und keines fand die ver-

Der Vollblüter veredelt das Warmblutpferd. Hoch im Blut stehende Reitpferde sind auf feine und besonders klare Hinweise des Reiters angewiesen (Mandino xx).

bleibende rechte Öffnung. Nachdem man sie nach dem Fressen auch durch diese Öffnung geführt hatte, fanden alle Pferde am nächsten Tag allein die rechte Öffnung. Als man wieder einen Tag später beide Seiten öffnete, wählten alle Pferde den zuletzt benutzten, den rechts liegenden Weg.

Nachdem nun die Pferde einige Tage lang von morgens bis abends auf der Weide verblieben und um den Zaun herum grasten, waren sie mit den Gegebenheiten des Zauns so vertraut, daß er für sie zu beiden Seiten kein Hindernis mehr darstellte, um an den Futtereimer auf der anderen Seite zu gelangen. Sie liefen einmal durch die linke, einmal durch die rechte Öffnung, gerade so, wie es die jeweilige Situation beim Loslassen in der Mitte des Zauns ergab.

Dieses Experiment macht deutlich, daß man bei Pferden keine Intelligenz im menschlichen Sinn voraussetzen darf. Allein ihr ausgezeichnetes Erinnerungsvermögen läßt sie intelligent erscheinen. Kausales Denken ist ihnen völlig fremd. Verhalten und Reaktionen basieren einzig auf körperlichen Reizen und auf Erinnerungen. Die Evolution hat Organismen im Lauf der Erdgeschichte unendlich langsam und sinnvoll den jeweils geltenden Naturverhältnissen angepaßt und verändert sie weiter, da auch der uns bislang bekannte Weltraum keinen Stillstand kennt. Aus dem ursprünglichen Pferd hat sich innerhalb dieses Entwicklungsprozesses nicht etwa ein intelligentes Reittier für den Menschen entwickelt, sondern lediglich ein grasendes Herdentier, das typische Merkmale und Verhaltensweisen eines reinen Pflanzenfressers und Fluchttieres aufweist.

Ähnliche Eigenschaften erkennen wir etwa beim Reh, bei Antilopen, beim Elch oder anderen gleichartigen Tieren. Nur weil das Pferd zufällig in seinem Exterieur, in Temperament und Größe den Vorstellungen des Menschen von einem Arbeits-, Reit- und „Sporttier" am meisten entsprach, wurde es durch eine gezielte Zucht zum heutigen Reit- und Sportpferd. Man kann sogar sagen, daß es sich zum Reitpferd eignet, gerade weil es, wie übrigens alle anderen reinen Weidetiere auch, eben nicht besonders intelligent und mutig ist.

Daher kann ein Pferd auch kein Interesse an Siegen oder Plazierungen haben. Nach einem Sieg stellt es sich scheinbar stolz und auffällig in Positur, weil es natürlich die besonders liebevolle Behandlung und die allgemeine Aufmerksamkeit vieler gutgelaunter Menschen bemerkt und sich wohlfühlt. Aber es ahnt noch nicht einmal, daß es soeben eine sportlich wertvolle Leistung erbrachte. Unter sämtlichen Sportpferden läßt allein das Rennpferd einen eigenen „Siegeswillen" erkennen, und auch der entsteht einzig und allein aus dem natürlichen Trieb, in einem schnell galoppierenden (flüchtenden) Pulk nicht das gefährdete Schlußlicht zu bilden.

Fast schämt man sich, auf wirkliche und konkrete Fähigkeiten und Bedürfnisse von Pferden immer wieder mahnend hinzuweisen.

Erfahrungen, logische Erkenntnisse und Ergebnisse wissenschaftlicher und medizinischer Untersuchungen haben diesbezüglich genügend eindeutige Argumente erbracht, die ein rücksichtsvolles und möglichst pferdegerechtes Verhalten des Reiters gebieten. Es ist äußerst mühsam und würde sich kaum lohnen, ständig gegen rein finanzielle Interessen und eingefleischte Denkgewohnheiten anzukämpfen, wenn nicht die Liebe zum Reitsport und vor allem zum Pferd dazu fortwährenden Anreiz gäbe.

Die nüchtern dargestellten Hinweise sollten keinesfalls dazu führen, die Pferde insgesamt abzuwerten. Im Gegenteil! Sie sollen das Verständnis des Menschen bei der Beurteilung seines Pferdes schärfen und ihn dadurch zu einem zufriedenen und erfolgreichen Reiter werden lassen. Alle Erfahrungen weisen darauf hin, daß sich das Pferd durch Großmut, Geduld, Nachsicht und ein der Situation entsprechendes Entgegenkommen auszeichnet, was man zu Recht als „edlen Charakter“ bezeichnen könnte. Pferde gehören sicher zu den faszinierendsten und schönsten Geschöpfen der Erde. Sie können trauern, sich freuen oder auch verärgert sein. Dazu benötigen sie jedoch keine Intelligenz. Nicht die Intelligenz macht ein Wesen edel, wie unzählige Beispiele der Menschheitsgeschichte aufs traurigste bewiesen haben.

Stell dir einmal vor, du würdest geritten. Versetze dich bewußt in die Lage eines Pferdes unter dem Reiter. Auf deinem Rücken sitzt ein anderes Lebewesen, dessen Vorstellungen du in Bewegungen umzusetzen und dessen Befehle du auszuführen hast. Dieses imaginäre Lebewesen gibt dir keine erklärenden Zeichen oder Gesten, weil du keinen Blickkontakt zu ihm hast. Daher beschränken sich die Verständigungshilfen auf mehr oder weniger starke Körperkontakte, die du nur fühlen, aber nicht gleichzeitig beobachten kannst. Zudem spricht das unsichtbare Wesen allenfalls eine Handvoll Worte mit dir, wenn überhaupt. Sämtliche Hinweise erhältst du ausschließlich über Zügel-, Gewichts- und Schenkelhilfen.

Während du eingehend über die tatsächliche Situation des Reitpferdes nachdenkst, wird dir sicher immer klarer, wie schwierig es für ein Pferd ist, seinen Reiter zu verstehen. Hinzu kommt, daß die Chancen für eine Verständigung zum Nachteil der Pferde auch noch ungleich verteilt sind. Der als intelligent geltende Reiter kann die Reaktion des Pferdes spüren und auch noch zu einem großen Teil beobachten. Das Pferd sieht von seinem „Dirigenten“ nichts; es muß sich allein auf den Körperkontakt zum Reiter konzentrieren, um seine Hilfen zu übersetzen.

Schon anhand einer beliebigen Lektion, beispielsweise: Mitte der langen Seite im Arbeitstrab eine Volte (8 m Durchmesser), können Dutzende von Möglichkeiten allein bei der auf die Lektion vorbereitenden Zügelhilfe entstehen, aus denen das Pferd die einzig richtige herausfinden muß:

Bevor der Reiter zur Volte abwendet, macht er sein Pferd auf die kommende Lektion durch sanftes Treiben gegen die durchhaltende Hand auf eine Veränderung aufmerksam. Wenn sich der Druck gleichmäßig auf beiden Zügel verstärkt, kann das für ein geradegestelltes Pferd bedeuten:

- Ich soll Schritt gehen
- Ich soll nur ein wenig langsamer laufen
- Ich soll mit meinen Hinterbeinen weiter untertreten
- Ich soll meinen Kopf gerade halten

- Ich soll meinen Kopf tiefer halten
- Ich soll meinen Kopf höher halten
- Ich soll, ich soll, ich soll…

Oder es kommt vielleicht eine neue Lektion, wahrscheinlich Schritt oder Halten, weil der Reiter mich im Hals gerade hält. Würde er mich beim Zurückführen ein wenig nach innen stellen, wäre auch ein einfaches Abwenden denkbar. Es könnte aber auch ein Schulterherein, eine Kurzkehrtwendung oder ein Angaloppieren folgen. Vorausgesetzt, ich spüre bei der leichten Innenstellung den äußeren Zügel deutlich genug. Dazu müßte ich aber zudem noch bemerken, daß der Reiter sein Gewicht um einen Hauch nach innen verlagert.

Um mehr zu erfahren, muß ich erst einmal ruhig abwarten, was er nun mit seinen treibenden Schenkeln macht. Setzt er sie beide ein oder wird er mir mit dem vermehrten Druck seines äußeren Schenkels einen zusätzlichen Hinweis geben? Wenn er die Innenstellung verstärkt, kann er auch nach innen traversieren wollen. Allerdings müßte er dann sein Gewicht deutlicher nach innen plazieren, mich trotz der Stellung mit der inneren Hand locker halten, mit dem äußeren Schenkel etwas weiter hinten energisch treiben und auch seinen inneren Schenkel spürbar an mir liegen lassen. So weiß ich, daß es vorwärtsseitwärts gehen soll. Damit ich zwischen Traversieren und Angaloppieren unterscheiden kann, sollte er mich für das Traversieren anfangs nicht zu fest halten…

Fast kann man sich die Erleichterung eines Pferdes vorstellen, wenn aus der Vielzahl der Möglichkeiten lediglich eine einfache Volte verlangt wird.

Nach scheinbaren Fehlreaktionen deines Pferdes wirst du nachsichtig sein, wenn dir bewußt wird, wie vielfältig deine Hilfen vom Pferd ausgelegt werden können und wie unmißverständlich daher deine Hilfen für eine gelungene Lektion gegeben werden müssen. Dressur- und Springreiten sollte ein fortwährender, leicht verständlicher Dialog zwischen gleichberechtigten Partnern, zwischen Pferd und Reiter, sein. Dann wird das Reiten zu einem ständigen Vergnügen, und der Erfolg stellt sich fast von selbst ein.

Schätzt du richtig ein, was dein Pferd „begreifen“ und ausführen kann, gibst du entsprechend klare und verständliche Hilfen. Somit reitest du erfolgreich.

Das geeignete Pferd

Mit einem maßgeschneiderten „Handwerkszeug“, das der individuellen Veranlagung des jeweiligen Sportlers entgegenkommt und die Ausübung des Sports so angenehm und erfolgreich wie möglich macht, wächst die Begeisterung für jede Sportart. Der ständig ans Netz stürmende Tennisspieler bevorzugt einen leichten, besonders handlichen Schläger; ein Grundlinienspieler schwört auf sein kopflastiges Racket, das den Ball besser beschleunigt. Rahmen und Zubehör eines Rennrades werden nach den genauen Maßen des Käufers gebaut. Beim Alpinen Skilauf wählen die Sportler zwischen drehfreudigen Allround- und reinen Abfahrtsski. Die zunehmende Masse der Skilangläufer teilt sich in die Lager der Verfechter von Wander-, Loipen- oder Speziallanglaufski, je nach sportlicher Zielsetzung. Langstrekkenläufer in der Leichtathletik tragen Schuhe mit einer starken oder weniger hohen Sohlendämmung: Fußform, Laufstil sowie das Gewicht des Läufers beeinflussen die Wahl.

Natürlich ist ein Pferd mehr als ein reines Sportgerät. Dennoch sollten uns die Erkenntnisse anderer Sportarten dazu anregen, auch mit der Wahl eines geeigneten Pferdes günstige Voraussetzungen für ein zwangloses und harmonisches Training zu schaffen. Noch so spektakuläre Bewegungen deines Pferdes nützen dir wenig, wenn du es noch nicht einmal in den Grund-

Die Proportionen eines Reitpferdes sollten zueinander passen. Bei diesem gefälligen Rappen fällt es nicht schwer, sich ein angenehmes Reitgefühl vorzustellen.

gangarten Schritt, Trab und Galopp angenehm leicht reiten und bequem sitzen kannst. Der Gesichtspunkt des geeigneten Pferdes wird im Reitsport wie auch bei Freizeitreitern nicht genügend berücksichtigt. Unpassend berittene Pferdeliebhaber verlieren nach und nach die Freude am Reiten. Mißmutige, schlecht gelaunte Reiter behandeln ihre Pferde oft unbeherrscht und ungerecht.

Solltest du dich für eine bestimmte Sparte des Reitsports – Dressur, Springen oder Vielseitigkeit – entschieden haben, sollte dein Pferd eine natürliche Veranlagung dafür haben. Ein geeignetes **Dressurpferd** verfügt über gute Grundgangarten; vor allem Schritt und Galopp sind makellos. Einwandfreie, gute Grundgangarten kann man mit einem sinnvollen Training noch wesentlich steigern. Gleich zu Anfang sind überdurchschnittliche Grundgangarten nicht unbedingt erforderlich. Sind sie jedoch vorhanden, um so besser.

Einen von der Natur gegebenen mangelhaften Schritt oder Galopp wird ein Pferd nie ganz verlieren, ebensowenig wie seine natürliche Schiefe. Selbst dann nicht, wenn es bis zum Grand-Prix-Pferd reifen sollte. Einen wenig raumgreifenden oder gar paßartigen Schritt wirst du als Dressurreiter ewig „therapieren“ müssen. Ebenso verhält es sich beim rollenden, holprigen Galopp, der zum „Vierschlag“*) neigt. Sobald du deine reiterlichen Bemühungen auch nur ein wenig einstellst, wird das Pferd wieder in seine für den Dressursport unerwünschte Veranlagung zurückfallen. Pferde mit diesen Mängeln sind für den Dressursport weniger geeignet. Auf Dauer kann eine intensive Ausbildung weder Pferd noch Reiter Freude bereiten, zumal ein Dressurpferd seinen Reiter angenehm sitzen lassen sollte. Mit schwer zu sitzenden Pferden (stoßender, rollender Galopp) intensiv zu arbeiten bedeutet eine täglich neue Überwindung.

*) In diesem Buch wird der Schritt als Vier-, der Trab als Zwei- und der Galopp als Dreischlag beschrieben. Mit den üblichen Taktbezeichnungen werden Begriffe aus der Musik verwendet, jedoch gibt es hier keinen Zwei-, Drei- oder Viertakt. Um Mißverständnisse auszuschalten, habe ich mich für diese Lösung entschieden, die auch den Musikfreund nicht irritiert.

Man ahnt bereits, daß sich dieser schwammig wirkende 5jährige Wallach auf die Reiterhand lehnen möchte. Schon im Stand ist er mehr ein Bergab- als ein Bergaufpferd.

Von den drei Grundgangarten kann der Trab am auffälligsten verbessert werden. Aus regelmäßigen und elastischen, ansonsten aber eher gewöhnlichen Trabbewegungen bildest du mit einem gezielten Training nach und nach imponierende, raumgreifende Tritte – aber auch davon später mehr.

Bei einem **Springpferd** sollte genügend Galoppier- und Sprungvermögen vorhanden sein. Alles weitere – daß beispielsweise das Springpferd sofort und im gewünschten Ausmaß auf zulegende und zurückführende Hilfen reagiert – wird im Training aufgebaut.

Bei diesem Andalusier paßt die schwache Hinterhand nicht zur kräftigen Vorderpartie. Der Hinterhand wird es schwerfallen, die Vorhand zu entlasten. Die Wahrscheinlichkeit ist groß, daß der Schimmel fortwährend zu tief und „bergab" gehen möchte.

Das **Vielseitigkeitspferd** sollte von allen Sparten des Reitsports ausreichend Talent besitzen, ohne an die Möglichkeiten der reinen „Spezialisten" heranreichen zu müssen. Ganz falsch ist allerdings die Einstellung: für keine Einzeldisziplin gut genug – also Vielseitigkeitspferd. Überdurchschnittliches Galoppier- und Springvermögen stehen auf jeden Fall deutlich im Vordergrund. Auf die Veranlagung verschiedener Pferde wird in den Kapiteln zu einzelnen Lektionen ohnehin noch näher eingegangen. Hier genügt erst einmal eine eher allgemeine Übersicht. Sucht man jedoch selbst die wenigen aufgeführten Veranlagungen bei zukünftigen Sportpferden vergebens, ist eine harmonische und erfolgreiche Ausbildung kaum denkbar.

Reiterliche Ziele von Sport- oder Freizeitreitern dürfen nicht über die natürliche Veranlagung der Pferde gestellt werden.

Von Rasse, Schönheit und Farbe eines Pferdes hat jeder Reiter eigene Wunschvorstellungen. Obwohl sich subjektive Merkmale auf angenehmes und erfolgreiches Reiten scheinbar nicht auswirken, sind sie dennoch für die Ausbildung von Pferd und Reiter nicht unwichtig: Der Reiter gewinnt unwillkürlich zum Reiten eine positive Einstellung, wenn auch diese Äußerlichkeiten seinem Wunschbild entsprechen.

Kleine, leichte Reiter verfügen nicht über genügend physische Kräfte, um besonders träge und schwerfällige Pferde zum leichtfüßig aussehenden Vorwärtsgehen zu bewegen. Auf zu breiten Pferderücken finden kurze Beine keine Möglichkeit, sich schmiegsam und wirkungsvoll treibend an den Pferdeleib zu legen. Das Reiten wird fortwährend mühsam bleiben. Ein kräftiger Reiter mit einer passenden Körpergröße „motiviert" dagegen ein phlegmatisches Pferd schon eher zum fleißigen Vorwärtsgehen.

Sehr große Reiter sitzen auf kleinen Pferden oft krumm, weil sie sich nicht wohlfühlen und ihre Länge ein wenig vertuschen möchten. Flatternde Unterschenkel finden kaum Halt zum Pferd und haben einen insgesamt unruhigen Sitz zur Folge.

Ein „Sitzriese" mit langem, schwerem Oberkörper und kurzen Beinen trägt über seinem Beckenschwerpunkt ein hohes Gewicht, das er nicht so einfach ausbalanciert wie der langbeinige Reiter einen leichten

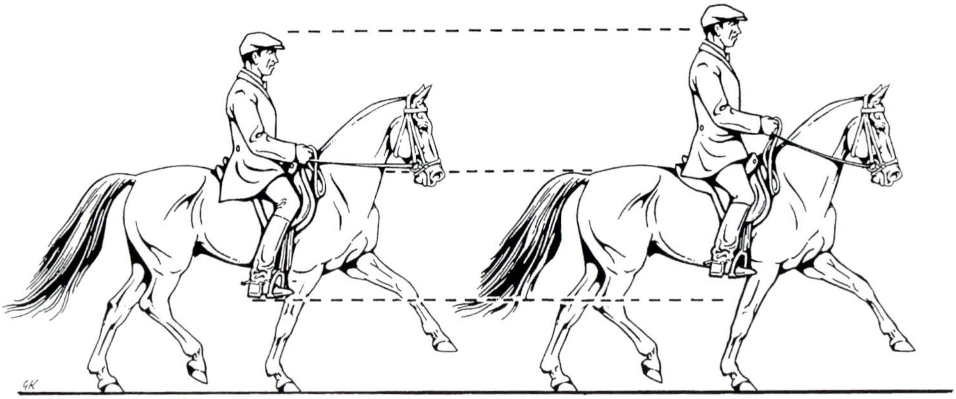

Ein großer Reiter mit einem gestreckten Sitz paßt zur Not auch noch auf ein kleineres Pferd. Ungünstiger wird das Größenverhältnis, wenn ein insgesamt gleich großer Reiter, aber mit einem langen Oberkörper und kurzen Beinen, auf einem kleinen Pferd sitzt.

Oberkörper. Daher stellen Sitzriesen und Pferde mit einem besonders unangenehm zu sitzenden Wurf eine denkbar ungünstige Konstellation dar. Der langbeinige Reiter mit leichtem Oberkörper überwindet Probleme eines schwer zu sitzenden Pferdes müheloser.

Unruhige Pferde mit übertriebenen Reaktionen sollten umsichtigen und weiter fortgeschrittenen Reitern anvertraut werden, die zudem ein ausgeglichenes Temperament haben und auf nervöse Pferde beruhigend einwirken. Schäumt dagegen das Reitertemperament schon bei Kleinigkeiten über, paßt dieser „Reiter" nicht zum Reitsport, schon gar nicht auf sensible Pferde. Wer seine Nerven nicht beherrscht, gibt Pferden unverständliche Hilfen. Vertrauen kann er nicht aufbauen. Unterschiedliche Temperamente von Pferd und Reiter sollten sich – wie bei den Menschen – ausgleichend ergänzen.

Eine harmonische Konstellation von Pferd und Reiter eröffnet günstige Voraussetzungen für ein andauerndes, erfolgreiches Reitvergnügen. Daher werden einige Kriterien erwähnt, die man bei der Wahl eines Pferdes berücksichtigen sollte.

Laß dir zunächst das Pferd am Halfter vorführen. Achte auf gutes Licht, bei dem du beide Seiten des Pferdes aus einer Entfernung von mindestens sechs Metern eingehend betrachten kannst. Schon jetzt sollte dir das Pferd sympathisch sein.

Das anschließende Aufsatteln wird

So wie bei diesen Beispielen sollten Größen- und Gewichtsverhältnisse von Pferden und Reitern zueinander passen.

ebenfalls genau beobachtet. Es vermittelt wichtige Aufschlüsse über das Verhalten und Vertrauen des Pferdes. Deutliche Anzeichen von Unwillen, Abneigung, Nervosität, aber auch von zufriedener Gelassenheit werden hierbei sichtbar: Das Annehmen des Trensengebisses, die Reaktionen der Ohren, des Rückens und des Schweifs auf das erste Angurten des Sattels, das Aufsitzen und schließlich das Anreiten lassen das Gesamtbild des Pferdes immer klarer werden. Wirf einen Blick in die Pferdebox. Ist das Stroh wild durcheinandergewühlt, zeugt das nicht gerade von einer leichten, aktiven Hinterhand. Ein sauberes, fast plattgetretenes Strohlager vermittelt dagegen ein erfreuliches Bild.

Unter dem Reiter interessieren Takt und gleichmäßige, elastische Bewegungen. Ein guter Schritt entwickelt sich raumgreifend aus der schräg gelagerten Schulter mit einem deutlichen Übertritt der Hinterhufe über die Spur der Vorderhufe. Suchst du ein Dressurpferd, muß der Schritt erstklassig sein. Ein gehemmter Schritt mit begrenztem Raumgewinn wird besonders bei Tempounterschieden ein Problemfall bleiben. Schon bei leichten Unaufmerksamkeiten fällt das Pferd wieder in seinen natürlichen, in diesem Fall mangelhaften, Schritt. Sei aber ebenso skeptisch bei einem außergewöhnlich raumgreifenden Schritt, der bei späteren Versammlungen leicht zu paßartigem Gehen führt. Obwohl ein raumgreifender Schritt bei Spring- oder Geländepferden nicht so stark beachtet wird, ist er nicht bedeutungslos: Ein guter Schritt wird stets mit einem guten Galopp in Verbindung gebracht, und ein guter Galopp ist für alle Reitpferde Voraussetzung für angenehmes und erfolgreiches Reiten.

Bei der Beurteilung des Trabs wird nicht auf übertriebene Trabverstärkung an den langen Seiten geachtet, sondern vielmehr darauf, wie sich das Pferd beim Durchreiten der Ecken ausbalanciert. Durchläuft es die Ecken in gleichmäßigem Takt und im Gleichgewicht, ist das posi-

Ein Reitmeister mit einem Nachwuchspferd während des täglichen Trainings (Jean Bemelmans)

tiver zu bewerten, als wenn es die langen Seiten mit beeindruckenden Tritten bewältigt, in den Ecken jedoch fortwährend in unsicheres Laufen stolpert. Mit noch so imponierenden Trabbewegungen kannst du wenig anfangen, wenn du den Trab in Takt und Gleichgewicht ständig therapieren mußt. Bedenke, daß der Trab die Grundgangart ist, die sich während der Ausbildung am auffälligsten verbessern läßt. Bedeutsamer bei der Pferdebeurteilung sind Bewegungshöhepunkte im Schritt und Galopp. Mängel dieser Grundgangarten lassen sich kaum beheben.

Die Galoppade ist wohl die Gangart, die den größten Einfluß auf den Reitkomfort eines Pferdes hat. Schon beim jungen Pferd wird deutlich, ob der Galopp rund und locker ist. Weites, lebhaftes Unterspringen weist bereits auf Fähigkeiten hin, die später Schub- und Tragkraft der Hinterhand ausmachen. Der Galopp sollte sich schon beim jungen Pferd in einer frisch gesprungenen Aufwärtstendenz präsentieren. Dagegen verliert sich eine rollende und matte Galoppade nicht völlig, sie muß ständig therapiert werden. Mängel bei Grundgangarten lassen sich ebensowenig ganz beseitigen wie beispielsweise die natürliche Schiefe eines Pferdes oder der Hang zum paßartigen Gehen. Das Temperament, die Leistungsbereitschaft, die allerdings erst während des eigentlichen Trainings offensichtlich wird, sowie die Gesundheit des Pferdes sind weitere wichtige Gesichtspunkte. Jedoch ist es nicht einfach, schon bei einem jungen Pferd seine Leistungsbereitschaft und sein Temperament klar festzulegen, vor allem dann nicht, wenn du dir das Pferd lediglich vorreiten läßt. Reite es selbst, damit du dir hinsichtlich dieser Eigenschaften ein klareres Bild verschaffst. Du bemerkst, ob es leicht an die Hand tritt und wie stark es dich wirft. Bei einem Pferd, das sich mit einer ruhigen, zufriedenen Maultätigkeit willig führen und weich sitzen läßt, wächst die Wahrscheinlichkeit, daß ihm das „Gerittenwerden“ auch bei fortschreitender Ausbildung keine Probleme bereitet. Wichtig ist, daß du an das Pferd glaubst und daß du dich auf ihm wohlfühlst. Für eine jahrelange Zusammenarbeit sind diese Eindrücke von großer Bedeutung.

Die Fitness des Reiters

Außergewöhnliche Erfolge setzen positives Denken voraus. Darüber sind sich nicht nur Wissenschaftler und Sportlehrer einig, die sich intensiv mit dem in Mode gekommenen „mentalen Training“ beschäftigen: Erfolgreiche Geschäftsleute, Künstler oder Sportler denken positiv. Diese Erkenntnis ist wahrlich nicht neu und umwerfend, sie wird in jüngster Zeit allenfalls geschickt und breitflächig vermarktet. Erfolgreiche Sportler sämtlicher Sparten haben sich schon immer mental auf ihre Prüfungen vorbereitet, ohne von dem heute verwendeten Begriff etwas gewußt zu haben. Besonders diejenigen Reiter haben sich so vorbereitet, die auf sich allein gestellt waren, denen kein Trainer Selbstbewußtsein, Ruhe und Zuversicht zusprechen konnte. Jedoch hat erfolgreiche Menschen nicht allein der Glaube an die eigenen Fähigkeiten aus der „Masse" hervorgehoben. Vielmehr haben sie für ihren Erfolg hart gearbeitet und sich mit einem Spezialgebiet eingehend beschäftigt. Eine positive Einstellung und der unerschütterliche Glaube an das eigene Können haben lediglich mitgeholfen, den Weg zum Erfolg zu ebnen. So werden sich dem Reiter, der sich täglich mehrere Stunden mit „mentalem Training" beschäftigt, nicht deshalb die Geheimnisse des Reitens offenbaren. Die eröffnen sich ihm hauptsächlich nach und nach auf dem Rücken unterschiedlichster Pferde.

Vor einer Turnierprüfung bleibst du zuversichtlich und gelassen, wenn du zu Hause gründlich gearbeitet hast. Mentales Training kann dich vielleicht beruhigen, aber nicht verhindern, daß Lektionen schiefgehen, die schon im Training nicht klappten. Grundsätzliche Voraussetzung für sportlichen Erfolg ist eine ausreichende körperliche Fitness. Beabsichtigte Reaktionen und Bewegungsabläufe werden von einem Körper umgesetzt, der dafür die sportliche Voraussetzung mitbringt. Wenn gerade im Reitsport diese These mit Turnierergebnissen häufig widerlegt wird, sagt das nicht, daß sie für das Reiten keine Gültigkeit hat. Übergewichtige oder körperlich mangelhaft vorbereitete Reiter können nur deshalb auf einem gut gerittenen und ehrlichen Pferd eine Prüfung gewinnen, weil keine besseren Pferde und Reiter teilnahmen. Die Leistung eines Siegers ist für den Reitsport besonders dann nicht richtungsweisend, wenn sie unseren ästhetischen Vorstellungen und dem Wohlbefinden des Pferdes widerspricht. Eher zeigt sie auf, daß im Reitsport die Leistungen noch insgesamt erheblich angehoben werden könnten, nähme die allgemeine körperliche Fitness von Reitern einen bedeutenderen Stellenwert ein. Dieser Appell richtet sich vor allem an die unteren Leistungsklassen, an die Reiter, denen gute Technik und langjährige Erfahrung fehlen. Mit präziser Reittechnik und Erfahrung kann man im Reitsport sogar Olympiasieger werden, ohne unter dem konkreten Gesichtspunkt der körperlichen Fitness als besonders sportlich und austrainiert zu gelten. Zweifellos kann aber ein sportlich durchtrainierter Reiter schneller reagieren und daher Hilfen geben, die leichter und somit für das Pferd angenehmer ausfallen.

Dem früh reagierenden, sportlichen Reiter gelingen sanfte Hilfen.

Bislang wird dieser Ausbildungsaspekt im allgemeinen Trainingsprogramm der Reiter recht stiefmütterlich behandelt. Hier liegt noch ein Potential brach, das man zum Wohlbefinden der Pferde wie auch für ein erfolgreiches und beglückendes Reiten stärker berücksichtigen sollte.

Den Spitzensportler formt eine möglichst vielseitige Ausbildung. Traue dich auch als Reiter, ein- oder zweimal wöchentlich ungefähr fünf Kilometer im Dauerlauftempo durch Feld und Wald zu laufen. Es genügt, wenn du anfangs etwa sechs Minuten pro Kilometer benötigst. Bei diesem Dauerlauf sollen keine Leichtathleten trainiert werden, aber Fitness und allgemeines Wohlbefinden des Reiters verbessert sich dadurch erheblich. Schon nach wenigen Monaten wirst du die Strecke ohne besondere Anstrengung in 25 Minuten laufen. Während des Laufens kannst du von deinen sportlichen Zielen träumen, dir vorstellen, wie du nach einer bedeutenden Prüfung als Sieger die Ehrenrunde im frischen Galopp anführst. Oder du „reitest" in Gedanken mit allen Einzelheiten, Trabtritt für Trabtritt und Galoppsprung für Galoppsprung, eine besonders gut gelungene Dressuraufgabe durch.

„Sport-Träume" erleichtern dir das Laufen ein wenig, neben der Gewißheit, daß du dich mit zunehmender Fitness auch zunehmend leichter, anschaubarer und zugleich wirkungsvoller im Sattel präsentieren wirst. Träume sind erlaubt, ja sogar erwünscht. Sie sind für jede sportliche Entwicklung und einen nicht erlahmenden Ehrgeiz ungeheuer wichtig. Träume, positives Denken und der Glaube an die eigenen Fähigkeiten dürfen jedoch nicht dazu führen, die realistische Einschätzung der vorhandenen Möglichkeiten aus den Augen zu verlieren. Vom sportlichen Ziel darf geträumt werden, im Vordergrund bleiben aber immer die einzelnen Ausbildungsstufen, die auch der Reiter zunächst mühsam, einzeln und nacheinander erklimmen muß.

Während des gewöhnlichen Tagesablaufs kannst du deine Fitness verbessern, ohne dafür Zeit und Geld aufzuwenden:

- Beinmuskulatur und Gleichgewicht werden trainiert, wenn du beim Auf- und Absteigen von Treppen das Geländer grundsätzlich nicht anfaßt. Aufwärts kannst du dabei zwei Stufen auf einmal nehmen. Jedoch Vorsicht, es gehört einige Übung dazu!
- Einen besonderen Trainingseffekt erzielst du beim *leisen* Treppensteigen. Versuchst du, völlig geräuschlos zu gehen oder Treppen zu steigen, wird deine Muskulatur wesentlich stärker beansprucht.
- Stütze dich nicht mit Händen oder Unterarmen von Oberschenkeln, Stuhllehnen oder Tischplatten ab, wenn du dich hinsetzt oder aufstehst. Dadurch wird neben der Oberschenkelmuskulatur die für den Reiter wesentlichere Bauch- und Rükkenmuskulatur gestärkt.
- Auf einem stabilen, standfesten Stuhl kann man einige Sekunden lang so weit nach vorn rutschen, daß nur noch das Gesäß die Sitzfläche berührt. Die gerade nach vorn gestreckten Arme und Beine schweben, während du dich allein mit dem Gesäß ausbalancierst. Das stärkt die Rückenund vor allem die Bauchmuskulatur.
- Lege bei nach vorn gestreckten Armen eine geballte Faust in die flache Hand. Die flache Hand zieht nun die Faust in Richtung Brust. Damit die Hand kräftig ziehen muß, drückt die Faust mit erheblichem Widerstand dagegen, nach vorn. Umgekehrt drückt danach die Faust die flache Hand, diesmal mit dem Widerstand der flachen Hand, vom Körper weg. Mit dieser Übung stärkst du deine Brust-, Arm-, Hals- und Rückenmuskulatur.
- Einen ähnlichen Effekt erzielst du, wenn die beschriebene Zug- und Druckbewegung beider Hände vom Kopf in Richtung Oberschenkel und umgekehrt ausgeführt wird.

Da sich der Reiter keine unnatürlichen Muskelpakete antrainieren soll, die beim Reiten nur hinderlich wären, kann er sich zu jeder Tageszeit in dieser oder einer ähnlich leichten Form allein ausreichend trainieren und dabei auf sämtliche Hanteln und Foltermaschinen verzichten. Bedenkt man, daß im Reitsport der gesamte Kreislauf bei weitem nicht so intensiv belastet wird wie bei anderen Sportarten, sollten dem Reiter die angeführten Übungen genügen, sich fit zu halten, wobei das Dauerlauftraining sicher die entscheidenden Impulse für die notwendige allgemeine Fitness des Reiters setzen wird und daher im Vordergrund aller Überlegungen steht.

Wichtig ist, sich bei der Schuhwahl in einem Sportfachgeschäft beraten zu lassen. Der Laufschuh muß zum Fuß, zum Gewicht und zum Laufuntergrund passen. Die konsequente Weiterentwicklung der Sportschuh-Technologie führte dazu, daß man heute für jeden Zweck einen geeigneten Laufschuh findet. Der Fachmann wird dich beraten, ob dein Fuß besonders gestützt werden muß oder ob der Schuh sich wegen deines Gewichts durch eine besondere Dämpfung auszeichnen soll.

Eine ausreichende Fitness des Reiters ist unbedingt erforderlich, da sie Pferd und

Reiter die Zusammenarbeit wesentlich erleichtert und vor allem erst eine positive sportliche Einstellung möglich macht.

Reiter setzen der eigenen sportlichen Entwicklung enge Grenzen, wenn sie ständig mit ihrem Schicksal hadern. Besonders oft findet man das Verhalten bei jenen Reitern, die sich ewig in Anfängerklassen bewegen. Sie machen Pferde, Richter, Zuschauer, das Wetter, den Turnierplatz, den Transport oder sonst etwas für mangelhafte Turniervorbereitung und Leistung verantwortlich. Dabei übersehen sie, daß Sieger mit gleichen Schwierigkeiten zu kämpfen haben. Sportliches Glück ist wohl nichts anderes, als das Zusammentreffen günstiger Umstände zu erkennen und die gebotene Chance mit einer wachen Bereitschaft schnell wahrzunehmen, sie in sportlichen Erfolg zu wandeln. Pechvögel übersehen, daß ständiges sportliches Pech an denen klebt, die körperlich nicht fit sind, ständig unsicher wirken oder ihre eigenen Fähigkeiten nicht realistisch einschätzen.

Es sollte schon im Interesse der Pferde selbstverständlich sein, daß auch Reiter auf ihr Gewicht und auf ihre allgemeine Fitness achten. Voll- und Warmblutpferden, die sportlich geritten werden und im Reitpferdetyp stehen, sollte an Reitergewicht nicht wesentlich mehr als 15 Prozent ihres Eigengewichts zugemutet werden.

Sitz und Einwirkung

Erfolgreiche und pferdefreundlich reitende Spring-, Dressur- oder Freizeitreiter sind nicht unbedingt körperlich so durchtrainiert, daß man sie zu den besonders sportlichen Menschen zählen müßte, wobei die Vielseitigkeitsreiter und vor allem die Jockeys von dieser Feststellung ausdrücklich ausgenommen werden. Bei Spitzensportlern anderer Sportarten ist die ausgezeichnete körperliche Verfassung als Folge einer umfassenden sportlichen Ausbildung selbstverständlich. Wie unzureichend durchtrainiert Reiter sind, wäre leicht zu beweisen, würden jüngste Sieger olympischer und internationaler Preise gebeten, auch nur eine Stadionrunde von 400 Metern in einer mäßigen Zeit von etwa achtzig Sekunden zu laufen – wofür die Spitzenathleten sämtlicher Bewegungssportarten noch nicht einmal ihren Trainingsanzug ausziehen.

Wichtiger jedoch als dieser Beweis ist die Schlußfolgerung, daß im Reitsport allein mit einer ausgefeilten Technik erfolgreich geritten werden kann. Körperliche Anforderungen an den Reiter steigen und fallen aber auch mit der Fitness und Rittigkeit des Reitpferdes, und da die Erfolge bei der Reitpferdezucht dem Reiten zunehmend entgegenkommen, wird sich an der allgemein mangelhaften sportlichen Tauglichkeit der Reiter leider nichts ändern, wohl auch deshalb, weil bei der Entscheidung über Sieg und Niederlage im Reitsport die Qualität des Pferdes einen entscheidenden Anteil hat. Ein mittelmäßiger Reiter kann auf einem außergewöhnlich guten Pferd bei einer günstigen Konstellation der Konkurrenten durchaus gewinnen; einem sehr guten Reiter wird dagegen das Siegen auf einem mittelmäßigen Pferd schon schwerfallen.

Trotzdem ist die gute körperliche Verfassung eines Reiters für schonendes, angenehmes und leichtes Reiten eine grundlegende Voraussetzung. Sie sollte bei Pferdeliebhabern und ehrgeizigen Reitern selbstverständlich sein, vor allem aus Respekt und Achtung vor dem Pferd. Der sportlich durchtrainierte Reiter kann geschmeidiger und eleganter sitzen. Seine Einwirkung scheint mühelos und ist trotzdem wirkungsvoll. Außerdem stören kontrollierte Hilfen das Pferd weniger und werden vom Pferd im Sinne des Reiters gedeutet. Ein körperlich gezielt durchtrainierter Reiter ist einem weniger tauglichen stets überlegen. Besonders deutlich wird das, wenn beide dasselbe Pferd reiten.

Springreiter und Dressurreiterin: immer über dem Schwerpunkt des Pferdes.

Reiten ist immer eine mehr oder weniger anspruchsvolle sportliche Betätigung, gleichgültig ob im Turniersport oder beim Freizeitreiten. Im Interesse der Pferde und des eigenen Reitvergnügens sollte jeder Reiter zumindest das handwerkliche Reiten so weit erlernen, daß er in den Grundgangarten mühelos sitzen und auf das Pferd möglichst schonend einwirken kann. Daß angenehmes und leichtes Reiten sich nur aus einem wirkungsvollen und einfühlsamen Sitz entwickelt, steht außer Frage: In der Leichtathletik muß ein erfolgreicher Läufer ökonomisch laufen können. Beim Reiten ist ökonomisches Laufen mit einem kräftesparenden, ausbalancierten und ruhigen Sitz zu vergleichen.

Während des Reitens findet und hält der Reiter sein Gleichgewicht in der Bewegung. Je tiefer dabei der Schwerpunkt seines Körpers liegt, um so leichter läßt er sich ausbalancieren. Beobachten wir Spitzensportler anderer Sportarten, fällt auf, wie tief sie kurz vor und während der entscheidenden Bewegungsabläufe ins Knie gehen, um ihren Schwerpunkt nach unten zu verlagern. Dieser Vorgang trifft auf den Reiter nur begrenzt zu, da die Höhe seines Schwerpunktes schon durch die Lage des Pferderückens festgelegt wird. Er kann ihn nicht, wie die meisten anderen Sportler, beliebig nach oben oder unten plazieren. Ihm gelingt es, seinen Schwerpunkt in allen Gangarten in einer günstigen Position zu halten, wenn er andauernd dicht über dem Pferderücken bleibt. Liegen sein Schwerpunkt und der des Pferdes stets möglichst nah übereinander, sitzt er vorteilhaft mit einer wirkungsvollen Einwirkung.

Der natürliche Sitz soll wenig ermüden und bequem sein; mit ihm paßt sich der Reiter den Bewegungen und der Gleichgewichtshaltung des Pferdes an. Die oft blitzschnellen Veränderungen von Richtung und Geschwindigkeit des Pferdes fängt er in einer losgelassenen, geschmeidigen Körperhaltung kaum wahrnehmbar ab und bringt seinen Körper wieder mit der Haltung und den Bewegungen des Pferdes in Einklang. Der Schwerpunkt des Pferdes liegt etwa unter seinem Widerrist. Befindet sich das Gewicht des Reiters nah und ruhig über diesem Punkt, kann er vom Pferd gut ausbalanciert und leicht getragen werden.

Im Grunde bieten dem Reiter ein geeignetes Pferd und ein gut angepaßter Sattel die gleichen Voraussetzungen, die auch ein Berufstätiger an seinen Bürostuhl stellt: Er möchte auf ihm schmerzfrei und bequem über längere Zeit sitzen können. Nur nützt die beste Stuhlkonstruktion wenig, wenn man selbst nicht richtig auf ihr sitzt und die Vorteile nicht zur Geltung kommen läßt.

Die Proportionen von Pferd und Sattel sollen in einem günstigen Verhältnis zueinander stehen. Ein klein gewachsener oder auffällig kurzbeiniger Reiter wird auf einem breiten, massigen Pferd kaum einen geschmeidigen, haftenden Sitz erlernen. Ein großer, langbeiniger Reiter kommt sich dagegen auf einem kleinen, schmalen Pferd eher verloren vor und wird, wie beim vorherigen Beispiel, häufig seinen Halt verlieren, da er sich ebenfalls mit den Beinen festklemmt und nur mit größter Mühe ausbalanciert. Der tiefste Punkt eines Sattels sollte sich im mittleren Drittel der Sitzfläche befinden: In diesem Bereich balanciert sich der Reiter am bequemsten aus (siehe Abbildung unten). Ausgehend vom Ohr des Reiters, über Schulter und Hüfte, kann bei einem gut ausbalancierten Reiter bis zum Stiefelabsatz in etwa eine Senkrechte gefällt werden.

Dieser Hinweis ist, wie die gesamte Reitlehre, nur als ein richtungsweisender Anhaltspunkt zu bewerten. Der jeweilige Körperbau von Pferd und Reiter ist zu verschieden, als daß sich in der Reitlehre unverrückbare Dogmen aufstellen ließen. Im Reitsport gibt es keine festgelegten Lehrmeinungen. Gäbe es sie und würden sie stur eingehalten, endeten sie zum Leidwesen der Pferde in einem alles zerstörenden Diktat. Reiten ist eine sehr komplexe Sportart, die man mit einer ausgefeilten Technik und der ständigen Bereitschaft, gegen das Pferd rücksichtsvoll zu sein, erfolgreich ausüben kann. Bis zur Beherrschung dieser Technik vergehen im allgemeinen Monate und Jahre. Hier sind Geduld und „Frustrationstoleranz“ gefragt.

Um effektiv einwirken zu können, muß die Wirbelsäule des Reiters zu der des Pferdes etwa einen rechten Winkel bilden. Der Reiter sollte weder den Oberkörper nach vorn neigen, noch sich zurücklehnen.

Sobald deine Wirbelsäule zu der des Pferdes etwa einen rechten Winkel bildet, balancierst du dich leicht aus. Du bleibst dicht am Pferd (am Sattel) und bekommst nach und nach mehr Gefühl für Bewegungen und Reaktionen deines Pferdes. Spanne deine gesamte Muskulatur gemäßigt an, ohne dich zu verkrampfen. Übe das häufig – auch wenn du nicht auf einem Pferd sitzt, beispielsweise auf einem Stuhl, wenn du im Bett liegst oder in der Straßenbahn stehst. Den angespannten Muskeln werden genügend kleine Erholungspausen gewährt.

Nur wenn die Muskeln abwechselnd angespannt und entspannt werden, behält der Reiter Kraft und einen losgelassenen Sitz. Das An- und Entspannen der Muskeln berührt direkt das Gebiet technisch guten Reitens. So kann von einem Reiter unmöglich verlangt werden, daß er eine Stunde lang seine Fäuste fest geschlossen hält, damit ihm die Zügel nicht durch die Finger gleiten. Ballst du fortwährend deine Faust krampfhaft zusammen, wirst du immer wieder dein Zügelmaß korrigieren müssen, da bald die Fäuste schmerzen und dich die Kraft verläßt. Fest geschlossen bleiben die Fäuste eines technisch guten Reiters lediglich für den kurzen Zeitraum, wenn Zügel stärker angenommen oder durchgehalten werden. Sobald der Zügeldruck abnimmt, wird auch die Anspannung der Handmuskulatur schwächer. Ein Tennisspieler steht ein stundenlanges Spiel durch, weil er sein Racket fast ausschließlich mit leichter Hand trägt und es nur während der Sekundenbruchteile des eigentlichen Schlags fest mit seiner Schlaghand umschließt.

Die Zügelfaust schließt sich für eine kurze Zeit besonders fest, wenn die Zügel stärker angenommen werden. Danach verringert sich der Schluß der Faust wieder ein wenig. Mit dieser Technik hältst du in entscheidenden Augenblicken die Zügel fest in der Hand, ohne daß deine Kräfte erlahmen oder die Zügel fortwährend durch die Fäuste gleiten. Tennisspieler halten, um ein stundenlanges Match durchzustehen, ihren Schläger auch nur im Moment des eigentlichen Schlags fest in der Hand.

Spanne deine gesamte Muskulatur vom Kopf bis zum Fuß für die Zeit (ein/zwei Sekunden) vermehrt an, die du für stärkeres zurückführendes oder vorwärtstreibendes Reiten benötigst. Die besondere Anspannung geht danach wieder in die gewöhnliche über.

Das Fundament des Dressursitzes ist der tiefe Sitz im Sattel. Treibende und zurückführende Hilfen, sämtliche Bewegungen des Reiters enden im ruhenden Zentrum: seinem Becken, von dem auch alle Bewegungen gesteuert werden. Eine Veränderung der Beckenlage hat immer eine andere Lage des Hüftgelenks und der Wirbelsäule zur Folge. Kontrollierte Bewegungen von Beinen und Armen können nur von einem weitestgehend ruhig und tief gestellten Becken ausgehen. Leuchtet dem Reiter ein, daß er erheblich an treibender Kraft spart, sobald er sein ausbalanciertes und weit vorn plaziertes Gewicht wirkungsvoll einsetzt, bemerkt er gleichzeitig, wie ein sanft mitschwingendes Gewicht nun das Pferd in seiner Bewegung nicht mehr hindert, sondern vielmehr unterstützt.

Manchen Reitern bleibt der Genuß eines ausbalancierten und kräfteschonenden Sitzes verwehrt, weil sie sich zu stark mit Oberschenkeln oder Knien festklemmen. Sie geben ihrem Gesäß keine Chance, sich in den Sattel einzufühlen. Der Kontakt zum Sattel geht ständig verloren. Das Reiten kann so zur Qual für Pferd und Reiter werden. Angepreßte Beine verhindern ebenfalls ein leicht federndes Austreten der Bügel mit den Fußballen wie auch den gestreckten, aufrechten Sitz. Klemme dich daher nicht fortwährend mit deinen Beinen fest. Du würdest nur verkrampfen und bald ermüden. Habe den Mut, dich vom Pferd werfen zu lassen, und gestehe dein Unvermögen anderen Reitern gegenüber offen ein. Reite nicht für die „Galerie", sondern lasse dich vom Pferd werfen, um deine Mängel zu beheben. Wichtig ist, daß du reiten lernst.

Sitzschule an der Longe

Seinen Sitz lediglich mit der Balance zu formen, lernt nur derjenige, der Willen, Geduld und Mut aufbringt, sich vom Pferderücken werfen zu lassen, bis er die Bewegungen seines Körpers mit denen des Pferdes, ohne zusätzliche Hilfen von Händen oder Beinen, zu einer einzigen, gemeinsamen harmonischen Bewegung verbindet. Vor allem an der Longe bietet sich dir auf einem nicht zu heftig werfenden und gehfreudigen Pferd eine erfolgversprechende Möglichkeit, die Bewegungen des Pferdes allmählich anzunehmen.

Sei nicht zu stolz, dich immer wieder an die Longe nehmen zu lassen. Die besten Reiter sind sich für diese Art der Sitzschule nicht zu gut, weil sie wissen, wie wichtig ein losgelassener, geschmeidiger Sitz im Gleichgewicht für die korrekte Hilfengebung ist.

Die Wahl eines geeigneten Longenpferdes ist für den Lernerfolg und das Reitvergnügen von entscheidender Bedeutung. Ein geschickt agierender Longenführer kann die Schulung des Gleichgewichts weit fördern, indem er den Reiter, sobald er seine anfängliche Unsicherheit abgelegt hat, mit verschiedenen Richtungs- und Bewegungsveränderungen des Pferdes vertraut macht. Er bringt den ohne Zügeleinwirkung reitenden Schüler bewußt ein wenig aus dem Gleichgewicht, indem er die Longe vorsichtig annimmt oder das Pferd weiter nach außen treibt.

Du lernst, dein Gewicht um die entsprechende winzige Notwendigkeit nach innen zu verlagern, wenn das Longenpferd den Kreis verkleinert. Bei einem weiter werdenden Bogen vermeidest du, nach innen zu fallen. Verringert oder erhöht sich die Geschwindigkeit, wirkst du deinem sich nach vorn oder hinten neigenden Oberkörper mit den einsetzenden Gegengewichten von Kopf, Schultern und Oberarmen schnell, aber nicht überhastet entgegen. Gleichzeitig beeinflußt eine geringe Veränderung der Beckenstellung das geschmeidige Auffangen deines Oberkörpers, der mit seiner Längsachse möglichst lotrecht über der Wirbelsäule des Pferdes bleibt. In diesem kurzen Augenblick solltest du schon den Knieschluß forcieren, um schnell und möglichst unauffällig dein Gleichgewicht wiederherzustellen. Nach einiger Übung setzt du die ausbalancierenden Gegengewichte so rasch und geschmeidig ein, daß eine in die Gesamtbewegung fließende Korrektur von Außenstehenden kaum noch wahrgenommen wird.

Die seitliche Gewichtskorrektur nach innen oder außen nimmst du ähnlich vor, aber das Knie, welches der aufgetretenen schwachen Fliehkraft gegenüberliegt, wird deutlich nach unten gedrückt. Dabei läßt es sich nicht vermeiden, daß du anfangs in Hüfte und/oder Taille ein wenig einknickst. Es spricht nicht gegen dein Können und Selbstvertrauen, wenn du zu-

Mit nach vorn geneigtem Oberkörper ist ein Einwirken kaum möglich.

nächst mit dem Zug deiner Hände versuchst, dein Gleichgewicht beizubehalten. Im fortgeschrittenen Stadium ist das nicht mehr notwendig. Deine Gesäßknochen suchen in fast allen Situationen einen ständigen Kontakt zum Sattel, ähnlich wie ihn gute Autoreifen zum Straßenbelag haben: In Kurven bewegen sie sich zwar, bleiben aber dennoch sicher auf Felge und Straße. Beim Reiter übernimmt das Sitzfleisch die Funktion des Reifens. Die Felgen können mit den beiden Gesäßknochen verglichen werden. In beiden Fällen geht mit zunehmender Fliehkraft der Kontakt mehr und mehr verloren.

Ziel der Ausbildung an der Longe wie aller sonstigen Sitzübungen ist der kontinuierliche Aufbau deines zwanglosen Sitzens und Einwirkens. Bevor du dieses Nahziel nicht erreicht hast, kannst du nicht das umsetzen, was du dir beim Reiten verschiedener Lektionen vornimmst.

Reiten lernen bedeutet, den eigenen und den Pferdekörper fühlen lernen.

Selbstschulung mit allen Sinnen

Anfangs begnügst du dich mit einem gestreckten, tief und vorn plazierten Sitz. Du beobachtest im Spiegel die günstige Stellung deines Beckens (die Wirbelsäulen von Pferd und Reiter bilden etwa einen rechten Winkel). Betrüge dich jedoch nicht selbst, wenn du in den Spiegel siehst. Gewöhnlich nimmt der Reiter dabei unbewußt seinen Kopf hoch und richtet sich auch auf. Er ist dann mit dem Bild recht zufrieden und hat keine Veranlassung, etwas an seinem Sitz zu ändern. Wenige Sekunden später fällt er jedoch wieder zusammen, und seine Haltung stimmt bei weitem nicht mehr mit der überein, die er zuvor im Spiegel gesehen hat. Achte bewußt darauf, deine Körperhaltung nicht zu verändern, wenn du einen Spiegel zu Hilfe nimmst. Sonst bekommst du nur trügerische Aussagen, die dich nicht weiterbringen.

Die Lage des Beckens soll sich nicht zu sehr nach vorn oder hinten verschieben. Fehlt ein Spiegel, sollte der Reiter bei seiner Selbstkontrolle das Gefühl haben, sich fortwährend mit angespanntem Kreuz ein wenig nach hinten zu lehnen. Erst wenn du das Gefühl hast, daß sich dein Oberkörper etwas hinter der Senkrechten befindet, sitzt du wirklich gerade.

Einen krummen Rücken vermeidest du mit zusammengenommenen Schulterblättern und einem unverkrampft aufrecht gehaltenen Kopf. Bei der Selbstschulung und Kontrolle ist jeder Reiter, der nicht nur nach den Anweisungen seines Lehrers reiten kann und möchte, auf eigene Reitversuche angewiesen, die ihm einen Weg aufzeigen, der schließlich auf ihn allein zugeschnitten ist.

Hier lehnt sich der Reiter zurück, der Oberkörper befindet sich hinter der Senkrechten. Obwohl dieser Reiter eine bessere Ausgangsposition hat als der auf dem linken Bild, ist auch hier effektives Treiben stark eingeschränkt.

Wenn nachdrücklich darauf hingewiesen wird, daß jedes Pferd anders veranlagt ist und daher nach einem jeweils individuellen Ausbildungsweg verlangt, muß diese einleuchtende Feststellung mindestens ebenso stichhaltig auf den Reitschüler zutreffen. Sportler besitzen unterschiedliche Fähigkeiten und Veranlagungen, die gewünschten Leistungen in Bewegungen umzusetzen. Jeder Sportler hat eine eigene Art, sich zu bewegen. Selbst in der absoluten Spitzenklasse sind Unterschiede in dieser Fertigkeit auszumachen, obwohl die Bilder hier immer ähnlicher werden.

Wenn du Unterricht hast, achtest du im allgemeinen vorwiegend auf die Stimme des Reitlehrers, auf seine Kommandos und Korrekturen. Damit ist das breite Spektrum der Schulungsmöglichkeiten aber bei weitem nicht ausgeschöpft. Viele Schüler möchten gern zusätzliche oder andere Informationen erhalten. Sie wollen beim Lernen auch ihre Sinne für das Gleichgewicht, die Bewegung, das Sehen und Fühlen einbringen. Gerade die Reiter, die häufig darauf angewiesen sind, sich selbst zu kontrollieren und zu schulen, müssen dabei sämtliche Sinne zu Hilfe nehmen, darunter auch das Gehör beziehungsweise das Gedächtnis, wenn sie sich die üblichen Korrekturen eines Reitlehrers immer wieder zur Selbstkorrektur ins Gedächtnis rufen:

„Kopf hoch, Schulterblätter zusammen, Kreuz anspannen, Oberarme fallen lassen und an den Oberkörper legen, Hände ruhig, tief und vorn im Sattel sitzen, Knie nach unten und geschlossen halten, Unterschenkel ruhig ans Pferd legen, Absatz tief und Fußspitze einwärts drehen." Es hat jedoch wenig Sinn, sich die einzelnen Befehle nacheinander fortwährend aufzusagen, um sie alle zu befolgen. Ist man bei der Haltung des Unterschenkels angelangt, hängt der Kopf bereits wieder unruhig herab. Zu viele Dinge können nicht auf einmal korrigiert werden. Außerdem muß der Reiter verstehen, warum er seine Fußspitze einwärts drehen soll. Ihm muß klar sein, daß stark nach außen gedrehte Fußspitzen klemmende Absätze, offene Knie, unruhig rollende Oberschenkel, eine verkrampfte Gesäßmuskulatur und einen insgesamt festgehaltenen Sitz zur Folge haben.

Seine Gliedmaßen kann der Reiter ohnehin erst ruhig und kontrolliert halten, wenn sein Sitz insgesamt gut ausbalanciert ist und er mit seinem Gesäß elastisch am Sattel haftet. Feinere Haltungskorrekturen einzelner Körperteile nimmst du erst dann vor, wenn du dich in allen Gangarten auf dem Pferd wohlfühlst und deine Haltung spielerisch, beliebig lang und zu jeder Zeit verändern kannst.

Als Jugendliche haben wir uns, wenn wir uns unbeobachtet fühlten, manchmal einen Riesenspaß daraus gemacht, das Reiten einiger Vereinsmitglieder nachzuah-

Recht gute Schenkellage: Die Fußspitze wird nicht übertrieben einwärts gedreht. Unterschenkel und Innenfläche des Knies behalten Kontakt zu Pferd und Sattelblatt.

men, besonders das der unsportlichen, aber sehr ehrgeizigen unter ihnen. Schnell fanden wir heraus, daß die wahren Könner unter uns auch die besten Reitclowns abgaben. Ihr gutes Körpergefühl versetzte sie in die Lage, sich auch in andere Körperhaltungen einzufühlen. Mit schallendem Gelächter wurde jeweils innerhalb weniger Sekunden der nachgeahmte Reiter erkannt. Bei manchen „Opfern" war die Lösung des Reiträtsels aber auch wirklich nicht allzu schwierig.

Nur körperlich gut geschulte Clowns können die Bewegungsvorstellung auch in wirkliche Bewegung umsetzen. Ähnlich verhalten sich fortgeschrittene Reiter: Vor ihren Augen entsteht ein Idealbild, das sie mit ihrem Sitz nahezu kopieren. Für sich allein trainierende Reiter müssen über das Sehen und Fühlen das erreichen, was anderen Schülern im Unterricht über das Hören gelingt. Der Autodidakt braucht für das Nachahmen, die Empfindung für Bewegung, Geschwindigkeit und Gleichgewicht besonders ausgeprägte und geschulte Sinne – er muß sehen und fühlen lernen.

Bevor sich der Reiter aber an die Selbstschulung begibt, sollte er auf jeden Fall aus dem Stadium des reinen Anfängers heraus sein. Aufs Fühlen kann er sich erst konzentrieren, wenn er sich auf dem Pferd einigermaßen sicher und wohlfühlt. Die Zusammenhänge des Reitersitzes, der treibenden und zurückführenden Hilfen auf die Reaktionen des Pferdes müssen ihm bewußt sein. Das Verhalten des Pferdes darf keine Rätsel mehr aufgeben.

Vor den Augen des Reiters entsteht ein klares Gesamtbild, wie sein Reiten auszusehen hat, wie er sitzen und in welcher Haltung sich sein Pferd bewegen sollte. Die Vorstellung davon läuft wie ein gestochen scharfer Film ständig vor seinen Augen ab. Diese Vorstellung versucht er umzusetzen.

Häufige Besuche erstklassig besetzter Turniere oder das wiederholte Anschauen von Videofilmen mit Spitzenreitern, deren Reitweisen dir besonders zusagen, erleichtern dir den Prozeß des Nachahmens. Es ist nachgewiesen, daß Kinder, die Gelegenheit haben, ihre künstlerischen oder sportlichen Vorbilder zu beobachten, schnell in der Lage sind, deren Gesten und Bewegungen erstaunlich genau zu imitieren. Untrüglichen Aufschluß über deinen Leistungsstand gibt der ständige Vergleich eigener Videoaufnahmen mit denen deiner Vorbilder.

Vorbilder – der Carpenter-Effekt

Beim genauen Betrachten eines Sportlers vollzieht der Zuschauer in seinem Inneren die Übung nach, die der Sportler gerade ausführt. Innerkörperlich (biomechanisch) laufen beim Betrachter die gleichen Bewegungsprozesse ab, allerdings nur dann, wenn der Zuschauer von der Sportart schon ein wenig versteht und sich in etwa mit dem gesehenen Bewegungsablauf identifizieren kann. Im Kopf eines Nichtschwimmers wird selbst der Weltmeister im Brustschwimmen keinen Nachahmungseffekt auslösen. Andererseits haben wir uns alle schon dabei ertappt, wie wir „mitgesprungen" oder „mitgeritten" sind, manchmal zum Ergötzen unbeteiligter Zuschauer.

Dieser Effekt, der sogenannte Carpenter-Effekt, gehört bei Reitern, die besonders leicht über das Auge lernen, zu den wichtigsten Grundlagen des Selbstunterrichts. Jedoch ist der Umgang mit dieser Methode beim Reitsport schwieriger als bei anderen Sportarten, da nicht nur der eigene Bewegungsablauf, sei er auch noch so gering, in das im Inneren ablaufende Bild miteinbezogen werden muß, sondern auch der des Pferdes. Nicht der Reiter allein wird betrachtet, sondern die Einheit von Pferd und Reiter in der gemeinsamen Bewegung. Verständlich, daß sich bei einem Reitanfänger noch kein Lernprozeß über den Carpenter-Effekt einstellen kann.

Der Betrachter sollte außerdem gute körperliche Voraussetzungen besitzen, damit seine Gedanken in die eigene Haltung fließen können und ein harmonisches Bild ergeben. Allerdings wird das Betrachten eines Hochsprungs über 2,40 m selbst im noch so wachen Kopf eines völlig untrainierten Menschen, der kaum über eine 50 Zentimeter hohe Hecke springen kann, keinen Nachahmungseffekt auslösen. Ein Carpenter-Effekt tritt erst dann ein, wenn man den gesehenen Bewegungsablauf selbst in etwa beherrscht und wenn großes, neugieriges Interesse an dem Gesehenen besteht.

Der Reiter sollte sich bei dieser selbständigen Lernmethode aber davor hüten, eine Reit*bewegung* nachahmen zu wollen. Eine eigene, aktive Reitbewegung ist bei einem guten Reiter nicht vorhanden! Er führt keine zielgerichteten Bewegungen aus, sondern versucht lediglich, sich der Bewegung des Pferdes ständig so anzupassen, daß er seinen Körper insgesamt so ruhig wie möglich hält. Ein guter, einfühlsamer Reiter ist bemüht, jede eigene Bewegung zu vermeiden. Gelingt ihm das, kann ihn sein Pferd leichter tragen und sich besser bewegen.

Nicht der Reiter, sondern das Pferd soll sich bewegen!

Bei der Anwendung des Carpenter-Effekts kann es für den Autodidakten sogar nützlich sein, wenn ihn kein Reitlehrer mit ständigen, sehr präzise formulierten Haltungskorrekturen in seinem Nachahmungsbemühen unterbricht. Ständige Haltungskorrekturen zwingen Schüler oft in eine Form, die sie schon wegen ihrer individuellen körperlichen Eigenschaften nicht über einen längeren Zeitraum einnehmen können. Sind die Schüler jedoch auf sich allein gestellt, können sie sich mit der Nachahmungsmethode ihrem Vorbild zunächst in der äußeren Form so weit nähern, wie es ihre speziellen körperlichen Möglichkeiten zulassen. Mit der gelungenen äußeren Form entwickelt sich auch das beinahe unsichtbare, treibende Einwirken des Reiters. Vor allem Kinder und Jugendliche, die sich täglich mehrere Stunden im Reitstall aufhalten und guten Reitern zuschauen, lernen besser und schneller als diejenigen, die nur zu ihrer Unterrichtsstunde in den Reitstall kommen. Die zuschauenden Kinder lernen im allgemeinen selbst dann besser, wenn sie nicht häufiger reiten und keinen Unterricht bekommen. Allerdings können auch sie

Der hübsche, ausdrucksvolle Hengst tritt in der raumgreifenden Trabverstärkung unter einer gestreckt und losgelassen sitzenden Reiterin kraftvoll vorwärts (Martina Hannöver auf Rubinstein).

nur mit Augen und Ohren lernen, wenn sie gleichzeitig ausreichend fühlen (reiten) dürfen, um Bewegungen des Pferdes nachzuvollziehen. Ebenso kann ein Reitlehrer nur Lektionen unterrichten, die er hundertfach selbst erfolgreich auf dem Pferd erlebt hat. Richter beurteilen nur diejenigen Prüfungen im Sinne guten Reitens, die sie mit ihrem Gefühl (Reiten) kennengelernt haben und daher nachvollziehen können.

Für die Nachahmungsmethode sucht man sich ein geeignetes Vorbild aus. Zumindest die körperlichen Voraussetzungen von Vorbild und Nachahmer sollten einander ähneln. Nur dann werden die Vorstellungen des Inneren auch in eine entsprechende äußere Form umgesetzt.

Welch hohen Stellenwert die Nachahmungsmethode im gesamten Sport einnimmt, belegen etliche Beispiele aus sämtlichen Sportarten: Balljungen sind im Tennissport ohne eine einzige Trainerstunde bis zur Weltklasse gereift: Sie hatten ständig ihre Vorbilder vor Augen. Caddies haben es im Golfsport allein durchs Zusehen und Nachahmen zu erstaunlichen Leistungen gebracht. Bei den aufgeführten Beispielen mag eine ausgeprägte geistige und körperliche Beweglichkeit grundsätzlich vorgegeben gewesen sein – die Tatsachen als solche bleiben trotzdem bestehen.

Die „ideale Reiterfigur"

Es nützt einem Reiter wenig, wenn er gelernt hat, seine Hände oder seinen Kopf auf Kosten der allgemeinen Losgelassenheit ruhig zu halten. So verschieden die jeweiligen Körperformen der Reiter sind, so unterschiedlich sind auch die Wege, schönes und gutes Reiten zu lernen. Während ein Reiter die Haltung seiner Unterschenkel eher in den Griff bekommt als seine Handhaltung, fällt es dem anderen anfangs leichter, Kopf, Arme und Hände zu kontrollieren. Sobald jedoch der Reiter geschmeidig und ausbalanciert sitzen gelernt hat, wird der Sitz ohnehin insgesamt ruhiger und geschlossener: Der Reiter hält den Kopf aufrecht, die Hände führen ruhig und elastisch, die Unterschenkel finden einen stetigen Platz am Pferdeleib. Der tadellose, ideale Sitz, wenn es diesen überhaupt gibt, kann nur von einem Reiter andauernd und losgelassen eingenommen werden, dessen sämtliche Muskeln und Körpermaße idealtypische Voraussetzungen gerade für den Reitsport mitbringen. Wäre allein seine Oberschenkelmuskulatur zu stark oder sein Oberkörper zu lang, entspräche der Reiter nicht mehr dem Idealbild und müßte an den tadellosen Sitz Zugeständnisse machen. Da wir davon ausgehen können, daß es den idealen Reiter ebensowenig gibt wie das ideale Pferd oder den idealen Menschen, sollte jeder Reiter einen Sitz anstreben, mit dem er die besten Ergebnisse für sich und das Pferd erreicht.

Eine gleichmäßige, weiche Zügelanlehnung ergibt sich aus dem gestreckten, losgelassenen Sitz. Harmonie und Zufriedenheit lassen das Reiten einfach erscheinen.

- Reite zwei Drittel deiner Trainingszeit mit, ein Drittel ohne Bügel. Besonders schwierig zu sitzende Pferde solltest du oft ohne Bügel reiten.
- Klemme dich nicht mit Knien und Unterschenkel fest, wenn du mit oder ohne Bügel reitest. Laß dich werfen und versuche, dein Gleichgewicht nur mit der Balance zu halten.
- Nimm lieber ab und zu deine Hände zu Hilfe, um dich nach vorn und tief in den Sattel zu ziehen, als dich mit den Beinen festzuklemmen. Im gleichen Augenblick würde dein Gesäß um wenige Zentimeter nach hinten gleiten, der gestreckte, wirkungsvolle Sitz ginge sofort verloren.
- Spanne deine Halsmuskulatur an, dann bleibt dein Kopf ruhig und oben.
- Dreh nicht die Fäuste einwärts, wenn du dein Pferd zurückführst: Eine eingedrehte Faust kann dein Pferd leicht nach vorn ziehen. Außerdem entfernen sich die Ellenbogen vom Oberkörper. Weisen deine Oberarme nach außen, wird es dir unmöglich gemacht, die Schulterblätter zusammenzunehmen. Ein gestreckter, wirkungsvoller Sitz fällt weg. Bewege lieber den gesamten anliegenden Arm um wenige Zentimeter, wenn du den Zügel annehmen oder nachgeben möchtest. Deine Zügelhilfen werden so auch angenehm weich fürs Pferdemaul, vorausgesetzt, du bist fit genug und beherrschst deinen Körper.
- Stell die Fäuste nicht zu dicht beieinander, damit du genügend Bewegungsfreiheit für deine Schulterblätter behältst. Eine ähnlich einengende Wirkung für die Schulterblätter geht von zu kurzen Zügeln aus. Für den fortgeschrittenen Reiter ist ein zu kurzer Zügel nachteiliger als ein Zügel, der um ein bis zwei Zentimeter zu lang ist (Kreuzanspannen, treiben, vorn im Sattel sitzen). Die in etwa gerade Linie: Zügel – Faust – Unterarm gibt dir eine richtungweisende Vorgabe für eine günstige Zügelführung.
- Drücke die Innenflächen deiner Knie

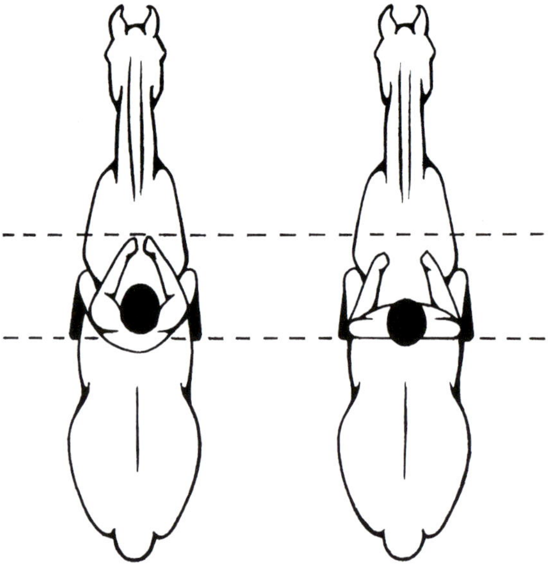

Mit eng beieinander stehenden Fäusten haben die Schulterblätter wenig Bewegungsfreiheit und können nicht zusammengenommen werden. Der Reiter kann weder seine Rückenmuskulatur anspannen, noch seine Schulterblätter zusammennehmen.
Werden die Fäuste in gerader Verlängerung des Unterarms getragen, stehen sie etwa 20 Zentimeter auseinander. Der Reiter bleibt in der Schulterpartie beweglich und kann feiner und trotzdem effektiver einwirken.

Gestreckte Schenkellage mit einwärts gedrehter Fußspitze. Zwangsläufig kommt der Oberkörper der Reiterin ein wenig hinter die Senkrechte, wenn sie sich mit angespanntem Kreuz bewußt nach vorn zieht. In dieser Situation ist der Reiterin ein angedeutetes Hohlkreuz nicht allzusehr anzukreiden.

beständig, aber nicht zu fest ans Sattelblatt. Damit erhalten gleichzeitig deine Fußspitzen eine vorteilhafte Lage. Sie zeigen nicht nach außen, sondern richten sich nach der Knielage und weisen in etwa nach vorn.

• Nimm den Bügel mit deinem Fußballen ganz außen auf, so daß der äußere Ballenteil des kleinen Zehs durch das Stiefelleder hin und wieder den äußeren Bügelsteg spürt. In dieser Bügelhaltung umfaßt du mit deinen Beinen den Pferdeleib besser.

• Verzichte auf ungleich hohe Bügeleinlagen. Sie unterstützen lediglich eine unnatürliche Bein- und Fußhaltung.

Nase an die Senkrechte – ein Dogma?

In diesem Zusammenhang taucht für jeden Reiter die Frage auf: „Was darf ich diesbezüglich meinem Pferd überhaupt zumuten?" Nach den zur Zeit gültigen Richtlinien für das Reiten gibt es klare Vorgaben, in welcher Haltung sich ein Dressurpferd präsentieren sollte. Die pferdefreundlichen Richtlinien sind wohldurchdacht und selbst von durchschnittlich veranlagten Sportpferden mühelos einzuhalten.

Mit einer dogmatischen Auslegung der

Hals- und Kopfhaltung wird jedoch etlichen Reitpferden, deren sportliche Untauglichkeit nicht erkannt oder von skrupellosen Reitern ignoriert wird, eine Haltung aufgezwungen, die für sie eine ständige Qual bedeutet. Bestehen Reiter unter dem Einsatz von Schlaufzügeln, Ausbindern, scharfen Trensen- und Kandarengebissen oder ähnlich gewaltsam einwirkenden Zäumungen täglich unnachgiebig auf dieser Haltung, begeben sie sich eindeutig in den Bereich der Tierquälerei. Unter dieser abstoßenden Reiterei leiden neben etlichen Freizeitpferden A- wie S-Dressurpferde mindestens so sehr wie beispielsweise Springpferde unter sporadischem Blistern (scharfes Einreiben der Pferdebeine am Kronrand, um sie empfindlicher zu machen) oder Barren! Das eine ist ebenso abscheulich wie das andere. Traurig stimmt, daß rücksichtslose Dressurreiter noch nicht so konsequent zur Rechenschaft gezogen werden wie ebenso lieblose Springreiter. Achte auf das Maul deines Pferdes. Solange dein Pferd im Maul angenehm weich und ruhig bleibt, löst es die ihm gestellten Aufgaben willig und mühelos.

Das Pferdemaul ist für dich das Barometer seines Wohlbefindens.

In der Maultätigkeit offenbaren sich dir sofort alle Reaktionen deines Pferdes: die des Wohlbefindens wie auch die eines Unbehagens. Sobald dein Pferd gegen das Gebiß stößt, sein Maul aufsperrt, die Zunge hochzieht oder herausstreckt, mit dem Trensengebiß klappert, auf das Mundstück beißt oder sich im Genick verwirft, hast du deine treibenden oder zurückführenden Hilfen entweder nicht deutlich genug gegeben oder übertrieben. Meistens ist eine unzufriedene Maultätigkeit mit einer veränderten Rückentätigkeit gekoppelt: Du sitzt nicht mehr so bequem auf deinem Pferd.

Reite sofort Schritt, sobald sich im Maul oder im Rücken deines Pferdes etwas nachteilig verändert. Beim erneuten Antraben oder Angaloppieren schraubst du die vorherigen Anforderungen zurück. Reite beispielsweise wieder eine größere Volte, wenn du vorher Volten geübt hast, oder galoppiere frischer vorwärts, wenn du dein Pferd vorher im Galopp zurückführen wolltest. Während du nun allmählich die Anforderungen wieder anhebst, beobachtest du wachsam wie ein Luchs das Verhalten deines Pferdes. Du solltest unbedingt herausfinden, bei welchen Anforderungen und Reiterhilfen sich die Maultätigkeit deines Pferdes wieder verschlechtert. Offenbart sich dir der Grund, wirst du in Zukunft dein Verhalten (Hilfen) ändern, damit dein Pferd eine angenehme und zufriedene Maultätigkeit beibehält.

Du lernst reiten, wenn dir bewußt wird, warum sich das Verhalten deines Pferdes verändert.

Makellos gebaute Pferde sind ebenso selten anzutreffen wie tadellos gebaute Menschen – wenn es dafür überhaupt eine sinnvolle Norm gibt. Dem sporttreibenden Menschen gesteht man seine individuelle Haltung zu, wenn er seine Bestleistung erzielen will. Ebenso solltest du auch Pferden, besonders jungen, die nicht dem Bilderbuchideal entsprechen, geringe Normabweichungen in der Haltung zugestehen. Konzentriere dich nicht zu sehr darauf, dein Pferd nach den Richtlinien – bis auf den Zentimeter genau – an den Zügel zu stellen. Es ist für den späteren Erfolg völlig bedeutungslos, ob dein Pferd im Augenblick ein wenig vor oder hinter der Senkrechten geht. Wichtiger ist, daß sich dein Pferd wohlfühlt, dann kommst du mit der Ausbildung auch weiter.

Von einem Pferd, das du in eine zweifelhafte Dressurhaltung zwingst, hast du allein die fragwürdige Genugtuung, skeptischen Zuschauern ein Pferd in einer „einwandfreien“ Haltung zu präsentieren. Die

Ausbildung jedoch stockt. Denke an die vielen Pferde, die zunächst in A- und L-Dressuren Schleifchen sammeln mögen, aber schon bald von der Turnierbühne verschwinden, wenn mehr als nur eine korrekte Haltung verlangt wird. Nimm dir auf dem Weg zum Stall vor, schön und leicht zu reiten. Während des Trainings müßt ihr euch beide wohlfühlen – Pferd wie Reiter. Da du das heutige Verhalten deines Pferdes nicht im voraus wissen kannst, ist es sinnlos, wenn du dir ein detailliertes Trainingsprogramm vornimmst. Bestehst du unter allen Umständen auf deinem Vorhaben, wirst du dich unweigerlich festfahren und in einer Ausbildungssackgasse landen.

Lösender Trab: Die Stute könnte wirkungsvoller an beide Hände geritten werden. Die offene rechte Zügelfaust macht deutlich, wie wenig die Reiterin in der Hand hat. Mit schon durchhängendem Zügel kann sie auf die Halsdehnung mit zusätzlichem Nachgeben der Hand keinen weiteren Einfluß nehmen. Das Pferd spürt lediglich den äußeren Zügel und verstellt sich leicht. Hier heißt es: vorwärts an beide Hände treiben, um sinnvoll mit beiden Händen nachgeben zu können.

Das Verhalten deines Pferdes bestimmt das Ausbildungsprogramm.

An einem Tag kommst du über ein Lockerreiten nicht hinaus; dann aber, an einem Tag, an dem ihr beide gut drauf seid, bietet sich dein Pferd ungezwungen an. Dann reitest du vielleicht schon spielerisch Lektionen, an die du morgens im Traum noch nicht gedacht hast.

Wirke also nicht übertrieben mit Hand und Schenkel ein, um dein Pferd an den Zügel zu stellen. Wenn du statt dessen Tempounterschiede und Lektionen mit unterschiedlich starken Wendungen reitest, wird dein Pferd sich geschmeidig bewegen, über die athletische Beanspruchung eine sanfte Zügelanlehnung als angenehm empfinden und sie suchen: Es tritt an den Zügel.

Ein Pferd *wird* nicht an den Zügel gestellt, es *tritt selbst* an den Zügel heran.

Habe Geduld und warte darauf. Hat sich dein Pferd erst einmal auf eine feste, starre Hand eingestellt, kommst du kaum noch davon los. Alles, was du mit übertriebener Handeinwirkung herstellst, wird sich spätestens in Lektionen mit höherer Versammlung als Hemmschuh erweisen: Dein Pferd ist dann durch tägliche Gewöhnung bereits darauf angewiesen, sich andauernd gegen und aufs Gebiß zu lehnen.

- Laß dein Pferd gleichmäßig und zwanglos an beide Zügel treten.
- Vermeide deutliches Links- oder Rechtsabstellen mit der Hand. Das Trensengebiß sollte so ruhig wie möglich im Pferdemaul liegen.
- Führe das Tempo ein wenig zurück, um nachgeben zu können, sollte die Anlehnung fest werden.

- Lege allmählich zu, sobald die Anlehnung verlorengeht.
- Gleiche Veränderungen in der Anlehnung mit Tempounterschieden oder in Wendungen aus, nicht mit der Hand.

Es hat wenig Sinn, dünnere oder dickere Trensengebisse zu verwenden, um die Maultätigkeit des Pferdes zu verbessern oder es damit an den Zügel zu stellen. Dein Pferd verbessert und verschlechtert seine Maultätigkeit so, wie sich sein Befinden beim Gerittenwerden verändert. Veränderungen, die du mit fragwürdigen Zäumungen erzielst, bleiben allenfalls einige Tage bestehen, eben bis das Pferd sich auch darauf wieder eingestellt hat. Die Rittigkeit verbesserst du mit zwanglosem, geduldigem Reiten.

Wichtig ist, daß dein Pferd gelassen und zufrieden bleibt. Auch wenn du an einem weniger erfolgreichen Tag mit den Leistungen nicht einverstanden warst – versuche immer, grundsätzlich ein zufriedenes Pferd in den Stall zu stellen. Vielleicht hast du dann morgen mehr Erfolg. Es kommt nicht darauf an, daß du heute unbedingt das erreichst, was du dir vorgenommen hast. Auf Dauer wirst du erfolgreich reiten, wenn du heute mit einem zufriedenen Pferd die Bahn verläßt und morgen in diesem Sinne die Ausbildung fortsetzt.

Reite nicht für den heutigen Erfolg, sondern für den Erfolg von morgen!

Wann, wie oft und wie lange?

Wann?

Ob morgens, in der Mittagszeit oder abends geritten wird, regeln hauptsächlich Beruf und Freizeit. Lassen wir den Aspekt günstiger Witterungsbedingungen einmal außer Betracht, ist für den Freizeitreiter der genaue Zeitpunkt von geringerer Bedeutung. Das Freizeitpferd muß nicht unbedingt zu einer bestimmten Stunde seine bestmögliche Leistung bringen. Bei einem Turnierpferd verhält es sich anders. Auf einem Turnier gibt es eine Zeiteinteilung, und sie entscheidet darüber, zu welcher Stunde eines bestimmten Tages sich das Spring- oder Dressurpferd in Topform präsentieren soll.

Reitest du dein Pferd ausschließlich früh morgens um 7 oder immer erst abends gegen 20 Uhr, werden sich bei deinem Pferd Arbeits- und Ruhephasen bald entsprechend einpendeln. Mit abgesunkenem Kreislauf ruht es tagsüber während der „arbeitsfreien“ Zeit.

Berücksichtige bei der Trainingsgestaltung den Zeitpunkt der täglichen Ruhephase deines Pferdes.

Es leuchtet ein, daß es einem Pferd schwerfallen muß, während einer sonstigen Ruhephase, entgegen der Gewohnheit, den Kreislauf in Schwung und eine erstklassige Leistung zu bringen – bei Pferden, die immer morgens oder abends geritten werden, beispielsweise an einem Turniertag während der Mittagszeit. Manche Reiter verkennen den wahren Grund für eine verkorkste Prüfung und behandeln daher ihre Pferde ungerecht. Auf diese Weise kommen Erklärungen oder vielmehr Anschuldigungen zustande wie: das Pferd lasse sich auf dem Turnierplatz ständig hängen, es würde sich im Parcours oder auf dem Viereck vor der Arbeit drükken, man könne es einfach nicht so reiten wie zu Hause…

Geht ein gesundes Pferd auf Turnieren ständig schlechter als sonst, kann das nur zwei Gründe haben:

a) Es kommt mit der erwähnten Verschiebung von Arbeits- und Ruhephasen nicht zurecht, oder
b) es geht einfach insgesamt lascher, weil sein nervöser Reiter auf Turnieren gehemmt reitet und allenfalls 80% seiner sonst möglichen Einwirkung zustande bringt.

Pferde gehen immer so, wie man sie reitet!

Im Galopprennsport wurde eindeutig bewiesen, wie sehr die Leistungen von Sportpferden zu unterschiedlichen Tageszeiten schwanken. Wurde beispielsweise ein Galopper täglich früh morgens um 7 Uhr geritten, sackte vor allem nachmittags sein Kreislauf stark ab.

Zum Leidwesen aller Beteiligten finden jedoch gerade um diese Zeit die meisten Rennen statt. Das Pferd war der Belastung nicht gewachsen und enttäuschte. Wenig einfühlsame Trainer, die die wahre Ursache des Versagens verkannten, verkündeten nun lauthals, das Pferd sei nicht ehrlich. In der Morgenarbeit galoppiere es immer blendend, um dann in den Rennen seinen Jockey im Stich zu lassen.

Man probierte alles aus. Man verlängerte und verkürzte die Renndistanz, engagierte einen besonders starken Jockey – nichts half. Das Pferd enttäuschte immer wieder. Bis eines Tages jemand auf die Idee kam, das Pferd nachmittags zu trainieren. Nach einem Vierteljahr gewann das Pferd vier Rennen hintereinander in überlegener Manier, so überlegen, daß sogar die Rennleitung beim ersten Sieg den Trainer wegen der plötzlichen Formverbesserung um eine stichhaltige Erklärung bat.

Selbstverständlich reagieren Reitpferde nicht anders als Rennpferde. Die Leistung entspricht immer der Trainingsleistung. Würden Turnierpferde, um wieder auf unser eigentliches Thema zu kommen, also wie im Beispiel b) zu Hause ebenso verhalten geritten wie auf dem Turnierplatz, täten sie auch dort nicht mehr als notwendig und steckten den Kopf in den Sand.

Erkenntnisse der Sportwissenschaft belegen eindeutig, wie stark die Leistungen von Sportlern – und das sind Turnierpferde ebenfalls – unter ungewöhnlichen Belastungszeiten leiden. Leichtathleten stehen beispielsweise bereits um 4 Uhr auf, um ihren Organismus auf Betriebstemperatur zu bringen, wenn sie gegen 11 Uhr vormittags einen Vor- oder Zwischenlauf zu bestreiten haben.

Reite daher zumindest an arbeitsfreien Wochenenden dein Pferd zu verschiedenen Tageszeiten, damit es ein wenig auf Turnieranforderungen vorbereitet wird. Andere Trainingszeiten kannst du besonders gut mit Besuchen auf fremden, benachbarten Plätzen verbinden. Erst hier bekommst du einen wahren Eindruck vom wirklichen Leistungsstand deines Pferdes.

Ein Turnierpferd ist immer nur so gut, wie es sich auf fremden Plätzen präsentiert.

Wenn ihm andere Arbeitszeiten, andere Plätze nichts ausmachen – um so besser. Dann hast du eine Sorge weniger und ein großes Trainingsplus gegenüber der Konkurrenz.

Wie oft?

Es widerspricht der Natur des Pferdes, wenn es sich nicht täglich genügend bewegen darf. Eine noch so geräumige Box kann dem nicht abhelfen. Die artgemäßeste Variante, für ausreichende Bewegung deines Pferdes zu sorgen, besteht darin, daß es sich neben dem Gerittenwerden beim täglichen Koppelgang oder zumindest in einem geräumigen Paddock auslaufen darf. Schade, daß gerade Sportpferde so häufig auf diesen Genuß verzichten müssen. In letzter Zeit setzt sich aber auch hier allmählich die Erkenntnis durch, wie wichtig regelmäßige ruhige Bewegung für die Gesundheit und Lebenserwartung des Pferdes ist. Selbst Spitzenreiter – im Spring- wie im Dressurlager – setzen vermehrt auf Koppelgang oder wenigstens Bewegung an der Führmaschine – immer noch besser als 23 oder 23 1/2 Stunden Stehen und eine oder eine halbe Stunde konzentrierte Arbeit.

Allein bei dem Gedanken, ein Leistungssportler müsse sich von Sonntagbis Dienstag mittag 48 Stunden lang in einem kleinen Zimmer aufhalten, schüttelt man unwillkürlich den Kopf, so abwegig erscheint diese Vorstellung. Nichts anderes aber ist der wöchentliche „Ruhetag", der sich in manchen Reitställen als veraltetes Relikt aus Kavalleriezeiten noch hält und heute mehr mit Personalmangel zu erklären ist. So hat das Personal einen Tag in der Woche frei – nur den Pferden tut man keinen Gefallen damit.

Jedoch können beide zu ihrem Recht kommen, wenn Reitstall- und Pferdebesitzer Rücksicht aufeinander nehmen. Reitstallbesitzer und Vereine sollten ihren Kunden eine Möglichkeit einräumen, ihre Pferde täglich zu bewegen. Das setzt allerdings voraus, daß sich die Reiter strikt an den vorgegebenen Stundenplan halten. Daran, daß sowohl die sportliche Entwicklung eines Pferdes wie auch sein Wohlbefinden unter einem eisern eingehaltenen Ruhetag leiden, besteht kein Zweifel.

Sollte ein Reiter mit den vorgegebenen Stallzeiten aus beruflichen Gründen nicht zurechtkommen, wäre es ratsam, den Stall zu wechseln, selbst dann, wenn im Nachbarstall die äußeren Bedingungen ein wenig schlechter sein sollten. Sobald ein Pferd nicht ausgiebig genug geritten werden kann, wird die Ausbildung erschwert. Das Ausbildungsergebnis verschlechtert sich weiter, wenn versucht wird, den Bewegungsmangel an einem Tag mit übertriebener Mehrarbeit am folgenden Tag auszugleichen.

Die Quittung für sein unvernünftiges Verhalten bekommt der Reiter, wenn sein Pferd nach übertriebener Arbeit Sehnen, Bänder und Muskeln spürt und unwillige Reaktionen zeigt. Das Unbehagen kann am gleichen, dem nächsten oder erst übernächsten Tag offensichtlich werden. Daher verbinden die Reiter auch das am Mittwoch schlechter gehende Pferd meist nicht unbedingt mit der übertriebenen Trainingseinheit am Dienstag; zumal das Pferd doch am Dienstag und vor allem am Wochenende noch recht gut gegangen ist.

Einen „Ruhetag" in der Woche kann das Pferd im übrigen sehr gut brauchen – solange es kein „Stehtag" ist. Es ist sogar sehr zu empfehlen, das Pferd an einem Tag, der sich aus verschiedenen Gründen dafür anbietet, lediglich genügend unter dem Sattel zu bewegen, es aber nicht so stark wie gewöhnlich zu beanspruchen. Vielleicht an einem Tag, an dem dir die Zeit fehlt oder an dem du schon beim Satteln das Gefühl hast, daß du selbst nicht so gut drauf bist oder daß dein Pferd sich heute nicht besonders gut anfühlt.

An einem solchen Tag nimmst du dir von vornherein vor, ausgiebiger leichtzutraben und frisch vorwärts zu galoppieren, ohne besondere Lektionen zu üben. Oft ist es so, daß du nach einer halben Stunde völlig zwanglosen Reitens entdeckst, daß sich dein Pferd gerade heute für schwierige Lektionen anbietet. Selbstverständlich änderst du dann deinen Plan und nimmst die günstige Gelegenheit wahr.

Spielerisches, lösendes Leichttraben. Die Anlehnung könnte deutlicher sein; das Pferd sollte seine Nase mehr nach vorn strecken.

Obwohl immer ein grober Trainingsplan bestehen sollte, bestimmt grundsätzlich das augenblickliche Verhalten deines Pferdes die konkrete Trainingsgestaltung. Auf der Fahrt zum Reitstall kannst du dir noch vornehmen, heute diese oder jene Lektion vermehrt zu üben. Ob es wirklich dazu kommt, richtet sich nach dem Verhalten deines Pferdes, wie es sich an diesem Tag unter dem Sattel anfühlt, wie es sich anbietet.

Wie lange?

Etwa eine Reitstunde täglich ist selbst für den Bewegungsbedarf eines nicht sportlich engagierten Pferdes bei weitem zuwenig. Bedenke, daß sich dein Pferd etwa zwanzig Minuten einlaufen (lösen) und gegen Ende der Arbeit auch wieder genügend lang auslaufen muß. Bei anderen intensiven Bewegungssportarten nimmt das Auslaufen wie selbstverständlich einen ebenso breiten Zeitraum wie das Einlaufen in Anspruch. Im Reitsport findet dies noch viel zuwenig Beachtung. Mit dem Leichttraben am halblangen Zügel und abschließendem Schrittreiten von insgesamt zehn Minuten nach der eigentlichen Arbeit ist es längst nicht getan.

Austrainierte Leichtathleten wissen nur zu gut, daß sie die Quittung in Form von schmerzhaften Verspannungen am folgenden Tag bekommen, wenn sie sich nach dem Training nicht mindestens eine halbe Stunde lang auslaufen. Ähnliches werden zu rasch in den Stall gebrachte Pferde am nächsten Tag nach einer intensiven Trainingseinheit verspüren. Die ratlosen Sprüche von Reitern wie: „Eigenartig – gestern ging er/sie noch so gut – aber heute…“, kennt man zur Genüge.

Der erfolgreiche Reiter löst sein Pferd ebensolang, wie er es nach der eigentlichen Arbeit auslaufen läßt. Er denkt an das Wohlbefinden des Pferdes von morgen.

Richte dein Ziel nicht auf schnelle, augenblickliche Erfolge, sondern auf eine ständig zunehmende Rittigkeit aus. So kann der unüberlegte Reiter mit einer scharfen Parade sein Pferd im Maulbereich überempfindsam machen und im Augenblick eine scheinbar angenehm weiche Zügelführung erreichen. Schon Minuten später hat sich das Verhalten des Pferdes verändert. Dort, wo die Trense aufliegt, bildete sich eine leichte Druckstelle. Das Pferd vermeidet natürlich den Trensendruck und tritt nicht mehr ans Gebiß. Es geht deutlich über oder hinter den Zügel. Oft wagt es auch nicht mehr, frisch vorwärts zu gehen.

Nun nimmt das Dilemma seinen Lauf: Der Reiter gab eine scharfe Parade, weil er der Meinung war, daß sein Pferd mutwillig vorwärtsstürmte. Er nickte selbstgefällig, als sich augenblickliche Besserung einstellte. Das Pferd hat aber jetzt Hemmungen, ans Gebiß zu treten, und geht nur zögerlich vorwärts. An dem neuen Verhalten des Pferdes glaubt der Reiter, nun Anzeichen erneuter, jedoch andersartiger Unlust zu erkennen. „Erst versuchst du wegzulaufen, jetzt willst du nicht mehr vorwärtsgehen. Na, dir werd' ich helfen!“ Mit übertriebenen Schenkelhilfen versucht er, das arme Pferd vorwärts zu treiben. Für Pferde gibt es wohl nichts Unangenehmeres als Reiter, die grundsätzlich den sofortigen Erfolg anstreben und unwillige Reaktionen ihrer Pferde als Mutwilligkeit auslegen.

Während der eigentlichen Ausbildungsarbeit sollte sich dein Pferd hin und wieder beim Schrittreiten am langen Zügel entspannen dürfen. Mutest du einem Pferd beispielsweise zu, länger als zehn Minuten im Trab oder Galopp völlig ruhig am Zügel zu stehen, kannst du damit rechnen, daß es sich bald verkrampfen und unwilliger gehen wird. Halte einmal deinen Kopf mit angespannter Halsmuskulatur nur fünf Minuten lang völlig ruhig in Richtung Brust. Bald wirst du selbst erleben, wie unangenehm sich deine Hals-, Schulter- und Rückenmuskeln bemerkbar machen.

Je weniger ein Pferd ausgebildet ist, um so häufiger solltest du ihm (und dir) längere Entspannungspausen gönnen.

Plane für dein tägliches Reiten etwa zwei Stunden ein. Ob du die zwei Stunden benötigst, entscheidet das Verhalten deines Pferdes. Selbst erfahrene und erfolgreiche Spitzenreiter berichten, daß sie immer dann mit dem Reiten früh aufhören konnten, wenn ihnen besonders viel Zeit zur Verfügung stand. Sie waren ruhiger und gelassener mit ihrem Pferd umgegangen, das entsprechend reagierte und die verlangten Lektionen mühelos bewältigte. Umgekehrt seien sie an Tagen, an denen die Zeit knapp bemessen war, selbst nach drei Stunden zu keinem vernünftigen Ergebnis gekommen.

Sollte dir an einem Tag genügend Zeit für eine solide Arbeit fehlen, sorge wenigstens dafür, daß dein Pferd ausreichend Bewegung hat. Nimm die Gelegenheit wahr, Kondition und Rückenmuskulatur deines Pferdes zu fördern.

- Reite mit kürzer geschnallten Bügeln dein Pferd im leichten Sitz zügig vorwärts.
- Trabe und galoppiere es mit häufigem Handwechsel in eine deutliche Vorwärts-abwärts-Dehnungshaltung. Auch hierbei sollte sich die Stirnlinie des Pferdes stets ein wenig vor der Senkrechten befinden. Geringe Abweichungen in der Kopfhaltung nach oben oder unten sind unwesentlich. Wichtig ist, daß dein Pferd seinen Hals fallen läßt und zufrieden schnaubend ans Gebiß galoppiert.
- Galoppiere dein Pferd in einem Tempo von etwa 450 m/Min. frisch vorwärts, bis es beginnt, am Hals ein wenig feucht zu werden. Nachdem der Hals beim Schrittreiten wieder völlig abgetrocknet ist, wird der nächste Galopp gestartet.

Entlastender Sitz beim lösenden Leichttraben. Der „leichte" Hals des Schwarzbraunen erfordert schon einiges Geschick der Reiterin, will man ihn im Leichttraben in eine Dehnungshaltung bringen.

Lösendes Galopptraining mit weniger intensiver Einwirkung. Käme noch die Stirnlinie vor die Senkrechte, wäre die Dehnungshaltung perfekt.

Die Unterhalsmuskulatur spannt sich an und entwickelt sich. Das Pferd wird dort (im Unterhals) stark, wo du es nachgiebig haben möchtest. Die Reiterin treibt zu intensiv gegen eine starre Hand.

Obwohl der Kopf des Pferdes die gleiche Haltung einnimmt, fällt hier die Unterhalsmuskulatur durch. Die obere Halsmuskulatur tritt hervor, weil die Reiterin mit leichter Hand ihrem Pferd Gelegenheit gibt, den Kopf selbst zu tragen.

Mit dieser schonenden und einfachen Methode haben Militaryreiter gute Erfahrungen gemacht, wenn sie Herz- und Kreislauftätigkeit ihrer Pferde stärken wollen. Reite hin und wieder eine vorher abgesteckte Strecke von 450 Metern in einer Minute, um dir ein Tempogefühl anzueignen.

Der Zügeldruck auf deine tief an den Pferdehals gestellten Hände darf dabei ein wenig zunehmen, vor allem im Galopp. Sobald du jedoch bemerkst, daß der Zügeldruck zu stark wird und sich das Pferd regelrecht auf deine Hand lehnt, wird die Ausbildung von Hals- und Rückenmuskulatur unterbrochen.

Ein Muskel bildet sich, wenn er sich an- und entspannen kann.

Daher muß das Pferd in der Bewegung seinen Hals selbst und frei tragen. Verändere ständig den Zügeldruck. Treibe gegen die durchhaltende Hand, um nach wenigen Sekunden den aufgebauten Druck zu verringern, indem du mit den Händen allmählich nachgibst. Wähle den Zeitraum von Annehmen und Nachgeben verschieden lang, damit keine schematische, monotone Hilfengebung entsteht, auf die sich dein Pferd wieder schnell einstellen könnte. Einmal hältst du einen stärkeren Druck mit deinen Händen zwei Sekunden lang, einmal einen schwächeren vier Sekunden, ehe du nachgibst.

Auch das Nachgeben, das sich vor allem nach dem Verhalten deines Pferdes richtet, gestaltest du verschieden lang und auch unterschiedlich schnell. Würdest du ständig vorsichtig etwa drei Sekunden lang mit beiden Händen gleichzeitig nachgeben, könnte sich dein Pferd rasch darauf einstellen und sich beispielsweise weiter auf die Hand lehnen oder weiterhin davonstürmen. Erziehe dein Pferd zum „selbständigen Gehen". Verzichte hin und wieder für einige Sekunden auf jegliche Anlehnung, laß dein Pferd ohne jede Unterstützung allein laufen. Das fördert Gleichgewicht und Selbstbewußtsein.

Um etwas leicht und bequem tragen zu können, benötigt man starke Muskeln. Das Pferd braucht für den „oben" gehaltenen Kopf den obenliegenden langen, kräftigen Halsmuskel und einen starken Rükkenmuskel, um sich geschmeidig und kraftvoll fortzubewegen und den Reiter mühelos zu tragen. Es gilt also, Muskelgruppen des Pferdes zu bilden, die ihm das Gehen unter dem Reiter leichter machen. Dazu gehört ein Trainingsprogramm, weil man die stärkere Bildung der angesprochenen Muskelgruppen nicht als selbstverständlich betrachten und sie auch ohne gezieltes Training nicht verbessern kann.

Als Herden- und Weidetier könnte das Pferd auf eine stark entwickelte Halsmuskulatur ohne weiteres ganz verzichten. Der Reiter seinerseits hält nicht viel von einer ausgeprägten *unteren* Halsmuskulatur. Mit ihr arbeitet das Pferd gegen seine Interessen, wenn es mit nach vorn gedrücktem Kopf massiv gegen und auf die Reiterhand drückt. Während der Ausbildung eines Pferdes entwickelt der Reiter Muskeln des Pferdes, die *für ihn* arbeiten und läßt die verkümmern, mit denen sich das Pferd wirkungsvoller zur Wehr setzen könnte.

Der Reiter muß sich grundsätzlich bewußt sein, daß er bei der Ausbildung natürliche Vorgaben beim Pferd verändert. Die Abweichungen von der Natur sind dennoch notwendig, weil dadurch dem Pferd das unnatürliche „Gerittenwerden" erleichtert wird.

Erfolgreiche Athleten anderer Sportarten trainieren mindestens zweimal täglich. Es hat sich herausgestellt, daß die Leistungskurve dann besonders steil nach oben zeigt, wenn das Tagespensum in mehrere Abschnitte geteilt wird. In zwei oder gar drei kürzeren Trainingseinheiten kann man von Fleisch und Geist mehr verlangen.

Ein ausgeruhter Körper kommt den Anforderungen williger nach. Übungen können öfter ausgeführt werden, da die Gefahr einer Überforderung abnimmt. Einen zusätzlichen Trainingserfolg bringt der Gewöhnungseffekt. Ab einer gewissen Ausbildungsstufe lernt der Sportler nur noch dazu, wenn er die erforderlichen Bewegungsabläufe so häufig wie möglich trainiert. Das Reiten und auch das Gerittenwerden (aus der Sicht des Pferdes) besteht zum überwiegenden Teil aus handwerklichem Können. Bei nur zwei Übungsstunden in der Woche lernt man nichts mehr dazu. Die durchschnittlich schlechten Leistungen von Vielseitigkeitspferden, deren Training sich auf drei Teildisziplinen verteilt, in der ersten Teilprüfung Dressur sprechen hier eine deutliche Sprache.

Ähnlich ist es bei Menschen, deren Tätigkeiten fließend vom handwerklichen in den künstlerischen Bereich übergehen. Wir denken an Musiker und Handwerker, die zur Ausübung ihres Berufes über Talent und eine gute Technik verfügen müssen. Das Talent reicht nur bis zu einem bestimmten Leistungsniveau, danach muß geübt und nochmals geübt werden. Wer weniger Talent besitzt, kann ebenfalls Spitzenleistungen erreichen. Er muß „nur" den Willen aufbringen, früher und öfter als begabtere Sportkameraden zu trainieren. Die Härte der Trainingseinheiten spielt erst im Vergleich der besten Sportler eine Rolle. Im Spitzenbereich wird nicht mehr so deutlich, wer anfangs mehr Talent besaß. Ganz oben müssen alle hart arbeiten. Je mehr Zeit du für dein Pferd aufbringst, um so besser. Morgens leichte lösende Arbeit mit einfachen Lektionen über eine knappe Stunde und abends nochmals etwa eineinhalb Stunden Training mit gehobenen Anforderungen. Das wäre wohl, über den Daumen gepeilt, eine günstige Konstellation für eine erfolgreiche Ausbildung. Bei dieser Zeiteinteilung verhindern genügend lange Arbeitspausen eine Überforderung

Müde, aber zufrieden. Man sieht dem Schimmel die Anstrengung einer offenbar gelungenen Grand-Prix-Prüfung an (Margit Otto-Crépin auf Lucky Lord).

des kaum schwitzenden Pferdes. Das Gegenteil einer Überforderung tritt ein: Sehnen, Bänder und der gesamte Organismus des Pferdes kräftigen sich bei leichter, aber längerer Beanspruchung während zwei Arbeitsabschnitten. Das Pferd wird allgemein widerstandsfähiger, und du kannst mit ihm wirklich zusammenarbeiten.

Ein weiterer, ganz wesentlicher Vorteil ergibt sich aus zwei Trainingseinheiten pro Tag: Die Abstände dazwischen sind kürzer als bei einer Trainingseinheit pro Tag; dadurch tritt der Gewöhnungseffekt stärker in Erscheinung. Welchen Einfluß gerade der Gewöhnungseffekt auf die Ausbildung eines jungen Reitpferdes hat, bemerkst du, wenn du beispielsweise einen einfachen Galoppwechsel übst. Beim ersten einfachen Wechsel geht dein Pferd noch ein wenig gegen deine Hand und macht einige Trab-Zwischentritte, bevor es ruhig schreitet. Der wenige Sekunden darauf folgende zweite Wechsel wird von deinem Pferd schon gelassener ausgeführt; den dritten, wieder kurz darauf folgenden einfachen Wechsel macht es schon beinahe vorschriftsmäßig.

Die ständige Verbesserung stellte sich allein durch die Gewöhnung ein, ohne daß du deine Hilfen verändern mußtest. Liegen jedoch bei einem jungen Pferd zwischen dem ersten und zweiten Wechsel etwa fünfzehn Minuten, gelingt der zweite bei gleicher Hilfengebung nicht wesentlich anders als der erste. Der Zeitraum zwischen den Wechseln war zu lang.

Ein Dressurpferd, das nur an einem Tag in der Woche den fliegenden Galoppwechsel übt, wird bei den Wechselhilfen immer außergewöhnlich reagieren; es gewöhnt sich nicht an die fremden und intensiveren Hilfen. Galoppiert ein Springpferd lediglich jeden Donnerstag über Hindernisse, wird es nie zur notwendigen Gelassenheit eines sicheren Parcourspferdes finden.

Der Sprung muß für ein Springpferd so normal sein wie das Angaloppieren, der fliegende Galoppwechsel für ein Dressurpferd so alltäglich wie eine Volte.

Eine Gelassenheit erreicht der Reiter aber nur, wenn er die Abstände zwischen den Übungen immer kürzer werden läßt. Pferde gehen nach einem Stehtag (Montag) „schlechter" als noch am Sonntag, an dem das Pferd besonders gut zu reiten war. Der Abstand zum jeweiligen Reitbeginn war zu groß. Bei einem größeren Turnier, das über eine Woche andauert, gehen die Pferde während der letzten Turniertage besonders gut. Die Abstände von Ritt zu Ritt (Abreiten, Prüfungen) waren kurz. Pferde lernen und gehen eindeutig besser, wenn sie nicht *einmal* besonders lang, sondern *öfter weniger lang* geritten werden. Bei zwei Trainingsabschnitten pro Tag findet man günstige Voraussetzungen für ein erfolgreiches und schonendes Training. Aber welcher Reiter kann sich das so einteilen?

Das ist leider wahr, die Verhältnisse, sie sind – oft – nicht so. Trotzdem ist es wichtig, über die optimalen Bedingungen Bescheid zu wissen. Vielleicht ergibt sich auch die Möglichkeit, daß das Pferd morgens von einer Freundin bewegt wird, deren Reitweise du genau kennst und bei der du sicher bist, daß sie das Pferd in deinem Sinn löst und trainiert. Dann kannst du abends eher erwarten, ein lockeres Pferd vorzufinden, das für konzentrierte Lektionen zu haben ist. Oder du findest jemanden, der einige Stunden vor dir mit dem Pferd ruhig ins Gelände geht und so für die notwendige Bewegung, Lockerung und Abwechslung sorgt.

Die Binsenweisheit „Wo ein Wille ist, ist auch ein Weg" hat manchmal doch einiges für sich!

Der tägliche Trainingsaufbau

Erfolgreiche, fachkundige Reiter finden für ihre Pferde genügend Zeit, sind zwar ehrgeizig, aber auch geduldig und beharrlich. Sattelst du dein Pferd schon unter Zeitdruck, wird sich deine Unruhe bereits im Stall aufs Pferd übertragen. Pferde sind auf ihr außergewöhnlich gutes Erinnerungsvermögen und auf ihre hohe Empfindsamkeit angewiesen, wenn sie Stimmungen und Situationen auf sich beziehen und einschätzen. Hektische Nervosität des Reiters überträgt sich sofort aufs Pferd. Erübrigt man nur wenig Freizeit für seinen Sport, sollte man sich nicht gerade für den Pferdesport entscheiden.

Behandele Reitpferde wie kleine Kinder. Nimm dir Zeit, sei geduldig und mache dich ihnen verständlich.

Angurten und Anreiten

Führt der Weg von der Box zum Reitplatz nur über wenige Schritte, solltest du nicht gleich auf dem Viereck den Sattelgurt stramm anziehen, bevor du aufsitzt. Dein Pferd würde sich verspannen, Sattel und Reitergewicht verständlicherweise ablehnen. Sämtliche Bemühungen, dein Pferd zu lösen, wären zunächst vergebens: Ein verspanntes Pferd läßt sich nur mit großem Zeitaufwand und viel Geduld lösen – wenn überhaupt! Von größerem Nachteil aber ist, daß dein Pferd am nächsten Tag dem Satteln und Aufsitzen mit Unbehagen entgegensieht. Natürlich erinnert es sich an den kneifenden Gurt und das drückende Reitergewicht.

Vorteilhafter ist es, den Sattelgurt erst dann fester anzuziehen, wenn das Pferd nach erstem leichtem Angurten etwa zwei Minuten geführt wurde. Die kurze Zeit, die du zu Beginn der Arbeit deinem Pferd zubilligst, wird dir später vielfach vergütet. Reite nach dem Aufsitzen Schritt am hingegebenen, durchhängenden Zügel. Läßt sich dein Pferd zu Beginn der Stunde nicht in dieser Form reiten, weil es ständig antraben will, hast du dein Pferd bisher nicht gelassen genug gearbeitet.

Auch anfangs sollte ein Pferd Schritt am hingegebenen Zügel gehen.

Zufriedene, ausgelastete Pferde gehen Schritt am langen Zügel – gegen Ende des Trainings wie zu Beginn.

Die Lösungsphase

Nach dem Schrittreiten wird das Pferd im allgemeinen leichtgetrabt und vorwärts-abwärts geritten. Vorwärts-abwärts bedeutet, daß ein frisches Tempo gewählt wird, bei dem das Pferd seinen Hals bei einer gleichmäßig leichten Zügelanlehnung tiefer fallen läßt als später, wenn es in vorgeschriebener Haltung an den Zügel

Vorteilhafte Vorwärts-abwärts-Dehnung während der Lösungsphase. Der Halsrücken liegt deutlich über dem Genick des Pferdes.

gestellt wird. Der Idealfall ist erreicht, wenn sich bei tief gehaltenem Hals die Stirnlinie des Pferdekopfes ein wenig vor der Senkrechten befindet. Geht dein Pferd jedoch vor der Senkrechten oder gar etwas dahinter, soll dich das nicht weiter beunruhigen. Den Idealfall gibt es selten. Dein Pferd wird sich auch in einer ähnlichen Form bestens lösen. Sobald du versuchst, die individuelle Dehnungshaltung des Pferdes mit stärkeren Zügel- und Schenkelhilfen zu korrigieren, um den Vorstellungen der Dressurprüfungen von Anfang an exakt zu entsprechen, behinderst du die Lösungsphase.

Beobachte, in welcher – schwungvollen! – Gangart sich dein Pferd am besten löst.

Manche Pferde lösen sich leichter im Galopp, besonders dann, wenn sie das Reitergewicht anfangs mit ihrem Rücken nicht geschmeidig abfangen und schon beim Aufsitzen auffällig abwehrend reagieren. Diese Pferde halten ihren Rücken fest und steif, ihnen sind angezogener Sattelgurt und zusätzliches Reitergewicht unangenehm. Sie gehen „wie ein Brett" und machen dadurch eine unzufriedene Abwehrreaktion deutlich. Weniger gutmütige Pferde beginnen zu steigen oder lassen sich andere Gefühlsäußerungen einfallen, die für den Reiter ähnlich unangenehm sind.

Hinweise für die Veranlagung deines Pferdes geben dir Vorwärtsdrang und Zügelanlehnung. Geht dein Pferd im Galopp williger vorwärts und ist die Anlehnung im Galopp gleichmäßiger und angenehmer, solltest du nach dem Schrittreiten galoppieren.

Nach dem Leichttraben oder spielerischen Galoppieren auf beiden Händen folgt zum Verschnaufen wieder eine Schrittpause, diesmal am halblangen Zügel, der schon leicht ansteht. Die elastisch führende Hand gleicht sich den auf- und abwippenden Kopf- und Halsbewegungen des Pferdes an. Dein Pferd empfindet lediglich über das Trensengebiß einen sanften Druck, der es beim Vorwärtsschreiten nicht einschränkt.

Solange sich das Pferd löst, werden keine Lektionen mit deutlicher Anlehnung geritten – vor allem nicht im schwunglosen Schritt. Der Schritt besitzt keinen Moment der freien Schwebe. Im Schritt entsteht kein Schwung, stets berührt mindestens ein Bein den Boden. Er ist allenfalls als Vorstufe zum Lösen geeignet. Wirklich gelöst werden Pferde im Trab oder Galopp.

Häufige Schrittpausen

Auch während des Schrittreitens bist du aber nicht zur völligen Passivität verurteilt. Hier findest du eine willkommene Gelegenheit, die Zeit zu nutzen, indem du mit angedeuteten Gewichtshilfen dein Pferd auf spätere Aufgaben vorbereitest. Verlagerst du dein Gewicht nur um einen Hauch nach links, wird dein Pferd seine gerade Spur im gleichen Augenblick verlassen. Um dich bequem zu tragen und auszubalancieren, weicht es ebenfalls nach links, bis die Schwerpunkte von Pferd und Reiter wieder übereinander liegen. Mit der Zeit reagiert dein Pferd blitzschnell. Es bewegt sich nach rechts, sobald du nur dein rechtes Knie betont nach unten drückst. Probiere es einmal aus, und du wirst feststellen, daß Pferde auf Gewichtshilfen besonders leicht reagieren. Manchmal gewinnt man den Eindruck, daß sie sogar Spaß daran haben, das Spiel „Unter das Gewicht laufen“ mitzumachen. Mit diesen feinen und schnellen Reaktionen des Pferdes wird das Reiten für dich später zum Vergnügen. Dem Pferd wird das Gerittenwerden so angenehm wie möglich gemacht, und gleichzeitig stärkt es in spielerischer Form Sehnen und Bänder.

Beginne nicht mit dem wirklichen Training, bevor du das Gefühl hast, daß sich dein Pferd in den drei Grundgangarten gelöst bewegt. **Laß dich nicht verunsichern, wenn du an manchen Tagen über das Lösen nicht hinauskommst.** Es müssen nicht unbedingt an jedem Tag sämtliche Lektionen durchgeritten werden. Die „Arbeit“ eines Tages, an dem nur gelöst wird, bringt dein Pferd zwar nicht weiter, aber sie schadet auch nicht. Im Gegensatz dazu richtest du erheblichen Schaden an, wenn du dich dazu verleiten läßt, ein verspanntes Pferd an den Zügel zu stellen und es in einer sperrigen Haltung in Lektionen zu zwingen.

Merkmale der Entspannung

Um ein entspanntes, gelöstes Pferd zu erkennen, gibt es einen untrüglichen Test: Ein Reitpferd muß den Reiter im Trab und Galopp gut sitzen lassen und angenehm weich an der Hand bleiben, wobei hier größere Aufmerksamkeit auf den Trab gelegt wird. Das Aussitzen im Trab vermittelt dem Reiter diesbezüglich deutliche Hinweise. Teste daher während des Lösens hin und wieder mit kurzem Aussitzen, ob die Rückenmuskulatur des Pferdes weit genug gelöst ist, um dein Gewicht elastisch aufzunehmen. Hält der Pferderücken noch dagegen und läßt dein Gewicht nicht gleichmäßig am Sattel haften, solltest du weiter geduldig lösen.

Merkmale der Losgelassenheit sind rhythmisches Schnauben und ein locker pendelnder Schweif.

Der Schweif soll weder wie bei ängstlichen Pferden eingeklemmt noch wie bei stark verspannten Pferden aufrecht getragen werden. Während des Galopps wird er – der Längsbiegung entsprechend – leicht nach innen getragen. Die genannten

Merkmale eines gelösten Pferdes treffen jedoch nicht auf jedes Pferd zu. Es gibt genügend Pferde, die sich gelöst bewegen, ohne diesen Hinweisen zu entsprechen. Gebäude und Verhalten der verschiedenen Pferde lassen übliche Erkennungszeichen oft verblassen. Untrügliche Anzeichen eines gelösten Pferdes bleiben jedoch angenehme Zügelführung und bequemes Aussitzen im Trab.

Löse dein Pferd so, wie du dich beispielsweise als Leichtathlet selbst vor einer Prüfung lösen würdest. Es käme dir nicht in den Sinn, mit gymnastizierenden Übungen zu beginnen, die dir schwerfallen. Eher würdest du deine Wettkampfvorbereitung nach dem Motto aufbauen: „Immer hübsch der Reihe nach. Erst einmal die Nervosität ablegen, erst einmal die leichten Sachen; nur so ein bißchen herumzockeln – dann werden wir weitersehen."

Gleiche Chancen gewährst du am besten auch deinem Pferd. Biete ihm anfangs nach dem Schrittreiten Übungen an, die ihm liegen. Läßt sich dein Pferd auf der linken Hand nicht so leicht reiten, gönne ihm häufig seine rechte Schokoladenseite. Bewegt es sich am liebsten im Galopp – laß es galoppieren. Erst muß es einmal in Tritt kommen, seine Stallsteifheit verlieren und sich von überschüssiger Kraft befreien. Es ist doch verständlich, daß sich innerhalb von zweiundzwanzig Stunden das Temperament eines Pferdes in einer engen Box bis zum Übermut auflädt. Nach der ersten Lösungsphase reitest du wieder ausgiebig Schritt und verlangst während der zweiten Lösungsphase nochmals Lektionen, die dein Pferd ohne besondere Schwierigkeiten ausführt. Vielleicht ein Zulegen im Trab, einen spielerischen fliegenden Galoppwechsel oder einfach eine weiche Schlangenlinie. Beobachte wachsam das Verhalten deines Pferdes, um daraus Vorteile für die Lösungsarbeit zu gewinnen. So könnte ein strammer Galopp eingeflochten werden, wenn es aus Übermut arg gegen die Hand drückt. Solltest du den Eindruck gewinnen, daß dein Pferd aus Bequemlichkeit seinen Kopf auf die Reiterhand legt, kann auch hier ein forscher Galopp die schlummernden Lebensgeister des Pferdes wecken. Wichtig ist, daß du mit wachen Augen verschiedene Möglichkeiten ausprobierst. Am Verhalten deines Pferdes stellst du fest, ob die Übung geholfen, nichts bewirkt oder geschadet hat.

Pferden mit leichten (dünnen) Hälsen bekommt tiefes Reiten besonders. Pferd und Reiterin machen beim lösenden Galoppieren einen ausgeglichenen, zufriedenen Eindruck.

Das Beobachten des Pferdes ist eine Übungssache und kann nicht über Nacht erlernt werden. Du solltest dir merken, welche Maßnahmen erfolgreich waren und welche vom Pferd mit Widerstand aufgenommen wurden. Nach einiger Zeit gehen dir deine Reaktionen – aufgrund deiner Erkenntnisse – in Fleisch und Blut über; beinahe werden sie automatisch ausgeführt. Genau beobachtende Reiter erkennen bei ihren Pferden bereits im Ansatz, was sie vorhaben, was sich da eventuell anbahnt. Läßt beispielsweise das Pferd nur ein wenig sein linkes Ohr fallen, weiß der routinierte Reiter, daß sich kurz darauf das Pferd im Genick verstellen wird. Blitz-

Würde die Reiterin ihr Pferd bei deutlich anstehendem äußeren Zügel noch stärker nach innen stellen, ließe der Fuchs sein linkes Ohr fallen: Er würde sich verstellen. Gibt die Reiterin jedoch im nächsten Augenblick innen vorsichtig nach, bleiben die Pferdeohren auf einer Höhe. Mit gerade gehaltenem Hals balancieren sich Pferde leichter aus.

schnell setzt er die individuell ausgerichtete Gegenmaßnahme ein, um das Verstellen im Keim zu ersticken. Der Zuschauer hat von der geringen Korrektur des Reiters noch nicht einmal etwas bemerkt. Ihm ist nicht aufgefallen, daß der Reiter mit seiner äußeren Hand ein wenig weicher wurde oder mit dem inneren Schenkel stärker trieb, um ein wenig mehr Druck auf die äußere Hand zu bekommen. Obwohl für das Reiten grobe Richtlinien gelten und auch allgemein zutreffen – die jeweilige reiterliche Maßnahme diktiert grundsätzlich das Verhalten des Pferdes, nicht das Lehrbuch. Jedes Pferd verhält sich ein wenig anders – jedes Pferd wird verschieden geritten. Es gibt keine dogmatische Reitlehre, die für „das Reiten von Pferden" Gültigkeit hätte. Für jedes Pferd müßte eine eigene Reitlehre geschrieben werden.

Wer ausschließlich nach einem Lehrbuch reitet, gleichgültig nach welchem, gelangt zu keiner spannenden und beglükkenden Zusammenarbeit mit Pferden.

Harmonisches Reiten beginnt, wenn man über seine eigenen und die Reaktionen des Pferdes nachdenkt.

„Warum hat mein Pferd soeben gerade diesen Fehler gemacht? Wie kann ich ihm meine Vorstellung beim nächsten Versuch deutlicher übermitteln? Warum konnte es nur so und nicht anders reagieren?"

Selbstverständlich kannst du nicht immer sofort alle Fragen beantworten. Beobachte daher dein Pferd genau und mit Bedacht, um danach verschiedene Lösungsmöglichkeiten sehr bewußt auszuprobieren. Welches die geeignete Hilfe war, wird dir klar, wenn du angenehmes Reiten und die Zufriedenheit deines Pferdes als Maßstab nimmst.

Der zweite Hufschlag

Gewöhne dir an, dein Pferd häufig auf dem zweiten Hufschlag zu reiten. Er bietet folgende allgemeine Vorteile, wie du sie beispielsweise auch im freien Gelände vorfindest:

- Du lernst, dein Pferd wirklich gerade zu halten, weil die Anlehnung an die Bande fehlt.
- Für dein Pferd wird das Gerittenwerden angenehmer, da du deine Hilfen sanf-

ter und gleichmäßiger mit beiden Schenkeln und beiden Händen gibst.

- Dein Pferd gewöhnt sich nicht an, gegen den inneren oder äußeren Schenkel zu drücken.
- Das Pferd schult sein Gleichgewicht, da auch ihm die Bandenanlehnung fehlt. Es achtet noch genauer auf deine Hilfen und wird insgesamt kräftiger, weil es sich stets neu ausbalanciert – immer länger und sicherer bleibt es im Gleichgewicht.
- An den langen Seiten tritt das Pferd gleichmäßig an beide Hände. Schädliches Ein- und Abstellen mit der Hand kommt kaum vor.
- Pferd und Reiter lernen, schnell auf ungewollte Veränderungen zu reagieren: Geringe Abweichungen werden auf dem zweiten Hufschlag besonders auffällig.

Traversartiges Reiten, möglichst auf dem zweiten Hufschlag, ist eine wertvolle gymnastizierende Übung. Selbst auf übereifrigen Pferden kommt der Reiter zum Treiben.

Jedes Pferd besitzt eine Schokoladen- und eine weniger gute Seite. Der zweite Hufschlag hilft, dein Pferd auf der schwierigen Seite locker zu machen. Ist dein Pferd beispielsweise auf der linken Hand ein wenig fester, gehst du auf die rechte Hand und führst dein Pferd im Arbeitstrab auf den zweiten Hufschlag. An den langen Seiten stellst du es ein wenig nach außen, also nach links. Du bekommst hier dein Pferd locker, weil es sich auf dem zweiten Hufschlag williger einstellen läßt als auf dem Hufschlag der linken Hand. Auf dem Hufschlag der linken Hand drückt dein Pferd ständig nach außen, es möchte sich nicht von seiner „zweiten Box“, dem Hufschlag, entfernen. Oder es läuft bei der geringsten Einwirkung des linken Zügels nach innen, es erhofft sich im Bahninneren einen Arbeitsstop. Aus den genannten Gründen ist wohl auch die feste linke Seite entstanden.

Beherrscht dein Pferd schon den Außengalopp, bietet sich diese Lektion ebenfalls auf dem zweiten Hufschlag der rechten Hand an, wenn du dein Pferd links geschmeidiger machen möchtest. Runde die Ecken gut ab und wähle ein frisches Tempo, das zwischen dem versammelten und dem Arbeitsgalopp liegt. Grundsätzlich gilt, daß sich ein Pferd auf seiner besseren Seite (in unserem Beispiel: rechte Hand) williger zur schlechteren Seite (nach links) einstellen läßt. Es bewegt sich auf seiner besseren Seite leichter und fühlt sich insgesamt wohler. Daher wirst du eventuelle Schwierigkeiten deines Pferdes auf seiner Schokoladenseite eher beheben.

Das Schenkelweichen

Solltest du dir von vornherein darüber im klaren sein, daß sich die Ausbildung deines Pferdes und dein reiterliches Können mit bescheidenem A-Niveau begnügen werden, ist das Training von Schenkelweichen angebracht – schließlich wird in manchen Dressuraufgaben diese Lektion immer noch verlangt.

Geht aber dein Interesse über A-Niveau hinaus, verzichte von Anfang an auf jegliches Schenkelweichen.

Eine einzige A-Lektion, die Vorhandwendung, baut auf dem Schenkelweichen auf. Alle übrigen Lektionen, angefangen von Zirkeln, Schlangenlinien, Volten über Schulterherein, Kehrtwendungen, Traversalen, fliegende Galoppwechsel bis zu Pirouetten, Piaffen und Passagen verlangen vom Pferd, seine Hinterhand in die Richtung der Vorhand zu bewegen. Grundsätzlich wird verhindert, daß die Hinterhand über die Spur der Vorderbeine nach außen flieht. Der innen treibende Schenkel veranlaßt das Pferd einzig und allein zum Vorwärtsgehen. Beim Schenkelweichen wird aber genau das Gegenteil einstudiert: Treibt der innere Schenkel, weicht das Pferd mit der Hinterhand nach außen. Ein Pferd wird diese Übung sein Leben lang nicht vergessen und sich immer wieder daran erinnern. Sollte einmal der innere Schenkel ungewollt ein wenig zu heftig zufassen, wird es mit der Hinterhand nach außen weichen wollen. Ihm fällt es schwer, sich fortzubewegen und das Gleichgewicht zu halten. Schon mit geringem „Schenkelweichen" entfernt sich die Hinterhand vom eigenen Schwerpunkt. In einer schonenden und erfolgreichen Dressur- und Springausbildung ist jedoch der Reiter bemüht, die Hinterhand seines Pferdes ständig in die Nähe des Schwerpunktes, unter den Widerrist, zu bekommen. Merkmale des Schenkelweichens tauchen nach der A-Dressurstufe nicht mehr auf, und wenn, werden sie als fehlerhaftes Verhalten geahndet.

Gestalte die Ausbildung für dein Pferd einfach und verständlich. Vermeide Umwege, die dein Pferd nur verunsichern. **Verzichte auf das Schenkelweichen.**

Konzept oder Wirklichkeit – was hat Vorrang?

Die Ausbildung eines Pferdes ist ungeheuer spannend. Du kannst nie genau im voraus wissen, was wirklich auf dich zukommt. Auf dem Weg zum Stall geht dir noch einmal durch den Kopf, wie dein Pferd gestern ging. Nach der gestrigen Leistung möchtest du heute den Trainingsplan gestalten, besondere Aufmerksamkeit vielleicht den Lektionen widmen, die deinem Pferd nicht leichtfielen.

Der Reiter kommt jedoch selten dazu, genau nach seinen Vorstellungen zu arbeiten. Das aktuelle Verhalten seines Pferdes verwirft in den meisten Fällen jeden konkreten Plan. Manchmal sind Schwierigkeiten, die dem Reiter noch gestern Sorgenfalten bereiteten, am nächsten Tag wie weggeblasen. Für gut durchdachtes Sondertraining besteht kein Grund mehr. Neue Überlegungen sind ebenfalls angebracht, wenn sich das Pferd – wie es leider häufiger vorkommt – noch heftiger als gestern gegen eine bestimmte Sache wehrt. Dann ist es wahrscheinlich bereits überfordert worden. Du bist gezwungen, einen zeitraubenden Umweg in der Ausbildung einzuräumen, um deinen Fehler zu beheben.

Andererseits kann sich dein Pferd schon während der Lösungsphase von einer besonders guten Seite zeigen. Auch beim Aussitzen bleibt das Reiten angenehm und leicht. Jetzt traust du dich sogar an Lektionen, an die du heute morgen noch nicht einmal gedacht hast – der richtige Zeitpunkt, um vielleicht einmal einen spielerischen fliegenden Galoppwechsel einzustreuen oder das Pferd einige Trabtritte traversartig zu reiten.

Du darfst an solchen Tagen alles probieren, solange dein Pferd gelassen und weich an der Hand bleibt. Ablehnendes Verhalten des Pferdes zeigt sich zuerst in Maul- und Rückentätigkeit, und diese Warnsignale darfst du auf keinen Fall übersehen.

Dem Pferd fällt es schwer, traversartig nach links zu traben. Das Gewicht der Reiterin befindet sich auf der rechten Seite und behindert den Fluß nach links. Der Wallach kann nicht unter das Gewicht seiner Reiterin treten. Die Reiterin gleitet nach außen, weil sie den linken Bügel nicht deutlich austritt und auf dem inneren (linken) Zügel nicht genügend nachfaßt. Beim Linksstellen zieht sie die linke Hand über den Mähnenkamm, ihr Gewicht kann nur auf der unvorteilhaften rechten Seite bleiben.
Beim traversartigen Übertreten nach rechts sitzt die Reiterin insgesamt besser. Jedoch ist auch hier der innere (rechte) Zügel zu lang. Die linke Faust wird auffällig hoch getragen. Wichtig ist jedoch, daß die Reiterin ihr Gewicht diesmal günstig (rechts) plaziert hat.

Während der Ausbildung eines Reitpferdes gibt es keine „neuen Lektionen".

Reite sämtliche Lektionen von Anfang an. Selbst mit einem 4jährigen Pferd solltest du „Pirouetten" üben, um dein Pferd zwanglos, über Tausende von Versuchen, bis zu einer fertigen, gelungenen Pirouette zu führen. Selbstverständlich erkennt man anfangs die endgültige Pirouette nicht: Du wechselst lediglich im Arbeitsgalopp durch die ganze Bahn, reitest bei X eine große Galoppvolte bis zum Hufschlag und danach weiter auf der Wechsellinie. Einige Pferdelängen vor dem Hufschlag führst du geschmeidig zum Arbeitstrab zurück, galoppierst auf dem Hufschlag im neuen Innengalopp an oder trabst einfach weiter. Das gleiche reitest du auf der anderen Hand. Demnach übst du täglich zwei „Pirouetten".

Aus der 12-m-Volte wird in einem Jahr,

nach über eintausend Übungen, allein durch die Gewöhnung eine 8-m-Volte, ohne daß du andere, stärkere Hilfen einsetzt. Nach einem weiteren Jahr galoppiert dein 6jähriges Pferd zwanglos bei X eine 4-m-Volte. 7jährig wird es deinem Pferd nicht schwerfallen, eine Pirouette mit einem Meter Durchmesser zu galoppieren.

Mit Traversalen beginnst du mit einem 4jährigen Pferd, indem du auf der rechten Hand im frischen Arbeitstrab auf die Mittellinie abwendest und lediglich mit einer deutlicheren Rechtsstellung zum Hufschlag zurückreitest, den du am Ende der langen Seite wieder erreichst. Dabei verlagerst du dein Gewicht schon um einen Hauch ebenfalls nach rechts. Dein Pferd soll nicht übertreten, sondern mit einer deutlichen Stellung zum Hufschlag zurücklaufen – mehr nicht. Auch das übst du nur je einmal auf jeder Hand. Nach zwei bis drei Jahren (drei- bis viertausend Übungen) wird dein Pferd spielerisch leicht traversieren.

Stellst du beispielsweise dein Pferd auf dem zweiten Hufschlag der langen Seite im Galopp für kurze Momente nach außen, reitest du von Anfang an „Außengalopp". Mit der Gewöhnungsmethode gibt es für dein Pferd keine neuen Lektionen; sie wachsen wie von allein aus spielerischem Reiten. Der tägliche Trainingsplan ist mit zweimaligem Üben sämtlicher Lektionen so ausgefüllt, daß du beim vielfältigen Programm mit einer Stunde nicht auskommst, wenn du die notwendigen Schrittpausen einhältst. Die Frage: „Was übe ich nur heute?" kommt erst gar nicht auf.

Beobachte dein Pferd genau und sei mit noch nicht gefestigten Lektionen zurückhaltend, solange es nicht gleichmäßig ans Gebiß tritt, sich im Genick verwirft oder heftig mit dem Schweif schlägt.

Schwitzt dein Pferd stärker als sonst, ist ebenfalls Vorsicht geboten. Möglich, daß sich eine leichte Erkrankung (Kolik) anbahnt. Ungewöhnliches Schwitzen kann allerdings auch einen ganz banalen Grund haben: Das Pferd hat eine volle Blase, kann unter dem Reiter aber nicht strahlen und schwitzt vor lauter Anspannung. Wenn es in der Box gleich nach dem Absatteln ausgiebig strahlt, weißt du, was es mit dem Schwitzen auf sich hatte.

Spule die Lektionen nicht immer nach der gleichen Reihenfolge ab. Dein Pferd wird dir mit seinen Reaktionen bald zuvorkommen, weil es sich an den monotonen Ablauf erinnert. Reite beispielsweise einen fliegenden Galoppwechsel einmal nach zwanzig Minuten, einmal erst gegen Ende des Trainings. Das Pferd sollte auf deine Hilfen reagieren, nicht nach seinem Erinnerungsvermögen.

Ändere vor allem im Sommer häufig den Trainingsplatz. Reite beispielsweise die Lösungsphase in der Halle und danach auf dem offenen Viereck, am folgenden Tag umgekehrt.

Verstärkungen und Versammlung

Setze dich selbständig mit dem Verhalten deines Pferdes beim Zulegen und Zurückführen auseinander. Mit wachsender Erfahrung bist du in der Lage, eigene Erkenntnisse daraus zu ziehen und eigene Antworten auf Fragen zu finden, die sich dabei stellen. Sie müssen sich nicht immer mit den Vorstellungen der Reitlehre dekken – auch nicht mit denen dieses Buches. Manchmal sind Hilfen angebracht, die gegen Regeln verstoßen mögen. Wichtig ist, das Wohlbefinden des Pferdes bei zwanglosem Reiten im Auge zu behalten. Dann wirst du wirklich Freude am Reiten und letztendlich auch Erfolg haben.

Trainiere Verstärkungen und Versammlung über die athletische Ausbildung deines Pferdes. Lasse dich nicht dazu verleiten, die Hinterhand des Pferdes mit ständigen Gertenhilfen versammeln zu wollen. Du würdest lediglich ein Hochzucken der Hinterbeine erreichen. Sobald du die Gertenhilfen wegläßt, bewegt sich die Hinterhand wieder nach ihrem – ungenügenden – Ausbildungsstand.

Hier ein zuverlässiges Richtmaß für versammelnde Hilfen: Bleibt dein Pferd bei einer sanften Zügelanlehnung weich und angenehm im Maul, erzielen die auffordernden Hilfen einen Trainingseffekt – dein Pferd lernt dazu.

Stellen sich jedoch im Maulbereich und in der Zügelanlehnung negative Veränderungen ein, hast du zu stark gegen die durchhaltenden Hände getrieben. Dein Pferd ist nicht fähig, deine Vorstellungen in zwanglose Bewegungen umzusetzen. Dein Treiben verläuft wirkungslos durchs gesamte Pferd und wird schließlich mit dem Pferdemaul abgefangen.

Sei geduldig und warte, bis dein Pferd sportlicher, kräftiger wird. Es muß die für ein Untertreten in der Versammlung notwendige Muskulatur erst entwickeln. Treibe für einige Tritte oder Sprünge ein wenig mehr gegen die durchhaltenden Hände und gib sofort wieder nach, sobald du eine abwehrende Veränderung des Pferdemauls bemerkst. Reitest du mit einer sanften Anlehnung zwanglos über Monate und Jahre Tausende von Lektionen, wird die Versammlung mit zunehmender Kraft des Pferdes wie von selbst wachsen.

Versammelter Trab: ausgeglichen, ruhig, einfach, zufrieden. Die gut sitzende Reiterin würde noch an Einwirkung gewinnen, bekämen ihre Beine mit zwei Loch längeren Bügeln eine gestrecktere Lage. Dann könnte sie vielleicht mit intensiverem Treiben und nachgebenden Händen die Nase des Pferdes mehr nach vorn, vor die Senkrechte schieben. Aber auch in der dargestellten Form hat der Trab einen guten Trainingseffekt.

Es ist nicht möglich, ein Pferd auf Abruf zu versammeln. Entweder geht ein Pferd infolge seiner athletischen Ausbildung grundsätzlich versammelt oder überhaupt nicht. Selbst in Verstärkungen ist ein Pferd „versammelt“, wie schon die gleichbleibende Frequenz von Schritten, Tritten und Sprüngen beim schwungvollen Zulegen beweist. So bleibt beispielsweise im starken Trab der Trabrhythmus gleich, weil sich das Pferd auch in der Trabverstärkung „versammelt“ bewegt. Hier hat die Versammlung lediglich eine andere Form angenommen. Bei weit ausgebildeten Pferden ist auch in Verstärkungen eine deutliche Aufwärtstendenz zu erkennen – ein typisches Merkmal der Versammlung. Fehlt die Versammlung, kommt das Pferd ins Laufen. Die Trittfrequenz erhöht sich – auch in den Verstärkungen.

Reiter, die sich nicht von dem Gedanken befreien können, ihr Pferd beim Zurückführen mit intensiven Schenkel- und Zügelhilfen versammeln zu müssen, reiten zu stark gegen die Hand. Ihre Pferde bekommen zwangsläufig Rücken- und Maulprobleme.

Ein Reiter kann ein Pferd nicht versammeln. Bildet er es jedoch geduldig zu einem athletischen Pferd aus, kann sich das sportliche Pferd in der Versammlung bewegen.

Beim Zulegen darf die Anlehnung ein wenig deutlicher werden. Das Pferd sucht das Gebiß, es dehnt und streckt sich an den nachgebenden Zügel. Achte darauf, auch jetzt gerade zu sitzen. Bei Pferden, die sich im Hals beim Zulegen besonders deutlich dehnen, ist es ratsam, die Zügel ein oder zwei Zentimeter länger zu halten. Behältst du das vorige Zügelmaß bei, wirst du nach vorn gezogen. Vergiß aber nicht, beim Aufnehmen die Zügel wieder kürzer zu fassen. Häufiges Um- und Nachfassen gehört zur ausgefeilten Reittechnik.

Zähle mit und beobachte den Takt von Tritten und Sprüngen. Solange die Frequenz sich nicht ändert und nur der Raumgewinn zunimmt, ist es gut. Wird jedoch der Rhythmus schneller, fällt das Pferd auseinander. Entweder bohrt es seine Nase nach unten, und die Anlehnung wird fest, oder es hebt sich heraus, und die Anlehnung wird lasch. Du hast keine Möglichkeit, etwas zu verbessern.

Führe das Tempo zurück und versuche beim nächsten Mal, nur vier oder fünf Trabtritte zu verändern. Nimm dein Pferd auf, bevor es wieder seine „Versammlung" verliert und schneller in der Trittfolge wird.

Halte beim Zulegen dein Pferd schnurgerade. Auf Wechsellinien durch die ganze Bahn tendieren Pferde zum „neuen" Hufschlag. Wechselst du also von der linken auf die rechte Hand, lege deutlich den kommenden äußeren Schenkel (links) ans Pferd. Dein Pferd bleibt gerade und schwimmt nicht selbständig nach links zum Hufschlag. Ließe man die Pferde allein laufen, würden sie den Hufschlag schon auf der Höhe des Zirkelpunktes erreichen. Mit schrägem Laufen nimmt aber die Gefahr eines Taktfehlers zu.

Bleibe beim Zulegen fest und ruhig sitzen. Das gilt besonders für Galoppverstärkungen, in denen man dazu neigt, mit dem Oberkörper zu treiben. Das „Gewühle" behindert aber nur dein Pferd. Je ruhiger du sitzt, um so wirkungsvoller reitest du, und um so leichter trägt dich dein Pferd.

Laß dich in Trabverstärkungen nicht dazu verleiten, Gewicht mit den Bügeln abzufangen. Spätestens beim Aufnehmen zum versammelten Tempo bekommst du für deine Bequemlichkeit die Quittung: Ohne tiefen, festen Sitz gelingt es nicht.

Versammelter Trab: ein wenig eng im Hals, dennoch gut.

Sobald du dein Gesäß entlastest, ist dein Pferd Chef im Ring.

Das Longieren

Du longierst dein Pferd, wenn es Bewegung braucht, aber nicht geritten werden kann. Oder du longierst, weil dir nicht danach ist zu reiten. Dir ist nicht danach, wenn du mit deinem Pferd nicht klarkommst. Die Hoffnung, reiterliche Mängel oder Fehlentwicklungen in der Ausbildung mit dem Longieren beheben zu können, erfüllt sich aber nicht. Sobald du wieder im Sattel sitzt, stellt sich der alte Frust wieder ein, spätestens nach einigen Tagen.

Wie solltest du auch deine Vorstellungen einem Pferd an der Longe verständlich machen können, wenn dir das vom Sattel aus nicht gelingt?

Ein lang geschnallter Dreieckszügel läßt beim Longieren eine ungezwungene Dehnungshaltung zu. Starre, seitlich angebrachte Ausbindezügel hätten dagegen einen ständigen Riegeleffekt auf das Pferdemaul.

Das Longieren hat seinen Sinn als Vorbereitung auf das Anreiten. Mit dem Kappzaum lernt das Pferd, erste Stimmkommandos zu beachten und sich mit dem ungewohnten Sattel auszubalancieren. Longiert ein Reiter sein gerittenes, gesundes und leistungsfähiges Pferd, offenbart er eigene reiterliche oder gesundheitliche Schwächen. Auch wenn er vorgibt, ein wahrer Künstler auf dem Gebiet des Longierens zu sein! Wie sollte er es auch sonst erklären?

Natürlich gibt es Meister der Handarbeit, die Pferde an der Longe, mehr noch an der Doppellonge oder am langen Zügel in den schwierigsten Lektionen ausbilden können. In Vollendung ist dies zu bewundern in der Spanischen Reitschule in Wien. Diese Kunst beherrschen aber nur ganz wenige Menschen, und erst nach langer eigener Ausbildung. Von ihnen ist hier nicht die Rede, sondern von „normalen" Reitern, die den Schritt vom Reitunterricht in die Selbständigkeit wagen (manchmal wagen müssen, weil kein geeigneter Ausbilder erreichbar ist). Für sie gilt:

Schone dein Pferd, aber reite es, wann immer es geht. Beim Longieren werden mehr Pferde verdorben als unter dem Sattel. Vor allem dann, wenn sie mit starren Ausbindern einen ständigen Riegeleffekt des Trensengebisses erdulden müssen. Schiebt sich beispielsweise das linke Schulterblatt nach vorn, spannt sich gleichzeitig der linke Ausbinder, und demzufolge wird an dieser Seite das Trensengebiß aus dem Maul gezogen. Gleiches geschieht danach auf der anderen Seite: ein eindeutiger Riegeleffekt, der jedes Pferdemaul zerstört und zudem die Pferde geradezu zwingt, sich aufs Gebiß zu lehnen.

Für eine muskelbildende Dehnungshaltung könnte der Dreieckszügel noch ein wenig länger geschnallt sein.

Muß longiert werden, dann mit einer Zäumung, die eine ungezwungene Dehnungshaltung zuläßt. Der ansonsten so verpönte Schlaufzügel hat hier Vorteile. Ob er als Dreieckszügel oder in einer anderen Form verschnallt wird, richtet sich nach der Veranlagung deines Pferdes. Wichtig ist, daß es beim Longieren nicht ständig nach innen oder außen gezogen wird und sich in der Dehnungshaltung ungezwungen bewegen kann.

Grundsätzlich gilt:

Was dir im Sattel nicht gelingt, erreichst du auch nicht beim Longieren.

Übers Longieren ist noch keiner zum Reitmeister geworden – allenfalls an der Theke.

Von Dogmen und Märchen

Ganze und halbe Paraden

Während des Reitunterrichts fallen immer wieder zwei Lehrsätze, die einer verständlichen Ausbildung im Wege stehen. Zum einen vermittelt die starre Einteilung in ganze und halbe Paraden dem Reitschüler kaum die unterschiedliche Vielfalt, mit der ein Pferd auf die vom Reiter verlangten Lektionen hingewiesen wird. Zum anderen wird er immer wieder durch die Forderung verunsichert, „mehr mit dem Kreuz" zu reiten. Ganze und halbe Paraden setzen eine klare Zweiteilung der zurückführenden oder aufmerksam machenden Hilfen voraus. In Wirklichkeit sind es jedoch weit mehr als zehn Varianten, mit denen deine Zügelanlehnung bei unterschiedlichen Tempi, Gangarten und Lektionen deine Vorstellungen ans Pferdemaul übermittelt. Die schlichte Handhabung von halben und ganzen Paraden machen Pferde und Reiter gefühllos. Es wäre vorteilhafter, stufenlos von schwachen und stärkeren Zügelhilfen zu sprechen, die Reitpferde aufmerksam machen oder zurückführen. Hier kann sich jeder Reiter seine eigene Gefühlsskala aufbauen, die auch dem jeweiligen Pferd entspricht. Dem Reiter sollte deutlich werden, daß es nicht zwei verschieden starke, sondern zehn oder noch mehr unterschiedlich starke Paraden gibt.

Das Reiten „nur mit Kreuz"

Noch irritierender ist aber das Reitschulen-Dogma: Du mußt viel mehr „mit Kreuz" reiten! Bezeichnenderweise geht der Reitlehrer bei seiner Aufforderung vor seinen Schülern breitbeinig in die Knie, streckt bewußt seinen Oberkörper und stellt gleichzeitig seine Fäuste aufrecht vor sich. Gerade so, als säße er auf einem Pferd. Während er seine Schüler beschwörend ansieht, führt er mit seinem Becken von hinten nach vorn schwingende Hüftbewegungen aus, die leicht befremdlich anmuten. In der irrigen Annahme, man könne allein mit Kreuz und Gesäß durch den Sattel die Bewegungen eines Pferdes beeinflussen, spannen die Reitschüler infolgedessen ebenfalls übertrieben ihr Kreuz an. Sie übertreiben es manchmal bis zur Hohlkreuzhaltung und arbeiten nun mit ihrem Gesäß unruhig über den Sattel, um ihr „Kreuz" einzusetzen. Vor allem beim Schrittreiten kommt es zu einem ausgeprägten, aber völlig wirkungslosen und unschön anzusehenden Gewürge.

Selbstverständlich stellt sich kein reiterlicher Erfolg ein; die Pferde schleppen sich nach wie vor träge über den Hufschlag. Der ausbleibende Erfolg nötigt den Reitlehrer, eines der müden Pferde zu besteigen, um auf dem Pferderücken nun praktisch zu demonstrieren, daß allein mit dem Einsatz des angespannten Kreuzes ein Pferd gut geritten werden kann.

Und tatsächlich! Kaum hat der Reitlehrer die Zügel aufgenommen, springt das Pferd auch schon, wie von Furien gehetzt, lebhaft nach vorn. Obwohl der Reitlehrer seine Beine demonstrativ wegstreckt, tritt das Pferd übereifrig vorwärts und senkt seinen Kopf in die vorgeschriebene Haltung. Der Reitlehrer sitzt wieder ab. Die Schüler staunen und blicken den „Meister" bewundernd an, ohne zu ahnen, daß sie mit dieser Vorführung regelrecht betrogen wurden.

Soeben hat der Reitlehrer seinen Schülern, vielleicht noch nicht einmal bewußt, mit einem plumpen Trick Sand in die Augen gestreut. Er hat ihnen ein Märchen vorgespielt, das, sollten sie es glauben, ihre reiterliche Entwicklung mit ständigen Zweifeln über die tatsächliche Wirkung der treibenden Hilfen ungünstig beeinflussen wird. Das faule Schulpferd wurde nicht fleißiger, weil der Reitlehrer sein Kreuz einsetzte, sondern weil es ihn schon bei anderen Gelegenheiten kennen und fürchten gelernt hat!

Besonders in Schulbetrieben haben Pferde vor demjenigen einen gehörigen Respekt, der sie aus der Mitte ständig in Schach hält und notfalls – auch vom Sattel aus – spürbar auffordert. Sollte sich nun der „Dompteur“ erneut auf ihren Rücken setzen, wissen die Pferde natürlich schon beim zweiten Mal, was auf sie zukommt, sollten sie ihre Arbeitseinstellung nicht augenblicklich ändern. Um einer drastischen Strafe vorzubeugen, laufen die Pferde fleißiger, treten daher zwangsläufig stärker ans Gebiß und geben im Genick nach. Dieser Reitlehrer muß nicht unbedingt ein glänzender Reiter sein, solange die Pferde nur einen Heidenrespekt vor ihm haben – mehr steckt nicht dahinter.

Die Reiterin hat keine Einwirkung, entsprechend lasch trabt das Pferd. Ohne Anlehnung bewegen sich die Hinterbeine kraftlos nach hinten. Es hat wenig Sinn, sich „schön“ hinzusetzen, wenn jegliche sportliche Einwirkung fehlt.

Ein angespanntes Kreuz allein kann beim Reiten nichts ausrichten. Dennoch bildet es die wichtigste Voraussetzung für erfolgreiches Reiten. Sowohl der tiefe, gestreckte Sitz als auch sämtliche wirkungsvollen Hilfen sind auf ein angespanntes Kreuz angewiesen. Der Reiter kann eine günstige Stellung seines Beckens, die wiederum für den haftenden Sitz erforderlich ist, nur mit angespanntem Kreuz beibehalten. Sobald die Spannung des Kreuzes ein wenig nachläßt, rutscht das Gesäß um ein oder zwei Zentimeter nach hinten; es entfernt sich vom Schwerpunkt des Pferdes. Entsprechend weit gleiten die Unterschenkel nach vorn und die Knie nach oben. Der Pferderücken wird weiter hinten belastet, dort, wo er das Reitergewicht schlechter tragen und ausbalancieren kann. Die ungünstige Belastung des Rückens behindert das Pferd bei sämtlichen Lektionen. Das Reiten wird schwieriger, die allgemeine Unzufriedenheit nimmt zu. Das Anspannen des Kreuzes ist grundsätzlich eng mit einem besser gehenden Pferd verbunden. Daher ist es zwar verständlich, daß die Reaktionen des Pferdes häufig allein und in direktem Bezug auf dieses Anspannen zurückgeführt werden. Viel mehr trifft aber zu, daß die Hilfen beim angespannten Kreuz deshalb wirkungsvoller ausfallen, weil hiermit mehr Kraft auf die treibenden Schenkel übertragen wird. Die Kraftübertragung des Reiters nimmt insgesamt zu. Und die ist in Armen und Beinen wichtig, damit er sie in manchen Situationen für einen kurzen Moment intensiv einsetzen kann.

Ein ruhig sitzender Reiter mit ständig leicht anliegenden Unterschenkeln gibt für das Pferd verständliche Hilfen, wenn er beim Anspannen seines Kreuzes den Druck der Unterschenkel lediglich verstärkt. Mit ruhigem, stärkerem Druck erzielt er mehr Wirkung als der Reiter, der bei krummem Rücken mit seinen Unterschenkeln weit ausholt, um sie vehement gegen den Pferdeleib zu schlagen. Hinter diesem unsinnigen Boxen, das kein Pferd übersetzen kann, sitzt zudem weniger Kraft als hinter dem zunehmendem Druck bereits anliegender Schenkel bei angespanntem Kreuz.

Wenn man davon spricht, daß nicht Kraft, sondern technisch gutes Reiten die Pferde gut gehen läßt, ist das ein wenig irreführend. Es trifft eher zu, daß nur ein technisch guter Reiter mit angespanntem Kreuz und tiefem, gestrecktem Sitz seine Kraft steigern und sie an der richtigen Stelle wirkungsvoll einsetzen kann. Er reitet erfolgreich, weil mit einem angespannten Kreuz seine unsichtbaren Hilfen kraftvoller, genauer und dadurch wirkungsvoller werden.

Die scheinbar nicht angewandte Kraft ist beim Reiten schon vorhanden. Obwohl sie mit zunehmender Technik wächst, wird ihr Einsatz für Außenstehende immer unsichtbarer. Zu einer guten Technik wiederum gelangt der Reiter, der seine allgemeine sportliche Ausbildung nicht vernachlässigt. Somit kann ein nicht so kräftiger, aber technisch guter Sportler kraftvoller und wirkungsvoller reiten als ein rein körperlich überlegener Muskelprotz, der keine Technik besitzt. Resolut reitende sportliche Mädchen und Frauen belegen diese These auf sämtlichen Turnieren.

Beobachte dich selbst, wenn du irgendeinen beliebigen Kraftakt mit deinen Armen oder Beinen ausführst. Möchtest du eine schwere Last heben, drücken, schieben oder ziehen, mußt du deine Rücken- und Halsmuskeln kräftig anspannen. Ohne sie ziehst du keinen Hering vom Tisch.

Probleme, Ursachen, Lösungen

Von den allgemeinen Themen kommen wir nun zu speziellen Problemen, die uns täglich beim Reiten beschäftigen. Immer wieder tauchen Situationen auf, wo du mit deinem Latein am Ende bist. Heute verhält sich dein Pferd so, morgen überrascht es dich mit einer anderen Variante.

In diesem Kapitel werden spezielle Problemfälle eingehender behandelt, denen Reiter ständig gegenüberstehen. Dieses Kapitel ist nicht dazu gedacht, „am Stück" gelesen zu werden. Zum Glück tauchen diese Probleme ja nicht alle gleichzeitig auf. Aber wenn dein Pferd sich nicht so verhält, wie du es dir vorgestellt hast, kannst du im Register unter dem entsprechenden Stichwort wie „Anlehnung", „Verwerfen" o.ä. nachsehen und findest schnell die Stelle, die du suchst. Ursachenerforschung und Verbesserungsvorschläge sollen dir den Weg zum selbständigen und pferdefreundlichen Reiten ebnen. Du wirst vielleicht erstaunt sein, wie viele mögliche Ursachen für ein bestimmtes Problem in Frage kommen. Das ist einer der Gründe, warum Reiten so spannend ist und warum man nie auslernt. Jedes Pferd reagiert wieder anders, in jedes mußt du dich neu hineinfühlen. Probiere geduldig die aufgeführten Lösungsvorschläge aus: Eine Möglichkeit wird dir sicher weiterhelfen.

Takt und Losgelassenheit

Mein Pferd geht anfangs steif

URSACHE 1: *Dein Pferd hat sich gestern nach intensiver Arbeit nicht genügend ausgelaufen.*

Leichtathleten laufen sich nach einer härteren Trainingseinheit oder nach einem Wettkampf mindestens eine halbe Stunde lang im gemütlichen Joggingtempo aus. Tun sie das nicht, plagt selbst durchtrainierte Leichtathleten am nächsten Tag ein ordentlicher Muskelkater. Bei Sportpferden verhält es sich nicht anders, weshalb auch Dr. med. vet. Peter Cronau, Präsident des Veterinär-Komitees der FEI und Mannschaftstierarzt der deutschen Springreiter, dieses Auslaufen empfiehlt. Stellt man Pferde nach der Arbeit und allenfalls 10 Minuten Schritt am hingegebenen Zügel in den Stall, werden auch sie tags darauf ihre Muskeln spüren und sich zunächst steif bewegen.

LÖSUNG: Nach einer intensiven Trainingseinheit sollten sich Pferde lang genug auslaufen. In einem sehr ruhigen Trab dürfen sie in ihrer Lieblingshaltung einherzokkeln. Einige Minuten Schritt, einige Minuten Zockeltrab, mindestens zwanzig Minuten lang. Wenn dein Pferd dabei noch eine Vorwärts-abwärts-Dehnungshaltung anbietet, um so besser: Gleichzeitig kräftigen sich Hals- und Rückenmuskeln. Jedoch ist für das Auslaufen die Haltung geeignet, die dem jeweiligen Pferd entgegenkommt und die es ohne besondere Einwirkung des Reiters von selbst einnimmt. Das Pferd soll beim Auslaufen träumen dürfen.

URSACHE 2: *Die Rückenmuskulatur deines Pferdes ist noch zu schwach.*

Das Pferd bewegt sich, während du leichttrabst oder im leichten Sitz galoppierst, wesentlich williger als beim Aussitzen. Solange der Rücken nicht belastet wird, ist es angenehmer in der Hand und geht auch frischer vorwärts. Manche Pferde mit schwachem Rücken neigen zum Katzenbuckel. Sie stemmen ihre Wirbelsäule mehr abwehrend als tragend gegen das Reitergewicht und lassen den Reiter kaum sitzen. Hals und Rücken bilden eine starre, gerade Linie. Als Reiter bist du hilflos und kommst dir vor wie auf einem

Bleibt das Pferd leicht in der Hand, ist lösendes Galopptraining im entlastenden Sitz auch mit einer etwas tiefen Kopfhaltung zu vertreten. In dieser Haltung stärken sich Rükken- und Halsmuskulatur. Sie spannen sich an und entspannen sich im zwanglosen Wechsel.

Zur Nachahmung nicht empfohlen. Dennoch sollte Pferden, die sich in dieser Haltung besonders wohlfühlen, während der ersten Bewegungsminuten beim Leichttraben diese tiefe und enge Form zugestanden werden.

Schleuderbrett. Je schwächer die Rückenmuskulatur ist, um so stärker wird der Pferderücken durch das Reitergewicht strapaziert und geprellt. Reiten und Gerittenwerden bereiten so kein Vergnügen.

LÖSUNG: Kräftige die Rückenmuskulatur deines Pferdes! Für das Tragen eines größeren Gewichts über einen längeren Zeitraum genügt der Pferderücken von Natur aus nicht. Die tragende Muskulatur muß sich bei Reitpferden während des Trainings erst bilden und kräftigen.

Ein Muskel wird kräftiger, wenn er sich unter Belastung an- und entspannt. Die Muskulatur des Pferderückens erreicht die Wechselwirkung von An- und Entspannen in einer Dehnungshaltung, der Vorwärts-abwärts-Haltung. In der Dehnungshaltung, die zugleich eine lösende und auslaufende Trainingshaltung darstellt, arbeiten und entwickeln sich vor allem die Rückenmuskeln.

Reite dein Pferd stets mit leichter Hand und angenehmer Zügelanlehnung. Die Rückenmuskulatur bleibt locker und arbeitet, wenn sich das Pferd im Maul wohlfühlt. Nimm zunächst die Haltung des Pferdes an, in der es dich möglichst bequem und leicht trägt. Dabei soll es nicht gleich die Idealhaltung der Dressurvorschriften einnehmen. Bleibt dein Pferd zufrieden, wird es nach und nach den Vorstellungen eines am Zügel gehenden Pferdes willig nachkommen.

URSACHE 3: *Dein Pferd hat für eine sportliche Laufbahn von Natur aus wenig Veranlagung.*

Unter den Menschen gibt es sportliche Bewegungstalente und solche, die für eine sportliche Betätigung nicht geschaffen sind. Bei Pferden verhält es sich ebenso. Geht während des Reitens die „Steifheit" lediglich bedingt oder gar nicht zurück, handelt es sich wohl kaum nur um eine anfängliche Steifheit deines Pferdes, sondern vielmehr um eine sportliche Untauglichkeit.

Pferde wurden nicht für den Reitsport geschaffen. Etlichen Pferden fällt es schon schwer, sich lediglich unter dem Reitergewicht zu bewegen. Als Reiter fühlst du bald, wenn jede noch so einfache Lektion immer wieder mit erheblichem Nachdruck dem Pferd abgerungen werden muß.

LÖSUNG: Für unsportliche Pferde gibt es allenfalls die Möglichkeit, daß ihnen ein Betätigungsfeld zugewiesen wird, das ihrer natürlichen Veranlagung entspricht. Liebt ein Reiter Pferde wirklich, wird er auf zweifelhafte Turniererfolge verzichten und dem unsportlichen Pferd ein Leben als zuverlässiges Reit- und Geländepferd zugestehen.

URSACHE 4: *Sattelzwang oder ein sich anbahnender Satteldruck*

Schon beim Auflegen des Sattels bemerkst du, daß sich dein Pferd unbehaglich fühlt. Es ist unruhig und macht beim ersten, leichten Angurten einen „Katzenbukkel“. Die ersten Schritte sind zögerlich, gebunden und hölzern. Der staksige Gang vergeht beim Führen allmählich, wird jedoch wieder deutlicher, sobald du den Sat-

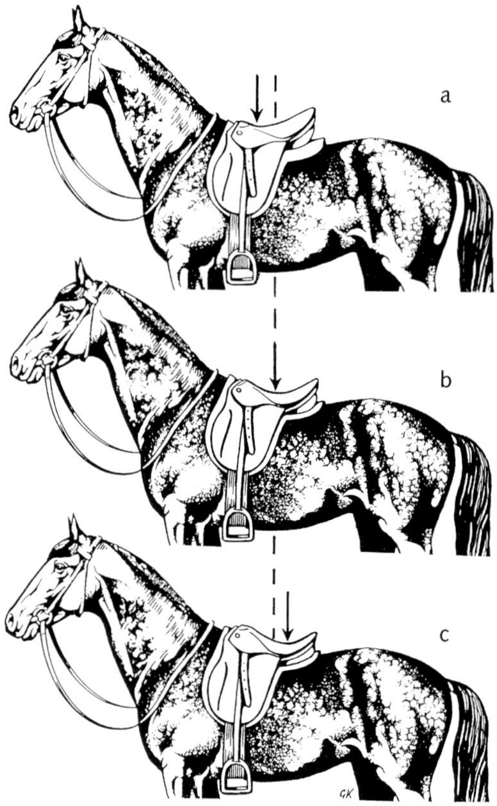

a

b

c

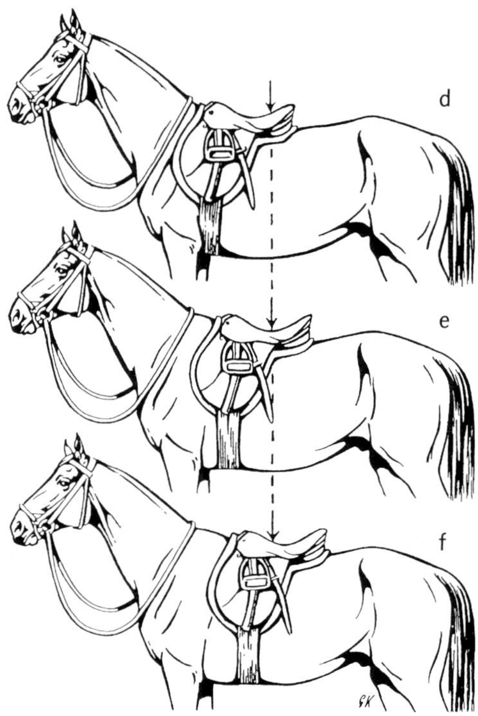

d

e

f

Ein gut passender Sattel, bei dem der tiefste Punkt der Sitzfläche in der Mitte liegt, ist für erfolgreiches Reiten notwendig. Selbst begnadete Künstler sind auf geeignetes Handwerkszeug angewiesen.

a *Der Sattel liegt hinten zu hoch, der tiefste Punkt zu weit vorn.*

b *Hier liegt der tiefste Punkt des Vielseitigkeitssattels in der Mitte.*

c *Der Sattel fällt nach hinten ab, der tiefste Punkt liegt zu weit hinten.*

d *Der tiefste Punkt liegt zu weit zurück, weil der Sattel zu weit nach vorn, auf den Widerrist des Pferdes, plaziert wurde.*

e *Hier befindet sich der tiefste Punkt etwa in der Mitte, der Sattel liegt gut.*

f *Der Sattel liegt zu weit hinten. Das Reitergewicht wird über die Hinterpauschen den Pferderücken arg strapazieren.*

telgurt strammer anziehst und dich in den Sattel setzt. Dein Pferd drückt seinen Hals steif nach vorn, klemmt den Schweif ein oder peitscht nervös damit herum.

LÖSUNG: Untersuche Gurt- und Sattellage nach Druckstellen und Verletzungen. Vergewissere dich, ob der Sattel eventuell vorn oder hinten zu stark aufliegt. Die meisten Sättel liegen hinten tiefer, sie liegen bergab. Unter den hinteren Pauschen wird dann der Pferderücken auf ein oder zwei kleinen Flächen stark belastet, ein Satteldruck entsteht. Ausgleichende Pads, Polster und Decken sind allenfalls Notlösungen; der Sattel muß zum Aufpolstern.

Kaufe nur den Sattel, der von Anfang an richtig liegt. Du bezahlst viel Geld für einen neuen, geeigneten Sattel, nicht für einen, der verändert werden muß. Vertraue nicht den Beteuerungen des Verkäufers, der Sattel liege zwar im Augenblick noch nicht ideal, aber das sei nichts Außergewöhnliches. Schließlich müsse sich der Sattel beim Reiten erst einmal setzen. Sollten dann noch kleine Mängel vorhanden sein, könne man ihn vorn oder hinten entsprechend aufpolstern, selbstverständlich kostenlos.

Ein Sattel, der anfangs nicht richtig liegt, paßt auch später nicht, trotz aller Bemühungen des Sattlers. Ein Sattel muß mit dem tiefsten Punkt im mittleren Drittel der Sitzfläche ruhig und fest liegen, ohne auf Widerrist oder Rücken Druckstellen hervorzurufen. Nur auf einem geeigneten Sattel reitest du erfolgreich und wirkst effektiv ein. Selbst der Künstler unter den Handwerkern ist auf gutes Werkzeug angewiesen.

Der Sattelgurt kann ebenfalls Druckstellen hervorrufen, besonders häufig bei „hellhäutigen" Pferden (Schimmeln, Füchsen) oder Pferden, die stark schwitzen. Laß dich vom Fachmann beraten, wie der Sattelgurt zum Schutz des Fells präpariert wird.

Solange das Pferd wegen Druckstellen oder Verletzungen einen Gurt- oder Sattelzwang hat, wird es nicht geritten. In welcher Form – Longieren, Freilaufen, Weidegang – das Pferd während dieser Zeit genügend Bewegung erhält, bestimmt dessen jeweilige Veranlagung. Pferdefreundlich wäre, wenn es häufig auf eine Koppel dürfte. Wichtig ist, daß es sich während dieser Zeit nicht beim übermütigen Herumtoben verletzt.

Lege deshalb deinem Pferd beim Freilaufen Schutzgamaschen oder Wollbandagen an, die sich bei Feuchtigkeit nicht zusammenziehen. Manche Bandagen ziehen sich bei Feuchtigkeit nämlich zusammen und bewirken einen Blutstau in den Pferdebeinen. Die fingerdicken Sehnen von Pferdebeinen lassen sich mit Gamaschen oder Bandagen ohnehin nicht stützen oder vor Schäden schützen. Es sollen lediglich Verletzungen vermieden werden, die bei abrupten Richtungswechseln, beim Bukkeln, Ausschlagen oder übermütigen Wälzen vor allem bei beschlagenen Pferden vorkommen. Manches Überbein und manche Schlagverletzung läßt sich mit ein wenig Mühe und Sorgfalt vermeiden.

Taktfehler zu Anfang der Stunde

URSACHE 1: *Dein Pferd ist nicht gesund.*

Vor allem beim jeweiligen Antraben nimmst du eine leicht nickende Bewegung des Pferdehalses wahr. Im gleichen Augenblick, in dem sich dein Pferd auf das gesunde Bein fallen läßt, um das kranke schnell zu entlasten, senkt sich ruckartig sein Hals. Fällt es also aufs linke Bein, ist rechts etwas nicht in Ordnung.

Fast unmerklich unklares Gehen ist aber nicht immer auf Beinschäden zurückzuführen. Gleiche Merkmale zeigen sich bei Pferden, deren Maulwinkel wund oder eingerissen sind. Hier kommt es schnell zur sogenannten Zügellahmheit.

LÖSUNG: Ein Pferd geht unklar, weil es geringfügige Schmerzen hat. Richtig lahmende Pferde hinken stärker und verspüren größere Schmerzen.

Sobald Pferde auch nur geringe Schmerzen verspüren, werden sie grundsätzlich nicht geritten!

Auch nicht nur ein bißchen und schon gar nicht im Gelände. Selbst dann nicht, wenn sich die Lahmheit nach einer gewissen Zeit verliert. Gerade anfängliche Lahmheiten, die während der Bewegung nach und nach zurückgehen, sind oft sehr schmerzhaft. Man denke nur an die Strahlbeinentzündung (Hufrolle), für die solche Symptome typisch sind. Pferde, die eine Lahmheit vortäuschen, um sich Arbeit zu ersparen, gibt es nicht. Wären Pferde zu derartigen Überlegungen fähig, um sich vor dem Gerittenwerden zu drücken, stünden ihnen wesentlich wirkungsvollere Mittel zur Verfügung, sich ihrer Reiter zu entledigen. Je weiter du die Behandlung deines Pferdes hinausschiebst, um so stärker werden die Schmerzen, und um so höher wird die Tierarztrechnung.

Reiter sollten sich beim unklaren Gehen oder geringen Lahmen ihrer Pferde sensibel verhalten. Bestehen irgendwelche Zweifel an der Gesundheit des Pferdes, wird abgesessen. Unklar gehende Pferde müssen behandelt werden, bis sie wieder gesund sind. Stellt sich keine Besserung ein, bleibt nur der Weg des Gnadenbrots. Man sollte sich nur dann zum Kauf eines eigenen Pferdes entschließen, wenn auch die „Rente" des Pferdes gesichert ist. Einen Hund läßt man auch nicht einschläfern, wenn er keine Stöckchen mehr aus dem Wasser holt.

URSACHE 2: *Vielleicht legt sich dein Pferd ständig fest.*

Beim kräfteraubenden Versuch, sich aus der unangenehmen Lage zu befreien, zieht es sich Zerrungen, Prellungen oder Überdehnungen zu.

Die Symptome ähneln denen des vorigen Beispiels. Allerdings wirkt das Pferd besonders matt. Das kraftlose Verhalten nimmt während des Reitens nicht ab, sondern wird eher auffälliger.

LÖSUNG: Der Fachhandel führt Gurte, die ein Überschlagen beim Wälzen und somit ein Festlegen verhindern. In Galopprennställen wird die Streu an den Boxenwänden höher aufgeschichtet, damit sich festliegende Pferde selbst befreien können. Einen sicheren Schutz gewährt je-

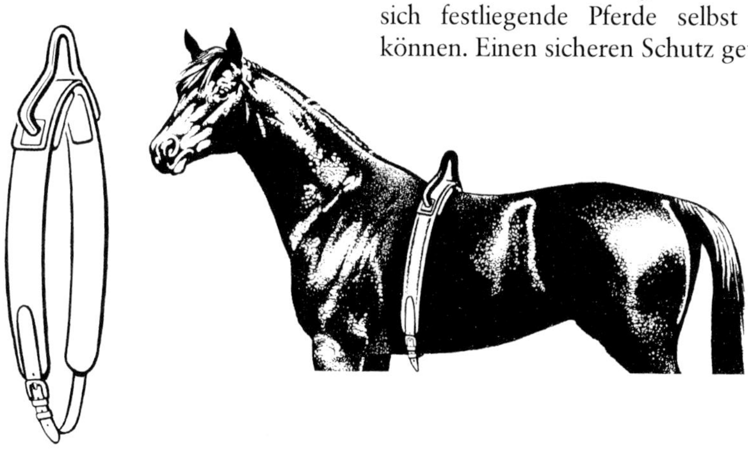

Nicht besonders bequem, aber wirkungsvoll: Der Überrollbügel ist das einzig wirksame Mittel gegen kräfteraubendes und verletzungsträchtiges Festlegen. Wenn dein Pferd damit häufig Probleme hat, solltest du aber auch darüber nachdenken, ob vielleicht einfach die Box zu klein ist.

doch allein der „Überrollgurt". Denke aber auch darüber nach, ob die Box vielleicht grundsätzlich zu klein für dein Pferd sein könnte. Dann hilft auch kein Überrollgurt, sondern nur eine größere Box.

URSACHE 3: *Fester, klumpender Hallenboden*

Mangelhaft gepflegter, klumpender Hallenboden führt zu stollenartigen Sandklumpen unter den Hufen (Aufstollen). Besonders Pferde mit Eisen tasten mehr, als sie laufen, und stolpern fortwährend. Teste hin und wieder den Hallenboden, indem du eine Handvoll fest zusammenpreßt. Sollte sich das Material beim Loslassen nicht sofort wieder auflösen, sondern in einem Klumpen zur Erde fallen, ist der Belag verbraucht und als Reithallenboden nicht mehr geeignet. Durch überalterten Hallenboden werden mehr Lahmheiten und Verletzungen hervorgerufen als durchs Reiten.

LÖSUNG: Hallenböden sollten nach etwa drei Jahren erneuert werden. Je mehr Pferde ihn benutzen und verunreinigen, um so öfter. Beim Außenplatz kommt klumpender Boden seltener vor. Kräftige Regengüsse waschen den Boden regelmäßig aus und reinigen ihn.

Eine passende Zäumung ist für eine zufriedene Maultätigkeit unbedingte Voraussetzung.

Anfangs geht's am besten

URSACHE 1: *Das Pferd ist im Maulbereich besonders empfindlich.*

Solche Pferde gehen in der ersten Viertelstunde oft williger als danach. Der Reiter läßt es anfangs beim Leichttraben noch gemütlich angehen und gestattet seinem Pferd eine Haltung, in der es sich leicht bewegen kann.

Erst beim Aussitzen und Reiten von Lektionen stellen sich Schwierigkeiten ein, die sich dem Reiter meistens in der Zügelanlehnung mitteilen. Während das Pferd vorher eine weiche Anlehnung hatte, stößt es nun unwillig gegen die Reiterhand. Es empfindet das Trensengebiß als unangenehm und geht nicht mehr gleichmäßig vorwärts. Die Ohren werden zeitweise warnend flach angelegt; insgesamt deutet das Verhalten deines Pferdes auf großes Unbehagen. Liegt die Ursache allein im Maulbereich, gesellen sich – zum Kopfschlagen – Spielereien mit der Zunge. Pferde suchen jede Möglichkeit, sich Erleichterung zu verschaffen. Dazu gehört, daß sie mit der Zunge in sämtliche Richtungen ausweichen. Schließlich finden sie den Weg, der ihnen größte Linderung verschafft: Sie strecken die Zunge mal zur Seite, mal nach unten oder ziehen sie einfach hoch, je nach Veranlagung und Zügeleinwirkung.

LÖSUNG: Zunächst solltest du das Pferdemaul peinlich genau nach Verletzungen untersuchen. Stelle und Beschaffenheit der eventuellen Verletzung geben dir einen Hinweis, wodurch sie entstanden ist. Leichte Risse in den Maulwinkeln rühren oft von zu dünnen, schadhaften oder zu hoch geschnallten Trensengebissen.

Überprüfe, ob das Trensengebiß dick genug und in der richtigen Höhe angebracht ist. Sollten sich beim Annehmen der Zügel die Backenstücke der Trense nicht leicht nach außen wölben, liegt die Trense zu hoch! Ihr ständiger Druck wirkt aufs Pferdemaul wie eine angezogene Handbremse beim fahrenden Auto. Das betroffene Pferd geht mit seiner Zunge dem stetigen Druck aus dem Weg und streckt sie zur Seite oder nach unten.

Hängt die Trense dagegen zu tief, findet sie im Maul keinen ruhigen Platz und stößt unangenehm auf die Backenzähne. Die tiefe, lockere Lage des Gebisses lädt Pferde geradezu ein, ihre Zunge übers Gebiß zu nehmen.

URSACHE 2: *Eine Bein- oder Rückenverletzung (Satteldruck) bahnt sich an.*

Im Unterschied zum vorigen Fall legt das Pferd hier die Ohren ärgerlich zurück und schlägt unwillig mit dem Schweif, sobald mit dem Schenkel stärker zugefaßt wird.

LÖSUNG: Auch hier sollten Beine und Rücken sorgfältig abgetastet und auf Wärme oder Schwellungen untersucht werden. Bei leichten Sehnenverletzungen schwillt das Bein allerdings erst einige Zeit nach dem Reiten, in der Ruhe, an. Der Verdacht ist also noch nicht entkräftet, nur weil das Pferd nach dem Absitzen kühle, klare Beine hat.

URSACHE 3: *Der allgemeine Kräftezustand deines Pferdes ist noch unzureichend, es ist noch nicht sportlich genug.*

Solange sich dein veranlagtes Pferd noch nicht in dem Kräftezustand präsentiert, der eine sportliche Beanspruchung über einen längeren Zeitraum gestattet, wird es anfangs besser gehen. Läßt die Kraft nach, rettet sich das Pferd über die Zeit. Es kommt häufiger aus dem Gleichgewicht, legt sich auf die Zügel, stolpert oft oder wechselt selbständig Galopp und Geschwindigkeit. Wird der Kräfteverschleiß zu groß, benimmt es sich widersetzlich.

LÖSUNG: Reite dein Pferd täglich und lang genug. Nach einigen Minuten Trab- oder Galopparbeit legst du eine etwa drei bis fünf Minuten lange Schrittpause ein, in der sich dein Pferd erholt. Hier ein bewährtes Richtmaß beim Konditionsaufbau, an das du dich halten kannst:

Sobald ein Pferd beginnt, am Hals zu schwitzen, reitest du im Schritt, bis der Hals wieder trocken ist.

In dieser schonenden Form wird das Pferd etwa eineinhalb Stunden leicht geritten. Hat es an Kraft zugelegt, kann die Reitzeit auf bis zu zwei Stunden ausgedehnt werden. Kondition und Kraft baut man über einen längeren Zeitraum von vielen Wochen auf. Mit einem Viertelstundengalopp aber, womöglich noch auf einer Hand, würdest du alles zerstören.

URSACHE 4: *Du gestaltest den Übergang vom lösenden zum ausbildenden Training nicht fließend genug.*

Die Merkmale gleichen denen einer Überforderung, nur machen sie sich hier früher bemerkbar – eben dann, wenn du mit schwierigen Lektionen beginnst. Das, was vorher spielerisch leicht ging, will von einer zur anderen Minute nicht mehr gelingen.

LÖSUNG: Bei jüngeren, körperlich schwächeren oder auch weniger veranlagten Pferden solltest du den Übergang von der lösenden zur ausbildenden Stufe besonders vorsichtig gestalten. Sitze erst einige Trabtritte aus und trabe danach wieder leicht, um den Pferderücken nach und nach an Gewicht und Einwirkung zu gewöhnen. Mache es dem Pferd leichter, indem du oft die Hand wechselst. Arbeite dich über Zirkel, weiche Schlangenlinien und große Volten vorsichtig an Lektionen heran, die eine stärkere Längsbiegung erfordern. Bestehe während der Gewöhnungs- und Übergangszeit nicht unbedingt auf völlig korrekter Stellung und Längsbiegung. Du solltest Zugeständnisse machen, um dein Pferd bei Laune zu halten.

Taktfehler gegen Ende der Stunde

URSACHE 1: *Auch das kann an einem schlechten Hallenboden oder an einem seit Tagen nicht mehr geebneten Hufschlag liegen.*

Ungepflegte Hufschläge fallen zur engen Mitte ab und sind dort sehr hart. Zu den Seiten steigt der Boden steil an und wird in der Schräge zu tief. Auf muldenartig ausgetretenen Hufschlägen finden Pferdehufe keine gerade Auflage und wenig Halt. Die Hufe werden ständig schräg aufgesetzt, Schäden an Sehnen und Bändern sind die Folge.

Du bemerkst vor allem gegen Ende der Trainingsstunde, daß dein Pferd nicht mehr schnell und kraftvoll reagiert. Es knickt öfter um und beginnt manchmal sogar ein wenig zu lahmen. Über Nacht klingt die leichte Verletzung ab. Am folgenden Tag wiederholt sich der Vorfall, bis schließlich die Behinderungen zur ständigen Lahmheit führen.

LÖSUNG: Tägliche Pflege des Hallenbodens und vor allem des Hufschlags.

URSACHE 2: *Du hast dein Pferd überanstrengt.*

Solltest du beispielsweise dein Pferd auf einer Hand zehn Minuten pausenlos galoppiert haben, hat sich vielleicht schon ein leichter Sehnenschaden gebildet. Pferde sind es nicht gewohnt, über längere Zeit fortwährend den Rechts- oder Linksgalopp beizubehalten. Vor allem im Endkampf wechseln müde Galopprennpferde alle paar Sprünge den Galopp. Probiere es einmal selbst aus und „galoppiere“ etwa drei Minuten im „Rechtsgalopp“. Du wirst froh sein, dir mit einem „fliegenden Galoppwechsel“ Erleichterung zu verschaffen!

URSACHE 3: *Übermüdete Pferde machen es sich oft bequem und lehnen sich auf die Zügel. Manche Pferde werden dabei zügellahm.*

LÖSUNG: Reite jeweils kurze Trab- und Galoppreprisen, die mit Schrittpausen aufgelockert werden. Dein Pferd bleibt gesund und wird deinen Hilfen willig folgen, wenn ihm das Training leichtfällt. Bei phlegmatischen Pferden führt Überanstrengung zur Widersetzlichkeit, bei besonders gehfreudigen stellen sich Erkrankungen an Sehnen und Bändern ein.

Vermeide besonders lange Galoppre-

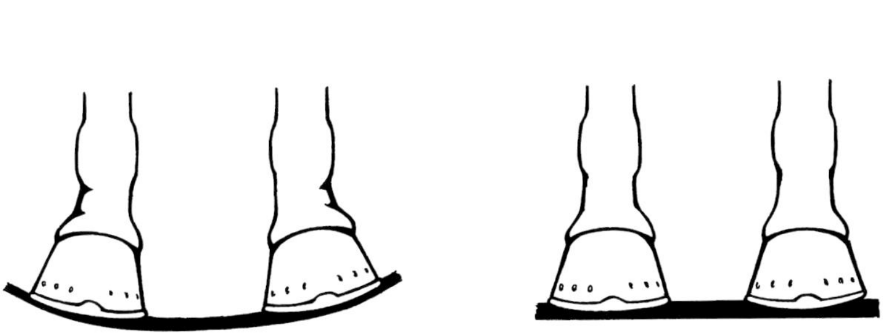

Links: Durch einen ungepflegten Hufschlag werden mehr Beinschäden hervorgerufen als durch intensives Reiten. Die Hufe werden schräg aufgesetzt, Gelenke, Sehnen und Bänder leiden. Rechts: Auf einem ebenen Hufschlag bewegen sich Pferde leicht. Sie bleiben gesund, gerade und im Gleichgewicht.

prisen auf der gleichen Hand. Schone die Beine deines Pferdes und ziehe es nicht allein mit dem inneren Zügel in eine Wendung. Unterstütze es vielmehr mit dem vorsichtig nach innen verlagerten Gewicht und mit dem äußeren Schenkel.

Reite lange genug, jedoch mit vielen Schrittpausen.

Spaß macht's erst zum Schluß

URSACHE 1: *Dein Pferd benötigt eine besonders lange Lösungsphase. Es gehört nicht zu den Pferden, die besonders „sportlich" sind.*

Auch bei Pferden findet man unterschiedliche Temperamente: Einige sind mit einem „Hochleistungsmotor" ausgestattet, der gleich nach dem Start seine volle Kraft entwickelt. Andere dagegen besitzen den behäbigeren, aber um so zuverlässigeren „Dieselmotor", der eine bestimmte Betriebstemperatur benötigt, um seine Pferdestärken auszuspielen. Hat er sie erreicht, läuft er rund und ausdauernd.

LÖSUNG: Pferde mit einem „Diesel" benötigen genügend Zeit, bis sie warm und bereit sind, sich frischer zu bewegen. Aber auch dann reagieren sie eher gemütlich und müssen nachdrücklich auf deine Vorstellungen hingewiesen werden. Hätten Pferde Gewerkschaften – „Diesel-Pferde" hätten die leitenden Positionen inne! Für den Reiter ist es wichtig, die Veranlagung seines Pferdes richtig zu deuten und das Verhalten zu respektieren. Es ist sinnlos, trägere Pferde mit Härte auf ihre „Pflichten" hinzuweisen. Sie können übertrieben starke Hilfen nur als fortwährende Bestrafung auffassen. Pferde haben nicht die geringste Ahnung von den Vorstellungen, die sich Reiter von fleißigen, gut gerittenen Reitpferden machen. Finde heraus, in welcher Haltung und Gangart dein Pferd am willigsten vorwärts geht. In dieser Form löst du es hauptsächlich, bis es sich von allein lebhafter bewegt und so deinen Vorstellungen eines Reitpferdes näherkommt.

Die Reiterin sollte den Fuchs mehr loslassen; er geht zu eng und zu tief.

URSACHE 2: *Bestimmte Erkrankungen machen sich hauptsächlich anfangs bemerkbar, beispielsweise eine beginnende Strahlbeinentzündung auf beiden Vorderbeinen.*

Die Bewegungen deines Pferdes sind schon gebunden, unsicher und stockend, wenn es aus dem Stall tritt. Unter dem Sattel verliert sich dieser Gang mit abnehmendem Schmerz der betroffenen Pferdebeine meist erst nach ausgiebigem Galoppieren. Je länger der unsichere Gang des Pferdes anhält, um so weiter ist die Krankheit fortgeschritten. Bei weit fortgeschrittenem Krankheitsstadium läuft dein Pferd tastend, wie auf Glatteis.

LÖSUNG: Das Pferd gehört in die Obhut des Tierarztes, auch wenn es nur eine Minute dauert, bis es sich eingelaufen hat. Schließlich bewegt sich das Pferd so, weil es Schmerzen verspürt.

URSACHE 3: *Du gewährst deinem Pferd nicht genügend Einlaufzeit und beginnst zu früh mit schwierigen Lektionen.*

Nach einem Stehtag sind steife, weniger sportliche Pferde besonders mühsam zu reiten. Es trifft nicht zu, daß sie nach einem Ruhetag Kraft getankt haben und nun größeren Eifer an den Tag legen. Im Gegenteil! Sie lassen sich noch mehr hängen als vorher, ihre Knochen scheinen eingerostet zu sein.

Wesentlich gehfreudiger sind sie dagegen nachmittags, an Turniertagen, an denen sie morgens und nachmittags in einer Prüfung gestartet werden. Sie werden fleißiger, wenn sich die Abstände zwischen dem einzelnen Reiten verkürzen.

LÖSUNG: Die Symptome machen deutlich, daß phlegmatischen Pferden eine Trainingsform entgegenkommt, bei der zwischen dem Reiten keine zu langen Pausen entstehen – ein Stehtag wäre besonders ungünstig. Reite ein phlegmatisches Pferd lieber morgens *und* abends. Jeweils eine gute Stunde, mit vielen Schrittpausen, ohne das Pferd zu überfordern.

Vor allem ein strammer Galopp über etwa drei Minuten gegen Ende der Reitstunde bringt die Pferde konditionell weiter. Sie müssen auch einmal richtig durchatmen, um frischer und stärker zu werden.

Reite viel ins Gelände, das weckt die Lebensgeister.

Warum fußt mein Pferd breit beim Zulegen?

URSACHE 1: *Geht dein Pferd während der Arbeitstempi gerade und erst beim Zulegen schief, ist dafür hauptsächlich ein mangelhafter Kräftezustand verantwortlich. Ebenfalls denkbar, daß du dein Pferd beim Zulegen zur Seite stellst oder mit einem Schenkel stärker treibst.*

Tritt dein Pferd im Trab beim Zulegen ein wenig breiter, erhöht es dadurch seine Schubkraft. Ist die Hinterhandmuskulatur noch nicht kräftig genug, hilft es sich mit breitem Bewegungsablauf, um Tritte oder Sprünge zu verlängern. Beobachte dein eigenes „Breittreten“, wenn du eine schwere Last ziehen mußt. Und achte darauf, wie breit Springpferde beim Absprung vor mächtigen Hindernissen mit den Hinterbeinen außen neben den eng geführten Vorderbeinen abfußen.

Manche Pferde helfen sich, indem sie beim Zulegen nicht nur breit, sondern auch schief treten. Ihnen mangelt es an Kraft und Gleichgewicht. Je schiefer und breiter sie gehen, um so leichter können sie sich und ihren Reiter ausbalancieren.

Im Gegensatz zum sehr engen Abfußen, bei dem du als Reiter einen schaukelnden Eindruck gewinnst, ist breites Abfußen unter dem Sattel nur schwer festzustellen. Allenfalls wirkt der Abdruck der Hinterbeine ein wenig stoßend, nicht ganz so geschmeidig. Auffälliger ist für den Reiter hier die Zügelanlehnung, die bei breit gehenden Pferden meistens stärker wird. Mit einer deutlichen Anlehnung und bei breit abfußenden Hinterbeinen leiden die Pferde jedoch selten unter Taktfehlern.

LÖSUNG: Kräftige dein Pferd, reite es lange und oft genug. Baue genügend lange Pausen in das Trainingspensum ein. Sobald dein Pferd anfängt, am Hals zu schwitzen, legst du eine Schrittpause ein.

Falls an den langen Seiten eine Begrenzung zur Verfügung steht, arbeite deutlich mit dem inneren Schenkel, um das schiefe und breite Gehen allmählich einzuschränken. Sei dir jedoch darüber im klaren, daß es Monate und Jahre dauert, bis diese Mängel behoben sind.

Während man bei eng fußenden Pferden häufig auf leicht ansteigenden Geraden zulegen sollte, um die Pferde zum breiteren Abfußen zu veranlassen, bieten sich bei breit gehenden Pferden leicht gebogene Linien beim Zulegen an. Jedoch ist hierbei höchste Vorsicht geboten! Die Wendungen sollten weit genug sein, damit sich die Pferde nicht verletzen. Wählst du die Wendungen zu eng, können leicht Bänder- und Sehnenschäden sowie Taktfehler und Streifverletzungen auftreten.

Halte dein Pferd beim Zulegen im Trab schnurgerade. Im Galopp darfst du es ein wenig nach innen stellen. Treibe auf Wechsellinien und zweiten Hufschlägen gleichmäßig mit beiden Beinen. Wenn ein Schenkel ein wenig mehr eingesetzt wird, ist es der äußere, besonders auf Wechsellinien, da Pferde die Veranlagung haben, zum kommenden Hufschlag zu tendieren. Bei einem Handwechsel von links nach rechts durch die ganze Bahn treibt demnach der linke Schenkel mindestens so stark wie der rechte.

URSACHE 2: *Tiefer, schwerer Boden sowie allzu schwere Reiter verleiten Pferde zum breiten Abfußen.*

Als Reiter bist du nicht unbedingt gewillt, einen tiefen Boden gegen einen leichteren einzutauschen. Schließlich läßt der tiefe Boden dich recht angenehm sitzen, dein Pferd „arbeitet“ tüchtig, und es geht auch ganz gut am Zügel. Vor allem Turnierreiter haben diese Erfahrungen gemacht, wenn sie während eines Turniers eine Dressuraufgabe auf ungewohnt tiefem Boden reiten mußten und ein besonders leichtrittiges, angenehm zu sitzendes Pferd vorfanden.

Dieses Gefühl vermitteln aber nur kräftige, gesunde Pferde und auch dies nur in den beschriebenen Ausnahmesituationen. Würde das Pferd täglich auf schwerem Boden geritten, wäre das gute Gefühl bald dahin, an die Stelle des schwungvollen Gangs würden mühsame, schleppende Bewegungen treten. Der Reiter würde nicht mehr das sanfte Wiegen des Pferderückens verspüren, sondern vielmehr hart gestoßen werden. Auf Dauer zerstört ein tiefer Boden Gehlust und Gesundheit des Pferdes.

LÖSUNG: Der Boden sollte durchschnittlich etwa 10–12 Zentimeter tief sein. Besonders leichter, lockerer Boden kann ein oder zwei Zentimeter tiefer sein. Ein fester, sehr dichter Boden überschreitet dagegen eine Auflage von 10 Zentimetern nicht. Pferde sollen sich im Boden leicht und schonend bewegen können.

URSACHE 3: *Legen sich Pferde beim Zulegen stark aufs Gebiß, neigen sie ebenfalls zum breiten oder schiefen Gehen.*

Besonders leicht überbaute Pferde neigen zum breiten Fußen beim Zulegen. Sie gehen stark „bergab“, du wirst ständig nach vorn, aus dem Sattel gezogen. Der Zügeldruck auf beide Hände nimmt während des Zulegens zu und wird noch intensiver, wenn du dein Pferd zurückführst. Die breit fußenden Hinterbeine sind nicht in der Lage, beim Zurückführen die Last von Reiter und Pferd aufzunehmen. Das Gesamtgewicht gleitet in die schwächeren Vordergliedmaßen, die darunter leiden. Dein Pferd versucht, seine Vorderbeine ein wenig zu entlasten, indem es einen Teil seines Gewichts auf deine Hände verteilt. Es drückt seinen Kopf gegen das Trensengebiß.

LÖSUNG: Reite zurückführende und zulegende Veränderungen so sanft, daß sie von deinem Pferd leicht ausgeführt werden. Sobald der Zügeldruck stark abnimmt oder fest wird, hast du deinem Pferd zuwenig oder zuviel abverlangt. Finde selbst das geeignete Maß von treibenden und zurückführenden Hilfen heraus. Achte darauf, daß die Anlehnung beim Zurückführen ein wenig leichter wird. Beim Zulegen darf sie dagegen etwas stärker werden.

Lege häufig auf leicht gebogenen Linien zu, damit dein Pferd beim Antreten und Zurückführen enger fußt. Reite vor allem ein wenig schulterhereinartig, wenn du dein Pferd aufnimmst. Benutze beim Aufnehmen beide Zügel; so verstellt es sich nicht. Führe in einzelnen Etappen zurück, wenn du mit deinen Zügelhilfen nicht den gewünschten Erfolg erzielst. Es hat keinen Sinn, die Zügel drei Sekunden oder länger stramm anzunehmen. Dein Pferd würde sich nur noch stärker auf die Zügel lehnen.

Raumgreifender Schritt nur am hingegebenen Zügel

URSACHE: *Dein Pferd ist es nicht gewohnt, im Schritt ans Trensengebiß zu treten.*

Zu Beginn der Ausbildung wurden im Schritt die Zügel nicht oder nur andeutungsweise aufgenommen. Du kannst von deinem Pferd nicht verlangen, daß es deine Zügelhilfen „versteht", wenn du ein oder zwei Jahre lang im Schritt „ohne Zügel" geritten bist.

Sobald die Zügel aufgenommen werden, geht das Pferd verhalten. Die Schrittlänge wird kürzer, der Schritt ist insgesamt gebunden. Du bist mit dem kurzen, eiligen Schritt nicht zufrieden und treibst vermehrt, um die Schritte zu verlängern. Bisher hast du während des Schrittreitens die Zügel nicht aufgenommen; dein Pferd begreift die angenommenen Zügel als zurückführende Hilfe. Es wird in der Schrittfrequenz langsamer oder im Raumgewinn kürzer. Gehst du mit der Hand vor, verlängert es die Schritte. Sobald du aber gegen die leicht anstehende Hand treibst, hilft sich dein Pferd, indem es seine Kopf-Hals-Haltung oder den Gang verändert. Es weiß mit deinen Hilfen nichts anzufangen und geht Paß.

Im Sattel fühlst du ein leichtes, wiegendes Schaukeln. Stehen die Zügel deutlich an, beobachtest du sogar bei manchen Pferden, daß das Vorderbein übertrieben nach oben zeigt und nach einem kurzen Verharrungsmoment steil nach unten oder sogar ein wenig zurück fällt, bevor es den Boden berührt. Der Schritt verliert seinen Vierschlag und büßt deutlich an Fluß und Geschwindigkeit ein. In dieser kräfteraubenden Form ist der Schritt für Pferd und Reiter unvorteilhaft. Vor allem jüngere Pferde nicken während des Schritts deutlich auf- und abwärts. Sie benötigen diese Auf-und-ab-Bewegung des Halses, um fleißig und raumgreifend vorwärts zu schreiten. Schränkst du diese Nickbewegung plötzlich mit angenommenen Zügeln ein, gibt dein Pferd je nach Veranlagung darauf eine entsprechende Antwort.

Manche Pferde, die im Maul nicht zu sensibel sind, stoßen bei jedem oder bei jedem zweiten Schritt gegen die störende Hand. Bei diesem Verhalten verkürzt sich zwar auch die Schrittlänge, aber nicht so auffällig wie bei den Pferden, die im Maul empfindsamer reagieren. Feinfühlige Pferde stoßen nicht gegen das Gebiß, sie suchen nach einer anderen Lösung. Sie würden anhalten, wenn nicht getrieben würde, oder antraben, wenn der Zug des Trensengebisses nicht wäre. Die Pferde müssen annehmen, daß sie in der Schrittbewegung etwas ändern sollen: Also gehen sie schief oder paßartig.

LÖSUNG: Im Prinzip kannst du keinem Pferd den Schritt „wegreiten", solange du die Zügeleinwirkung nicht übertreibst, sondern schon im Remontenalter umsichtig einsetzt. Gewöhne bereits ein junges, gerade angerittenes Pferd auch im Schritt an den sanften Zug des Trensengebisses bei leicht und elastisch anstehenden Zügeln. Nimm aber die Zügel nur sanft auf. Das Pferd soll im Schritt lediglich das Trensengebiß über die Zügelführung im Maul spüren – weiter nichts. Damit wird nichts Außergewöhnliches verlangt: Im Trab und Galopp stehen die Zügel auch an.

Vermeide jedoch grundsätzlich, dein Pferd im Schritt an den Zügel stellen zu wollen.

Hierfür sind die schwunghaften Gangarten Trab und Galopp mit Vorwärtsimpulsen und Schwebephasen wesentlich besser geeignet. Mit stärkeren Zügelhilfen im Schritt würdest du dein Pferd nur verunsichern. Ein junges Pferd liest aus intensiven Zügelhilfen nicht genau das heraus, was du dir mit dem verkürzten Schritt vorgestellt hast. Wie soll es ahnen, daß es mit der „richtigen", ruhigen Kopf- und Halshaltung gleichmäßig am Zügel gehen und

Kraftvoller, raumgreifender starker Schritt mit deutlicher Halsdehnung

kleinere Schritte im gleichen Takt ausführen soll? Näherliegend wäre doch die Übersetzung, daß es anhalten, langsamer, schief, unterschiedlich schnell gehen oder seinen Kopf von links nach rechts und umgekehrt bewegen soll.

Konzentriere dich zunächst nicht allein darauf, wie dein Pferd seinen Hals hält, ob es seine Stirnlinie ein wenig über oder hinter der Senkrechten trägt. Wichtig ist, daß es den leicht anstehenden Zügel akzeptiert, kräftig und raumgreifend vorwärts schreitet und einen Vierschlag im Schritt behält. Es soll sich lediglich mit zwei gleichmäßig anstehenden Zügeln lenken und aufnehmen lassen. Fühlt es sich wohl, wird es sich bald mit dem Trensengebiß beschäftigen, zufrieden kauen und auch die Haltung einnehmen, die du dir vorstellst.

Nimm im Schritt auf die Haltung deines Pferdes kaum Einfluß. Hier sollte sich alles im Lauf der Zeit wie von selbst ergeben.

Auch junge Pferde gehen einen raumgreifenden, taktreinen Schritt am Zügel, wenn sie im Trab und Galopp geduldig und gründlich ausgebildet wurden. Bedenke aber, daß im Schritt der Spielraum von der leichten bis zur deutlichen Zügelhilfe wesentlich kleiner ist als im Trab oder im Galopp.

In den schwungvollen Vorwärtsgangarten Trab und Galopp kommt es vor, daß du in jeder Hand lediglich einen Druck von angenommen fünfzig Gramm hast oder auch für einen kurzen Moment einen Druck von etwa fünf Kilogramm pro Zügelfaust aufbaust. Diese weite Spanne ist im Schritt undenkbar. Sie bewegt sich hier, je nach Veranlagung des Pferdes, beispielsweise zwischen zehn und allenfalls fünfhundert Gramm. Daher sollten erst weiter fortgeschrittene Reiter im Schritt deutlichere Zügelhilfen geben – wenn überhaupt.

Zu Anfang ist es schwierig, das richtige Maß zu treffen. Das ist es zwar auch während des Trabs und Galopps, nur wirkt sich in schwungvollen Gangarten eine nicht so präzise Hilfe weniger nachteilig aus als im schwunglosen Schritt. Während das Pferd trabt oder galoppiert, kann es Fehler des Reiters in der ausgeprägten Vorwärtsbewegung leichter ausbügeln und verliert nicht so schnell den Takt – besonders nicht im Trab.

Scheue dich nicht, dein Pferd von Anfang an im Schritt mit leicht anstehenden Zügeln zu reiten. Bei stärker angenommenen Zügeln und entsprechenden treibenden Hilfen wird dein Pferd später den Schritt ebenso selbstverständlich verkürzen, wie es auch im Trab die Tritte und im Galopp die Sprünge verkürzt. Vermeide, deinem jungen Pferd im Schritt nur vier Vokabeln beizubringen: Zügel weg = gehen, Zügel annehmen = halten, linker Zügel = links und rechter Zügel = rechts herum. Beherrscht dein Pferd nur diese vier Vokabeln, muß es später zu Mißverständnissen kommen. „Was Hänschen nicht lernt, lernt Hans nimmermehr!"

Taktverlust im Schritt

URSACHE 1: *Die Maulwinkel des Pferdes sind verletzt, oder das Trensengebiß wirkt zu scharf ein.*

Dein Pferd läßt kaum eine Zügelanlehnung zu und kommt zu tief. Es versucht, sein Maul aufzusperren, und spielt nervös mit dem Gebiß. Es möchte sich Erleichterung schaffen.

Manche Pferde finden keinen anderen Ausweg, als das schmerzende Trensengebiß lahmzulegen. Sie beißen zu und halten das Gebiß fest. So verhindern sie zumindest, daß es im Maul bewegt wird. In diesem Fall kommen sie nicht zu tief, vielmehr wird der Hals starr nach vorn geschoben. Das Pferd hält beharrlich seine Stirnlinie vor der Senkrechten und läßt sich nicht an den Zügel stellen.

Auf jeden Fall verliert dein Pferd neben dem Raumgriff auch den Takt im Schritt, es geht paßartig oder gar deutlichen Paß. Beim Paßgang bewegen sich die Beine einer Seite fast gleichzeitig. Reine Paßgänger kommen im Schritt sogar vom Vier- zum Zweischlag. Das rechte Vorderbein fußt gemeinsam mit dem rechten Hinterbein, ebenso verhält sich das andere Beinpaar. Dein Oberkörper schwankt von einer Seite zur anderen, ähnlich wie der Mast eines schlingernden Schiffes.

LÖSUNG: Es sollte dich grundsätzlich bedenklich stimmen, wenn die Zügelanlehnung außergewöhnlich weich oder sehr fest wird. Beide Extreme sind Hilferufe des Pferdemauls, deren Ursache du sofort herausfinden solltest. Probiere aus, wie dein Pferd im Schritt auf unterschiedliche Zügel- und Schenkelhilfen reagiert. Merke dir negative Veränderungen, um in Zukunft unvorteilhafte Hilfen zu vermeiden.

Sollte sich dein Pferd durch das Trensengebiß im Maul verletzt haben, wird es nur auf Halfter geritten. Vermeide Gebisse, die das Pferdemaul überfordern.

Ein zu dünnes Gebiß ist ebenso ungeeignet wie ein zu dickes. Das dünne wirkt scharf, das dicke gibt dem Pferd keine genauen Hinweise und stopft zudem das Maul unnötig voll.

Reite dein Pferd mit normal dicken Trensengebissen. Ist es besonders maulempfindsam, wählst du ein doppelt gebrochenes Trensengebiß (siehe Abbildung Seite 85). Für alle übrigen Pferde eignet sich das einfache gebrochene Trensengebiß.

Die unterschiedlichen Veranlagungen von Pferden sollten nicht mit etlichen Gebißvariationen ausgeglichen werden, sondern durch individuelles Reiten.

Sobald du über die Verwendung außergewöhnlicher Gebisse nachdenkst, gibst du zu, daß Geduld und reiterliche Fähigkeiten erschöpft sind.

Reite auf empfindsamen Pferden die Tempounterschiede sehr behutsam. Wähle den Bogen einer Wendung eher ein wenig weiter als zu eng – besonders zu Anfang der Reitstunde. Zwinge den Pferden nicht das Trensengebiß auf, sondern warte geduldig, bis sie sich von selbst mit dem Gebiß beschäftigen. Während dieser Zeit solltest du auf eine korrekte Haltung des Pferdes verzichten. Wichtig ist, daß es sich zunächst vertrauensvoll mit dem Trensengebiß abfindet. Erst danach werden über Zügelhilfen und Gebiß erklärende Hinweise an das Pferdemaul gegeben.

URSACHE 2: *Du treibst zu stark gegen durchhaltende Hände, weil du dein Pferd an den Zügel stellen oder verkürzten Schritt reiten möchtest.*

Versuchst du, Pferde während des Schrittreitens an den Zügel zu stellen, reagieren vor allem maulempfindsame prompt und auffällig. Sie verlieren den Vierschlag, weil sie sich im flüssigen und freien Schreiten behindert fühlen. Sie haben keine Chance, die „paradoxen" Hilfen anders zu übersetzen: Anhalten sollen sie nicht, und raumgreifendes Vorwärtsschreiten ist auch nicht gefragt. Steht die Reiterhand fest an, gehorchen die Pferde dem treibenden Schenkel und gehen eine Schrittart, die sich für sie eher anbietet als beispielsweise der unbekannte verkürzte Schritt oder das schwerfallende „Am-Zügel-Gehen": Sie weichen in den Paßgang aus. Sobald du das Gefühl hast, daß dein rechter Unterschenkel, die rechte Hüfte und die rechte Schulter, also die gesamte rechte Seite, ein wenig nach vorn geschoben wird, wenn das gleichseitige, rechte Vorderbein des Pferdes vortritt, ist das ein untrügliches Zeichen, daß sich soeben paßartige Schritte anbahnen oder schon vorhanden sind.

LÖSUNG: Arbeitest du im Schritt intensiv mit dem Zügel, schwinden die Erfolgsaussichten auf einen flüssigen Gang. Der Schritt besitzt keine Schwebephase, und daher ist es schwierig, in ihm Korrekturen oder Verbesserungen in der gleichen Weise vorzunehmen wie im Trab oder im Galopp. Dem Pferd fehlen Vorwärtsimpuls und Schwebephase, mit denen es selbst Fehler des Reiters ausgleicht.

Im Schritt reagieren Pferde wesentlich direkter auf deine Hilfen. Deshalb sollten sie hier fein abgestimmt und sehr behutsam gegeben werden. Veränderungen im Schritt erreichst du am besten durch eine ständige Gewöhnung. Sei dir bewußt, daß es Monate und Jahre dauert, bis dein Pferd aus dem Mittelschritt (Arbeitsschritt) den verkürzten und schließlich den versammelten Schritt entwickelt. Anfangs wird der Schritt vorsichtig zurückgeführt, indem du in eine weiche Wendung reitest. Allein dadurch nimmt sich das Pferd ein wenig auf. Im Lauf der Zeit wird die Wendung zu einem Kreis von fünfzehn Meter Durchmesser. Der Schritt wird kürzer, ohne daß sich deine Zügelhilfen verstärken. Wechsle im Schritt durch den Zirkel, und im Moment des Handwechsels wird sich dein Pferd beim Umstellen ebenfalls etwas aufnehmen.

Reitest du in dieser Form täglich Schrittübungen, wird dein Pferd innerhalb eines Jahres zwanglos und taktrein den Schritt verkürzen und verlängern. Es hat gelernt, daß es größere und kleinere Schritte gehen soll, ohne die Schrittfrequenz aufzugeben.

Übertreibe das „Heranholen" des Hinterbeins nicht. Damit würdest du dein Pferd wieder verunsichern und alles verderben. Es wird schon genügend untertreten, wenn es im Gleichgewicht bleibt und dich bequem trägt. Ungezwungenes, elastisches Untertreten wird nicht mit energischem Treiben gegen die durchhaltende Hand hergestellt. In dieser Form können allenfalls einige blendende Momente erreicht werden. Diese gehen jedoch immer zu Lasten einer leichten, angenehmen Zügelführung. Allein die zunehmende athletische Kraft des Pferdes befähigt es, seine Hinterbeine wirkungsvoll einzusetzen. Die athletische Kraft steigt, wenn deinem Pferd über Jahre hinaus ein gezieltes Trainingsprogramm im Gelände, im Parcours oder auf dem Viereck angeboten wird.

Solange die Kraft des Pferdes mit dem Schwierigkeitsgrad der Lektionen übereinstimmt, bleibt das Reiten leicht und harmonisch.

Solltest du das oben beschriebene Gefühl eines Paßgangs spüren, läßt du die Zügel lang und überlegst, was du übertrieben oder zuwenig gemacht hast. Reite nach einiger Zeit wieder Schritt und nimm allmählich die Zügel auf. Beobachte genau, wie dein Pferd auf dein Verhalten reagiert. Versuche exakt festzustellen, bei welcher Hilfe sich der Paßgang einstellt. Übe dich darin, die Reaktionen deines Pferdes zu deuten. Stelle fest, ob die Anlehnung fest wurde, weil du intensiv gegen die Hand getrieben hast. Oder erweist sich schon die feinste Zügeleinwirkung als zu stark, da deine treibenden Schenkelhilfen fast völlig ausfallen?

Finde heraus, bei welcher Stärke Zügel- und Schenkelhilfen übereinstimmen und einen intakten Schritt gewährleisten. Halte dein Pferd leicht in der Hand und verwende viel Zeit darauf, Schritt am leicht anstehenden Zügel zu reiten. Geringes Übertretenlassen, bergauf Schrittreiten sowie Schrittreiten im tiefen Boden verbessern den Schritt nur unwesentlich. Ein scheinbarer Fortschritt macht sich nur im gleichen Augenblick bemerkbar. Es ist ein Irrtum anzunehmen, mit diesen Hilfsmitteln durchschlagenden Erfolg zu erzielen oder gar Zeit einzusparen. Während dieser Lektionen gehen Pferde nur deshalb einen klaren Schritt, weil sie zum einzelnen Abfußen gezwungen werden. Sie spielen lediglich eine kurze, scheinbare Verbesserung vor, denn das wirkliche Problem wird nicht angesprochen: das Gebiß im Pferdemaul. Sobald die Pferde wieder auf normalem Boden geradeaus gehen, tritt das alte Übel wieder auf. Pferde müssen lernen, im fleißigen Schritt auf gewöhnlichem Boden die Zügelhilfen zu verstehen.

Dauerhaften Erfolg erreicht man mit Verständigung, nicht mit Überlisten.

URSACHE 3: *Geht ein Pferd am angenommenen Zügel besonders eilig, mangelt es auch hier an Gleichgewicht und Kraft.*

Meistens läßt das mangelhaft ausgebildete, eilige Pferd zugleich eine deutliche Bergabtendenz erkennen. Es stößt mit seinem Kopf ständig nach vorn, um dir die Hand zu nehmen. Vor allem im Schritt kann es sich nur ausbalancieren, wenn es seine Balancierstange (Hals) nach eigenem Bedarf einsetzt. Sobald du es mit angenommenen Zügeln daran hinderst, sucht es nach einer anderen Möglichkeit. Es wird im Schritt eiliger oder fällt für einige Tritte in einen kurzen Zockeltrab, bis es sich wieder gefangen hat und einen unruhigen Schritt geht.

Ein harmonischer Schritt, der eine allgemeine Zufriedenheit ausstrahlt. Obwohl der Sitz mit längeren Bügeln noch gestreckter sein könnte, ist er schon recht ordentlich. Im Schulterbereich könnte die Reiterin entspannter sein.
Das Pferd nimmt das Trensengebiß nicht ganz an. Noch hängt der Zügel leicht durch. Die Reiterin sollte ihren hübschen Wallach etwas bestimmter ans Gebiß treiben.

Kurz vor dem Anzackeln legt es einen sehr kurzen Schritt ein und wippt mit der Kruppe nach oben. Damit verlierst du für einen Augenblick den tiefen Sitz und die Einwirkung. Dein Pferd hat dich überlistet und einen Weg gefunden, deinen Einfluß zu mindern. So fällt es ihm leichter anzutraben. Es bewegt sich für einige Sekunden im Zockeltrab, weil es mit dem eigenen und mit deinem Gewicht im Schritt nicht klarkommt.

LÖSUNG: Du solltest dein Pferd beruhigend, aber auch zugleich kräftigend in der bereits erwähnten Form reiten. Mit häufigen Tempounterschieden in den schwungvollen Gangarten Trab und Galopp bilden sich Hals- und Rückenmuskeln besonders gut.

Taktverlust im Trab

URSACHE: *Dein Pferd läuft zu eilig.*

Das kann wiederum verschiedene Gründe haben:

- Du reitest zu sehr vorwärts oder zu enge Wendungen.
- Dein klopfender Unterschenkel provoziert geradezu ungleiches Traben.
- Du verteilst den sanften Druck der Anlehnung nicht gleichmäßig auf beide Maulspalten des Pferdes.
- Genickschmerzen können Taktunsicherheiten hervorrufen.
- Das Pferd ist insgesamt noch schwach.
- Es hat Angst vor dem Trensengebiß oder vor den treibenden Hilfen (Sporen, Gerte).
- Der Boden des Reitplatzes befindet sich in schlechtem Zustand.
- Mit dem Hufbeschlag ist etwas nicht in Ordnung.
- Eine beginnende Lahmheit macht sich allmählich bemerkbar – beispielsweise wegen eines Hufgeschwürs oder einer Sehnenreizung.

Eilige Pferde neigen in allen Gangarten zu Taktverlusten. Im Trab fällt es besonders auf, weil sich für einige Tritte ein ungleicher Gang einstellt und ein offensichtliches, geringes „Humpeln" zu erkennen ist. Der ungleiche Bewegungsablauf hat aber mit krankheitsbedingtem Lahmen nichts zu tun. Du wirst nach vorn gezogen und sitzt auf einem ständig bergab laufenden Pferd. Der Zügeldruck ist nicht gleichmäßig verteilt. Auf einer Hand ist er deutlich stärker, vor allem dann, wenn du die Richtung ein wenig änderst. In Wendungen nimmt das ungleiche Gehen zu. Dementsprechend unterschiedlich ist die Zügelanlehnung. Das Pferd sucht sich eine Seite aus, auf die es sich stützt. Meistens hat auf Dauer der ständige einseitige Zügeldruck Maul- und Genickprobleme (Verwerfen) zur Folge. Bei Genickschmerzen schlägt das Pferd weit ausholend einige Male mit dem Kopf nach oben und unten oder wackelt mit flach angelegten Ohren in rascher Folge mit dem Kopf seitlich hin und her, als wolle es die Trense abschütteln.

LÖSUNG: Trabe dein Pferd geradeaus und versuche, von Anfang an das Tempo ruhig zu halten. Ärgere dich nicht, wenn dein Pferd dabei einige Male von selbst in den Schritt fällt. Es sind grundsätzlich Mißverständnisse, die dein Pferd zu ungewollten Handlungen verleiten. Nimm beide Zügel kurz, aber deutlich an, um wieder nachzugeben. Gib die Hilfen in abgeschwächter Form auch dann, wenn dein Pferd noch ruhig trabt. Du solltest mit deinen Hilfen den ungewollten Reaktionen stets zuvorkommen. Deine Maßnahmen müssen nachdrücklicher werden, sobald das Pferd seine Geschwindigkeit wieder gesteigert hat.

Solange du mit vorbeugenden Hilfen reitest, kommst du mit sanften Hilfen aus.

Beobachte dein Pferd sehr genau, um herauszufinden, wann und wie es sein Zulegen ankündigt. Manche Pferde stoßen gegen die Hand, bevor sie schneller werden. Andere spielen kurz zuvor mit dem Trensengebiß oder lassen die Kruppe ein wenig hochwippen. Einige schnauben ein-, zweimal heftig, wieder andere weichen von der geraden Linie ab. Jedes Pferd hat seine besondere Eigenart, mit der es die folgende Handlung einleitet. Diese Eigenarten solltest du herausfinden, damit deine Maßnahmen rechtzeitig erfolgen.

Korrigierende Hilfen sollten gleichzeitig einen vorbeugenden Charakter haben. Dann vermitteln sie Ruhe und Gelassen-

heit und bleiben weich. Gib korrigierende Hilfen einen Wimpernschlag früher, als sie notwendig sind.

Studiere das Verhalten deines Pferdes und erkenne seine Eigenarten, um einer der schnell reagierenden Reiter zu werden, deren feine Hilfen nicht zu erkennen sind. Gib deinem Pferd ein deutliches Zeichen, bevor du die Richtung änderst. Führe es auf noch gerader Linie deutlich zurück, um leichte Voraussetzungen für ein Abwenden zu schaffen. Während der innere Zügel vorsichtig angenommen wird, schiebst du den äußeren um das gleiche Maß nach vorn. Der etwas gestiegene Druck auf die innere Hand sollte sich nach dem Abwenden wieder abschwächen, die Anlehnung wird wieder gleichmäßig auf beide Hände verteilt. Achte weiterhin darauf, dein Pferd nicht übertrieben einzustellen. Der Hals des Pferdes bleibt fast gerade. Ein gerader Pferdehals ist nicht immer günstig, aber grundsätzlich besser als ein nach innen gezogener, krummer Hals.

Dein nach innen verlagertes Gewicht unterstützt die Einleitung der Wendung wie auch der äußere Schenkel, der um einige Zentimeter nach hinten und deutlich spürbar ans Pferd gelegt wird. Den äußeren Schenkel nimmst du ein wenig zurück, damit sich deine Hüften und Schultern weiterhin parallel zu denen des längsgebogenen Pferdes befinden. Bedenke, daß dich dein Pferd nur dann leicht ausbalancieren und tragen kann.

Trainiere, mit ruhig und eng anliegenden Unterschenkeln zu reiten. Lege deine Unterschenkel spürbar ans Pferd und strecke mit angespannter Kreuz-, Arm- und Halsmuskulatur deinen gesamten Sitz. So gewinnen deine ruhig und beständig anliegenden Unterschenkel an Kraft, du treibst wirkungsvoll.

Denke daran: Klopfende Unterschenkel weisen auf einen schlappen, unsportlichen Reiter hin, der sein Pferd eher behindert als unterstützt.

Beim Durchreiten der Ecke sitzt die Reiterin exakt über ihrem Pferd. Der Fuchswallach ist ausreichend gestellt und biegt sich genügend.

Ungewolltes Angaloppieren aus dem Trab

URSACHE 1: *Manche Pferde verlieren im Trab häufig den Rhythmus und galoppieren dann gern an, um wieder Balance zu finden.*

URSACHE 2: *Anderen ist ein ruhiges Trabtempo zu langweilig. Ihr ausgeprägter Vorwärtsdrang verlangt nach einer intensiven körperlichen Beanspruchung.*

Die Zügelanlehnung gibt dir deutliche Hinweise auf eine zu erwartende Veränderung im Trab. Sie wird entweder stärker, besonders leicht oder ändert sich fortwährend. Sobald eine gleichmäßig angenehme Anlehnung verlorengeht, bahnt sich eine Situation an, die das Reiten erschwert.

Häufigste, zugleich deutlichste Symptome sind durchhängende Zügel. Dein Pferd rollt sich auf und kommt mit seiner Stirnlinie weit hinter die Senkrechte. Oder die Zügel stehen stramm an, weil es seinen Kopf nach vorn drückt und sich kräftig auf deine Hände legt. Beides beruht auf unzureichender Ausbildung oder einer momentanen Überforderung. Mit Veränderungen in Gang und Haltung hilft sich dein Pferd, um deinen überzogenen Vorstellungen gerecht zu werden.

Pferde bekommen grundsätzlich an den gleichen Stellen auf dem Reitplatz Schwierigkeiten. Daher leiten sie auch an immer den gleichen Punkten ihre notwendigen Veränderungen ein.

Die Schwierigkeiten können nur an einer oder auch an mehreren Stellen eintreten. Einige Pferde werden schneller und legen sich auf die Hand, sobald es in Richtung Ausgang (Stall) geht. Manche bekommen Schwierigkeiten, wenn sie in eine Wendung geritten werden. Problem- und Ansatzpunkte in der Reitbahn sind von Pferd zu Pferd verschieden und richten sich nach seiner jeweiligen Veranlagung. Jedoch ist allen Pferden eines gemeinsam: Haben sie sich „ihre" Ecke oder ihren besonderen Punkt für eine Veränderung „ausgesucht", bleiben sie dabei. Sie legen immer an den gleichen Stellen zu und verändern genau dort Haltung und Gang. Diese Erkenntnis läßt dem Reiter Zeit, vorbeugende Maßnahmen zu ergreifen.

LÖSUNG: Wollen junge Pferde zu Anfang unbedingt schneller als im gleichmäßigen, fleißigen Arbeitstrab laufen, solltest du sie nicht daran hindern. Laß sie doch getrost vorwärtsgaloppieren, bis sich ihr Vorwärtsdrang ein wenig gelegt hat. Mache es deinem Pferd und dir angenehm. Vermeide Konfliktsituationen, solange du Chef im Ring bleibst und die wirklich wichtigen Entscheidungen triffst. Sollte dein Pferd aber auch nach ausgiebiger Galoppbewegung noch zum Angaloppieren neigen, beobachte genau, wann und wo es aus dem Trabrhythmus kommt. Geschieht das beispielsweise immer an der offenen Seite eines Zirkels oder vor einer Ecke in Richtung Ausgang, kannst du rechtzeitig reagieren, um den Fehler zu vermeiden. Da Pferde beim eigenmächtigen Zulegen auf der Zirkellinie nach außen „schwimmen", führst du schon vor dem dir inzwischen bekannten Veränderungspunkt das Tempo deutlich zurück und reitest die Zirkellinie eher ein wenig kleiner. Mit deinen vorbeugenden Maßnahmen gelingt es dir, zwei wesentliche Faktoren in eigener Regie zu bestimmen: Tempo und Weg des trabenden Pferdes.

Behindere dein Pferd nicht mit deinem Gewicht, sondern unterstütze es mit ihm. Halte es ruhig und dicht über dem Schwerpunkt des Pferdes, indem du dein inneres Knie bewußt nach unten drückst – besonders in engeren Wendungen. Reite stets ein gleichmäßiges Tempo und vermeide, dein Pferd überfallartig zu treiben. Stärke in der beschriebenen Dehnungshaltung die Rückenmuskulatur deines Pferdes. Oft ist ein schwacher Rücken der Grund für die Flucht ins Angaloppieren.

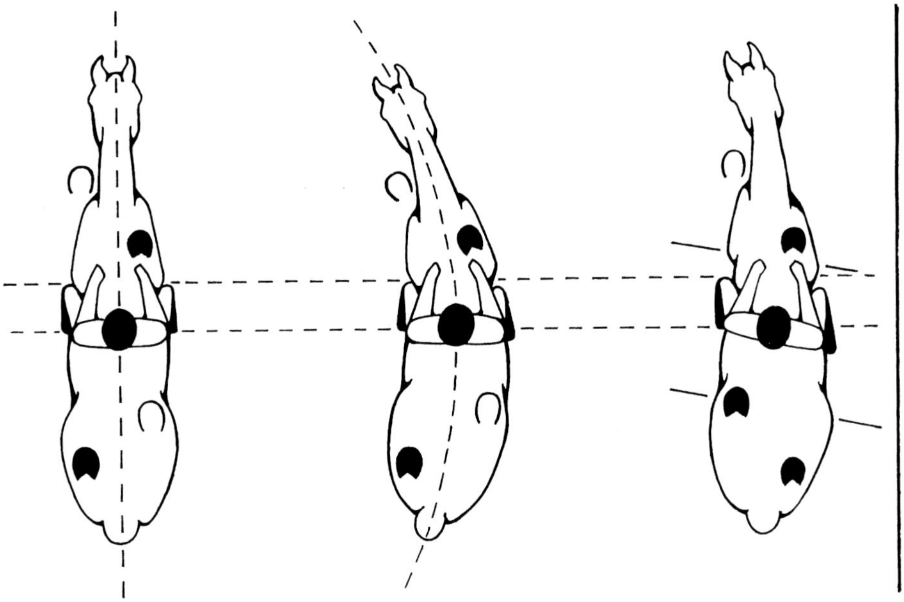

Im Trab sitzt der Reiter mit seinen Hüften und Schultern parallel zu denen des Pferdes. In einer Trabwendung nach links (Mitte) weicht der äußere Schenkel (rechts) mit der gleichseitigen Hüfte und Schulter ein wenig zurück, um über dem Schwerpunkt des Pferdes zu bleiben. Das Gewicht wird um einen Hauch nach innen verlagert. Im Linksgalopp (rechtes Bild) werden Schulter, Hüfte und Unterschenkel des Reiters entsprechend der „verschobenen" Hüften und Schultern des Pferdes zurückgenommen. So bleibt der Reiter über dem Schwerpunkt des Pferdes und in der aufgezeigten Achse.

Lege genügend lange Schrittpausen am langen Zügel ein. Möglich, daß dein Pferd ständig angaloppiert, weil es deine Hilfen nicht mehr verarbeitet. Erfahrungen etlicher Berufs- und Olympiareiter belegen, daß selbst ein weit geschultes Pferd mit hohem S-Niveau nur etwa 10 Minuten lang auf die Hilfen seines Reiters exakt antwortet. Darüber hinaus verschwimmen die Reaktionen mehr und mehr, die Aufmerksamkeit des Pferdes läßt deutlich nach. Bei jungen, wenig ausgebildeten Pferden schwinden Reaktionen und Aufmerksamkeit noch früher. Demnach ist eine erfolgreiche und ungezwungene Ausbildung von Reitpferden grundsätzlich auf erholsame Pausen angewiesen.

Bedenke weiterhin, daß Pferde, die oft in ungleichmäßige Bewegungen fallen, noch nicht einmal die unterste Stufe der Ausbildung erklommen haben. Sie gehören zu den „Anfängern" und sollten auch dementsprechend geritten werden. So wäre es beispielsweise absurd, von ihnen zu verlangen, korrekt am Zügel zu gehen.

Würdest du das zu diesem Zeitpunkt von deinem Pferd fordern, käme es unweigerlich zum ständigen Zweikampf. Wichtig ist, das Pferd zwanglos zu reiten und es gleichzeitig zu kräftigen.

WEITERE URSACHEN, *die du in diesem Zuammenhang überprüfen solltest:*

- schlechter Hallenboden,
- Stollenbildung unter den Hufen,
- beginnende leichte Beinverletzungen, die sich nur in Wendungen bemerkbar machen,

- Verletzungen im Maulbereich oder in der Sattellage.

Prüfe vor allem, ob nicht du es bist, der ein zu forsches Trabtempo anschlägt oder eine ungünstige Zügelanlehnung herstellt.

Zügelanlehnung

Über dem Zügel

(Die in den vorigen Kapiteln erwähnten Ursachen wie Krankheit, Überforderung, schlecht sitzendes Zaumzeug und Unsportlichkeit des Pferdes treffen auch auf alle folgenden Abschnitte zu. Daher werden sie, wenn es nicht gerade erforderlich erscheint, nicht mehr einzeln erwähnt. Erachten wir es von nun an als selbstverständlich, daß diese Punkte bei auftretenden Schwierigkeiten zuerst überprüft werden).

Der Schimmel hat einen mächtigen Halsrücken. Obwohl sein Genick infolgedessen nicht den höchsten Punkt bildet, geht er nicht zu tief.

URSACHE: *Dein Pferd wehrt sich gegen deine Hilfen, weil du folgende Punkte nicht genügend beachtest:*

Die Ausbildung von Pferd und Reiter endet nie, Vollkommenheit erreicht man nicht. Es dauert durchschnittlich etwa fünf Jahre, bis allein die technisch-handwerkliche Ausbildung eines Reitpferdes abgeschlossen ist. Während der Ausbildungszeit verändert sich das Exterieur des Pferdes laufend. Haltung und Körperbau gleichen sich den jeweiligen sportlichen Anforderungen an, die der Reiter an sein Pferd stellt. Optische Eindrücke und reiterliche Gefühle des „Am-Zügel-Gehens“ klaffen jedoch bei jungen und weit ausgebildeten Pferden weit auseinander. Sie sind nicht miteinander zu vergleichen. Selbst bei Grand-Prix-Pferden gibt es in dieser Hinsicht noch erhebliche Unterschiede. Verschiedene Gebäudeformen, insbesondere von Kopf und Hals, schreiben individuelle Haltungen vor.

Etliche Reiter unterliegen dem Irrtum, daß ihre Pferde nur dann gut geritten sind und am Zügel gehen, wenn sie Kopf und Hals exakt so halten, wie es Haltungsvorgaben von Dressurprüfungen vorschreiben. Ständig korrigieren und werkeln sie an ihren Pferden herum, um ihnen die Schablonenform aufzuzwingen und sich vor zuschauenden Vereins- oder Stallmitgliedern keine reiterliche Blöße zu geben. **Aus dieser irreführenden Vorstellung entstehen die meisten Probleme im gesamten Reitsport.**

Du berücksichtigst zudem nicht, daß beispielsweise ausgeprägte Ganaschen im Weg sind, wenn dein Pferd mit rundem Hals seinen Kopf nahezu senkrecht halten soll. Ausgeprägte Ganaschen erschweren im allgemeinen das Beizäumen. Diesen Pferden muß man gestatten, ihren Kopf ein wenig vor der Senkrechten zu tragen. Oder dein Pferd ist noch nicht kräftig genug, um sich unter dem Sattel mühelos auszubalancieren. Es hat mit dem Reitergewicht noch genügend Probleme. Eine fertige Dressurhaltung kann es unmöglich einnehmen.

Ein Pferd geht „am Zügel“, wenn es eine leichte und gleichmäßige Zügelanlehnung zuläßt, den Reiter willig trägt und ihn angenehm sitzen läßt. Wobei das angenehme Sitzen zusätzlich vom Exterieur des Pferdes und seiner Bewegungsveranlagung geprägt wird. Das Pferd reagiert zwanglos, prompt und mit einer ruhigen Kopf-Hals-Haltung auf vorwärtstreibende und zurückführende Hilfen. Es bleibt gerade und im jeweiligen Takt der Gangart.

Ob nun das Pferd seinen Kopf bei den erwähnten Kriterien ein wenig vor oder hinter der Senkrechten trägt, ist für das korrekte „Am-Zügel-Gehen“ nicht ausschlaggebend.

Fehlt jedoch eines oder mehrere der aufgezählten Merkmale, die das Reiten angenehm leicht machen, geht das Pferd nicht am Zügel. Das wiederum bedeutet, daß junge Pferde noch nicht tadellos am Zügel gehen können. Ist sich der Reiter dessen bewußt, billigt er gelassen Abweichungen von der Idealhaltung.

Mangelt es noch ein wenig an Gleichgewicht und Geschmeidigkeit, wird dein Pferd bei Bedarf seine „Balancierstange“ zu Hilfe nehmen. In diesen Momenten wird natürlich auch der Kopf zur Seite oder nach oben geführt. Fällt es deinem Pferd schwer, sich überhaupt unter dem Sattel auszubalancieren, trägt es Kopf und Hals ständig oben und geht deutlich über dem Zügel.

Bei zu starrer Reiterhand oder zu scharf einwirkendem Gebiß bieten sich dem Pferd verschiedene Möglichkeiten, dem Druck aus dem Weg zu gehen: Dein Pferd reckt den Kopf mit Nachdruck nach vorn. Oder es vermeidet jeden Konflikt und gibt butterweich nach, indem es dem Gebiß nach unten ausweicht und sich „aufrollt“. Setzt der Reiter seine unsinnigen Bemühungen fort, bleiben manche einfach stehen und beginnen, rückwärtszugehen und schließlich sogar zu steigen.

Ein Pferd, das sich weigert vorwärts zu gehen, will nicht bewußt den Reiter ärgern. Es geht nicht vorwärts, weil es unter den vom Reiter gestellten Anforderungen nicht vorwärts gehen kann.

Besonders rückenschwache Pferde drücken ihren Kopf auffällig nach oben. Fehlende oder sehr schwache Rückenmuskulatur läßt, vor allem beim Aussitzen, keine Haltung zu, in der sich Hals- und Rückenmuskeln entwickeln.

Weitere Alarmsignale sind zu lasche oder zu starke Zügelanlehnung. Selbst wenn solche Pferde ihren Kopf „richtig“ halten, gehen sie nicht am Zügel: Bei einer laschen Anlehnung wird ein durchlässiges Pferd vorgetäuscht, bei einer übertrieben starken Anlehnung wurde das Beizäumen mit purer Armkraft des Reiters erzwungen. Selbst Dressurpferde gewinnen in dieser täuschenden Haltung große Prüfungen. Einige Richter wollen oder können die wirklichen Kriterien eines gut gerittenen und wirklich am Zügel gehenden Pferdes nicht erkennen. Sie beurteilen nach dem Motto: „Wenn das Pferd den Kopf unten hält, wird auch alles andere seine Richtigkeit haben.“

LÖSUNG: Du solltest die wichtigsten Schaltstationen eines Reitpferdes – Maul und Rücken – während auftauchender Schwierigkeiten bei deinen Lösungsvarianten berücksichtigen. Ein wirklich losgelassenes und durchlässiges Pferd fühlt sich in Maul und Rücken wohl. Du befindest dich auf der Siegerstraße, wenn Maul und Rükken des Pferdes zu einer vertrauensvollen „Zusammenarbeit“ bereit sind. Voraussetzung ist ein geeignetes Gebiß. Das einfach gebrochene, normal dicke Trensengebiß verleiht den Zügelhilfen mehr Nachdruck als ein gleich starkes, aber zweifach gebrochenes Gebiß. Bei Pferden, die den Weg nach unten schwerer finden, solltest du ein einfach gebrochenes Gebiß benutzen.

Trense und Sattel passen wie angegossen. Das Trensengebiß entspricht in Größe und Stärke der individuellen Beschaffenheit des Pferdemauls. Der Sattel paßt sich mit Vorder- und Hinterpauschen wie eine aufgelegte Decke dem Rücken an.

Zu Beginn der Ausbildung probierst du, solltest du deiner Sache nicht sicher sein, einige Trensengebisse für angenehmes Reiten aus. Bleib aber dann bei dem Gebiß, mit dem dein Pferd den zufriedensten Eindruck hinterließ. Es hat keinen Sinn, bei auftauchenden Problemen jedesmal das Gebiß zu wechseln.

Reiter, die Schwierigkeiten mit anderen Gebissen beheben wollen, haben wirkliche Ursachen nicht erkannt.

Sie reiten nicht mehr, sondern überlisten ständig ihre Pferde oder versuchen, sie mit Überraschungseffekten auszutricksen. Da es nicht so viele Tricks wie Tage im Jahr gibt, befinden sich diese Reiter bald auf der Verliererstraße. Mit dünneren oder dickeren Trensengebissen lassen sich Versäumnisse in der Ausbildung nicht ausgleichen.

Trabe dein Pferd leicht und versuche zunächst, mit einer ruhigen Hand lediglich eine gleichmäßige, leichte Anlehnung zum Maul herzustellen. Ob dabei das Pferd korrekt am Zügel geht, ist nicht so wichtig. Das Trensengebiß liegt ruhig im Maul, und dein Pferd geht auf möglichst geraden Linien fleißig und im Takt vorwärts – mehr nicht. Gleich niedrige Anforderungen stellst du im Galopp. Nur ruhig sitzen und gefühlvoll lenken. Folge mit deiner elastisch führenden Hand jeder Kopfbewegung. Wichtig ist, daß sich die ruhige Lage des Trensengebisses nicht verändert. Sei behutsam mit dem Aussitzen im Trab. Beobachte dein Pferd und trabe wieder leicht, wenn Unruhe im Pferdemaul aufkommt. Lasse dich von kritischen Zuschauerblikken nicht aus dem Konzept bringen. Eines Tages werden sie dir nicht mehr kritisch, sondern bewundernd zusehen.

In dieser nahezu zwanglosen Form reitest du dein Pferd mehrere Tage. Dein Pferd soll Vertrauen zu deiner Hand bekommen. Allmählich veränderst du bei häufigem Wechseln der Hand die geraden Wege in Zirkel und weiche Schlangenlinien. Allein dadurch entsteht Bewegung im Pferdemaul. Das Pferd beginnt sich mit dem Gebiß zu beschäftigen. Teste vorsichtig, wie es sich verhält, wenn du ein wenig mehr Druck auf deine Hände reitest. Treibe etwas stärker, halte aber das Tempo gleich. Vielleicht hast du Glück und dein Pferd kaut auf dem Gebiß. Ist das der Fall, wird es auch bald im Genick mehr nachgeben. Sei nur weiterhin geduldig und forciere nichts.

Beginnt ein Pferd auf dem Gebiß zu kauen, erzielt man im allgemeinen während des Galopps gute Erfolge. Im Galopp entwickelt ein Pferd deutliche Vorwärtsimpulse und springt spürbar ans Gebiß. Das gibt dir die Möglichkeit, ein wenig mehr mit der Hand auszuprobieren, dein Pferd auch schon einmal vorsichtig und sanft nach innen zu stellen. Versäume jedoch nicht, mit deiner äußeren Hand fast ebensoviel nachzugeben, wie die innere annimmt. Ansonsten würde der Druck auf die äußere Hand zu stark. Hier lotest du selbst aus, welche Form des Annehmens und Nachgebens gerade für Maul- und Rückentätigkeit deines Pferdes geeignet ist.

Nach wie vor bleibt es dein Ziel, Hals- und Rückenmuskulatur des Pferdes zu kräftigen. Dazu ist eine Haltung erforderlich, in der sich die angesprochenen Muskelpartien unter Belastung an- und entspannen: **die Dehnungshaltung**. Ein Pferd geht in Dehnungshaltung, wenn sich bei gestrecktem Hals die oberen Muskeln des Halsrückens runden und deutlich hervortreten. Die unteren Halsmuskeln – jene, die dem Reiter nur Kummer bereiten, vor allem dann, wenn sie stark sind und vom Pferd eingesetzt werden – verschwinden fast, sie fallen durch. Ob nun das Pferd die ideale Form der Dehnungshaltung aufweist – weit vorfußende, aktive Hinterbeine und vorwärts-abwärts gestreckter Hals mit leicht vor der Senkrechten getragenen Stirnlinie –, ist zunächst wieder gleichgültig. Die idealen Vorstellungen sind Richtlinien für problemlose Pferde, aber die gibt es kaum. Hier gilt es, Muskeln zu kräftigen, die dem Pferd das Gerittenwerden erleichtern und dir das Reiten angenehmer und erfolgreicher gestalten.

Nimm die Dehnungshaltung an, die dein Pferd dir anbietet, vorausgesetzt, die angesprochene Halsform trifft zu. Treten die unteren Halsmuskeln unter dem Sattel nicht in Erscheinung, wird dein Pferd bei geschickter Zügelführung die Rückenmuskeln aufbauen und schließlich auch in allen Gangarten zwanglos am Zügel gehen.

Zungenprobleme – hinter dem Zügel

URSACHE: *Dein Pferd ist im Maul besonders empfindlich.*

Sobald die Anlehnung ein wenig stärker wird, weicht dein Pferd mit einem „Gummigenick“ nach unten aus, es rollt sich in Richtung Brust auf. Das Gebiß findet im Maul keine ruhige Lage, es ist in ständiger Bewegung, besonders dann, wenn dein Pferd versucht, die Zunge übers Gebiß zu ziehen. Du hast das Gefühl, ständig bergab zu reiten und nichts in der Hand zu haben. Dein Pferd bestimmt allein das Tempo. Meistens wird es eiliger; es kommt aber auch vor, daß sich aufgerollte Pferde stark verhalten und treibende Hilfen ignorieren.

Hinter dem Zügel gehende Pferde verstellen sich zudem gewöhnlich im Genick, vor allem in Seitengängen oder Wendungen. Sie lassen keine gleichmäßige Zügelanlehnung zu, geben dem richtungsweisenden Zügel übertrieben nach und halten oft ein Ohr tiefer als das andere. Zurückführende Hilfen werden kaum umgesetzt, vielmehr werden sie mit gummihaften Nickbewegungen abgefangen und aufgelöst.

LÖSUNG: Ein dickeres, zweifach gebrochenes Trensengebiß mindert die Handeinwirkung. Es eignet sich für Pferde, die der Hand ausweichen und nach unten abknicken. Erwarte jedoch von einem anderen Gebiß keine Wunderdinge. Es kann einen Haltungsfehler nicht beheben, sondern lediglich zur Besserung beitragen. Bleibe geduldig und gewähre deinem Pferd einen längeren Zeitraum, sich an ein fremdes Gebiß zu gewöhnen. Entscheide nicht schon nach zwei Tagen endgültig, ob sich

Der Zeichner läßt das Pferd gähnen, um deutlich zu machen, wie verschieden das einfach und das zweifach gebrochene Gebiß in der Mitte liegt und einwirkt. Die kantige Mitte des einfach gebrochenen Gebisses drückt bei angenommenen Zügeln und geschlossenem Pferdemaul spürbar gegen den Gaumen. Bei gleichen Bedingungen bleibt die Mitte des zweifach gebrochenen Gebisses runder und wirkt daher sanfter ein.

das Gebiß fördernd oder nachteilig auf das Reiten auswirkt. Prüfe mit zwei Fingern, die du unter das Genickstück der Trense schiebst, ob der Genickriemen der Trense nicht einen zu starken Druck hinter den Ohren ausübt. Ein sehr stramm sitzender Genickriemen kann zu Druckstellen führen. Die Pferde schlagen ständig mit dem Kopf oder gehen zu tief.

Ein übertrieben hochgezogenes Trensengebiß kann ähnliche Bilder hervorrufen. Reiter neigen zur letzteren Lösung, sobald ein Pferd die Zunge übers Gebiß nimmt. Aber damit allein kann eines der größten Reiterprobleme nicht behoben werden. Meistens bildet sich ein Zungenfehler bei einer oberflächlichen, zu schnellen Ausbildung, oft dann, wenn das Reiten auf der schärfer einwirkenden Kandare übereilt ins Trainingsprogramm aufgenommen wurde oder wenn andere schärfer einwirkende Gebisse Ausbildungsmängel beheben sollten.

Der Zungenfehler ist mit dem Reiten gekommen und kann nur über das Reiten wieder abgestellt werden!

Reite beim Traben und Galoppieren ein frisches Tempo, natürlich nur bei Pferden, die nicht schon ohnehin weglaufen. Über das Treiben tastest du dich an das Trensengebiß heran. Versuche nicht gleich, dein Pferd nach oben zu reiten. Begnüge dich damit, daß du zunächst eine gleichmäßige weiche Anlehnung hergestellt hast. Darauf kannst du aufbauen. Bei einer gleichmäßigen Zügelanlehnung variierst du dann vorsichtig die Geschwindigkeit im Trab und Galopp. Von wirklicher Versammlung und kraftvoller Verstärkung ist jedoch noch nicht die Rede. Du legst nur zu und führst wieder zurück. Auf beiden Händen, so oft und weich wie möglich. Allmählich wird dein Pferd athletischer. Die Hinterhand beginnt, Zentimeter um Zentimeter weiter vorzufußen. Über das ständige Zulegen und Zurückführen wird sie kräftiger. Mit jedem Zentimeter, den das Pferd seine Tritte und Sprünge bei gleichbleibendem Takt verlängert, entlastet es entsprechend seine anfällige Vorhand. Die Kruppe des Pferdes senkt sich um so viel, wie die Hinterhand mehr vortritt. Allein dadurch „richtet sich ein Pferd auf". Es scheint im Widerrist größer geworden zu sein. In Wirklichkeit ist es jedoch in der Kruppe durch den vermehrten Vortritt „kleiner" geworden.

Die aufgezählten Faktoren tragen dazu bei, daß die Vorderbeine entlastet werden. Die allgemeine Bergabtendenz wandelt sich nach und nach ins Gegenteil. Erst jetzt ist das Pferd in der Lage, seinen Kopf ein wenig freier und höher zu tragen. Es verändert die Kopf-Hals-Haltung nach oben, entsprechend der leicht gesenkten Rükkenlinie (gesenkte Kruppe). Im fortgeschrittenen Ausbildungsstadium spricht man von einer „natürlichen Aufrichtung".

Es wird deutlich, daß es keinen Sinn hat, ein Pferd mit den Händen nach oben reiten zu wollen. Allenfalls läßt sich ein tief gehendes Pferd für Sekunden mit der Hand nach oben ziehen. Nach kurzer Zeit wird es wieder Kopf und Hals fallen lassen. Noch tiefer als zuvor; schließlich muß es sich von der erzwungenen Aufrichtung und der harten Zügeleinwirkung erholen.

Stelle dich darauf ein, daß es Wochen und Monate dauert, bis ein zu tief gehendes Pferd den Anforderungen eines gründlich ausgebildeten Reitpferdes entspricht. Vielleicht gelingt es dir, den Vortritt der Hinterbeine in einem Monat um einen Zentimeter zu verlängern. Um die Vorhand genügend zu entlasten, benötigst du schon einige Zentimeter mehr – je nach Veranlagung des Pferdes. Die Natur hat manchen Pferden ein ungünstiges „Reitgebäude" mitgegeben. Auf diesen Pferden wirst du beim Reiten nie das leicht schwingende und erhabene Bergaufgefühl erlangen, auch wenn du noch so geduldig und fleißig arbeitest.

Verbessere den Motor deines Pferdes,

kräftige die Hinterhand. Laß dein Pferd im Gelände frisch traben und galoppieren – möglichst leicht bergauf. Steilere Hänge werden im Schritt erklommen. Leichte Unebenheiten des Geländes fördern Kraft und Balancevermögen.
Reite behutsam bergab. Gestatte deinem Pferd die Haltung, die es einnehmen möchte. Mit einer sanften Zügelanlehnung sitzt du lediglich geschmeidig über dem Schwerpunkt (Widerrist) des Pferdes.

Gib auf dem Dressurviereck deine Hilfen in unterschiedlichen Zeitabständen und an immer wieder anderen Stellen. Dein Pferd sollte nicht zu Beginn der langen Seiten von allein vorwärtsstürmen. Das würde die Bergabtendenz begünstigen. Ein Trainingseffekt stellt sich ein, wenn das Pferd auf treibende Hilfen prompt antritt. Dann werden Muskeln der Hinterhand gezielt beansprucht, Tritte und Sprünge verlängern sich. Ebenso verhält es sich bei zurückführenden Hilfen. Streue sie hin und wieder an Stellen ein, an denen dein Pferd nicht damit rechnet: nach einem Drittel der langen Seite, am Anfang der kurzen Seite, mehrere Male auf dem Zirkel, nach zwei Dritteln der langen Seite, drei- bis viermal auf der Mittellinie, während doppelter und einfacher Schlangenlinien, eben einfach überall.

Keine gleichmäßige Zügelanlehnung

URSACHE 1: *Dein Pferd hat Maulprobleme.*

Maulprobleme können ihre Ursache in einem zu tief oder zu hoch verschnallten Trensengebiß haben. Möglicherweise scheuert auch der Kinnriemen. Liegt die Trense zu hoch, wird das Pferd seine Zunge gerade nach vorn-unten drücken. Die Zungenspitze ist ständig wenige Zentimeter zwischen Ober- und Unterlippe zu sehen. Oder es läßt die Zunge zur Seite heraushängen. Das Trensengebiß wirkt hemmend auf die Gehfreudigkeit deines Pferdes. Oft verstellen sich Pferde im Genick und halten ein Ohr tiefer als das andere.

Tief hängende Trensengebisse verleiten die Pferde dazu, ständig damit herumzuspielen und hörbar darauf zu klappern. Das stumpfsinnige Klappern begleiten sie meistens mit andauerndem leichtem Kopfnicken. Man hat als Reiter den Eindruck, als wollten sie fortwährend das Gebiß ausspucken.

Werden Pferde mit Maul- und Zungenfehlern plötzlich sehr weich und angenehm in der Hand, sollte das für dich in diesem Fall ein Alarmzeichen sein: Meistens wird in diesem Augenblick die Zunge übers Gebiß genommen oder zur Seite herausgehängt.

LÖSUNG: Überprüfe die Lage des Trensengebisses sowie des Nasen- und Kinnriemens. Kontrolliere die Stärke des Gebisses und untersuche es auf schadhafte Stellen. Sieh nach, ob die Maulwinkel heil geblieben sind.

Reite dein Pferd mit einer gleichmäßigen Anlehnung frisch vorwärts. Dabei darf der Druck auf beide Hände ein wenig zunehmen, wenn dadurch das Pferdemaul zur Ruhe kommt und das Kopfnicken abnimmt.

Es hat keinen Sinn, den Kinnriemen besonders eng oder weit zu schnallen. Scheinbare Erfolge dauern lediglich wenige Stunden an – wenn überhaupt. Danach findet das Pferd einen neuen Weg, zu spielen oder sich aus einer unangenehmen Situation zu befreien: Not macht erfinderisch.

URSACHE 2: *Deine Hände sind unruhig, wirken hart oder kaum ein.*

Die davon betroffenen Pferde gehen nicht am Zügel. In irgendeiner Form, die ihrem individuellen Verhalten entgegenkommt, gehen sie deiner Hand aus dem Weg. Sind sie im Maul besonders empfindsam, gehen sie zu tief. Sie werden sich herausheben und deutlich über dem Zügel

Der Gesichtsausdruck des Pferdes zeigt, daß es sich nicht wohlfühlt. Die Kandare wirkt massiv ein; der Fuchs kommt zu tief und verstellt sich leicht.

Gute Kandarenführung: Hier überwiegt die Einwirkung der Trensenzügel. Das Pferd bleibt vor der Senkrechten. Im Beinbereich dürfte der Sitz der Reiterin gestreckter sein. Der Winkel vom Ober- zum Unterschenkel ist zu klein.

gehen, wenn sie im Maulbereich einiges „einstecken" können. Bei einer übervorsichtigen, laschen Zügelanlehnung gibst du deinem Pferd keinen Anhaltspunkt, wie es sich präsentieren soll. Daher macht es das, was ihm gerade in den Sinn kommt.

LÖSUNG: Eine gleichmäßig angenehme Zügelanlehnung basiert auf einem günstigen Verhältnis von treibenden und durchhaltenden Hilfen. Diesen Zustand stellen Reiter her, die ihr Pferd in jeder Gangart und jedem Tempo gleich gut aussitzen. Hapert es beim Aussitzen, ist eine einfühlsame Zügel- und Schenkelhilfe nicht möglich. Darunter leidet die Anlehnung.

Hier hilft nur konsequentes Sitztraining (siehe Seite 25). Freihändig an der Longe sitzen und die Hände ohne Zügelkontakt vor sich tragen: das bringt Sicherheit und fördert die Körperbeherrschung. Halte die geschlossenen Fäuste möglichst ruhig, ein aufgelegtes Geldstück sollte nicht herunterfallen. Versuche, das Kunststück mit geschlossenen Augen zu wiederholen.

Zu starke Anlehnung

URSACHE 1: *Das Pferd sucht eine Stütze, um das verlorene Gleichgewicht wiederzugewinnen.*

Unsichere Pferde suchen Halt. Ähnlich wie Kleinkinder, die sich fest an die Hand der Eltern klammern, benutzen auch Pferde die Hand des Reiters, um sich zu helfen. Sie setzen ihre Balancierstange (Kopf-Hals) ein und übertragen einen Teil des Gewichts auf die Hand des Reiters. Nimmt die Unsicherheit zu, wird auch der Druck auf die Reiterhand stärker.

LÖSUNG: Gewöhne dein Pferd an selbständiges Gehen. Nimm ihm ab und zu bewußt die Unterstützung deiner Hand. Führe das Tempo mit beiden Zügeln energisch zurück und gib dann ein wenig schneller und deutlicher als üblich mit beiden Händen nach. In dieser Ausnahmesituation schwindet die Anlehnung für zwei bis drei Sekunden völlig, das Pferd ist auf sich allein gestellt.

Gewöhnlich wird es jetzt schneller und streckt seinen Kopf nach oben oder unten. Behalte trotzdem die Situation bei, laß es einige Sekunden „allein" laufen. Du wirst feststellen, wie hilflos manche Pferde sind und wie schwer sie sich tun, das eigene und das Gewicht des Reiters ohne feste Zügelanlehnung auszubalancieren. Sie schwanken, stolpern, verlieren den Takt und fühlen sich erst wieder wohler, wenn du nach etwa drei Sekunden die Anlehnung deutlicher werden läßt. Diesen Vorgang wiederholst du ca. alle 20 Sekunden. Allmählich lernt dein Pferd, „allein" zu laufen. Es ist nicht mehr auf die Stütze deiner Hand angewiesen und balanciert sich nicht mehr ausschließlich mit seinem Hals, sondern mit feinen Gewichtsverlagerungen des gesamten Körpers aus. Insgesamt wird dein Pferd athletischer; es bewegt sich leichter, sportlicher.

Bei Pferden, die sich gern auf die Hand des Reiters legen, hat sich das doppelt gebrochene Trensengebiß als ungünstig erwiesen: Das Gebiß wird von den Pferden kaum wahrgenommen, die Zügelhilfen verschwimmen. Das einfach gebrochene Trensengebiß erzielt mehr Einfluß, ohne scharf einzuwirken.

URSACHE 2: *Du versuchst, dein Pferd gewaltsam an den Zügel zu reiten.*

Dein Pferd lehnt sein Gewicht nicht wie beim vorigen Beispiel bleiern nach unten, sondern es drückt nach vorn-oben gegen die Reiterhand. Ständig sucht es nach Möglichkeiten, um dem massiven Druck des Trensengebisses zu entgehen. Es schlägt mit dem Kopf, verstellt sich, verändert die Geschwindigkeit, beißt sich auf dem Gebiß fest, spielt mit der Zunge oder sperrt das Maul auf. Schließlich bleibt es dann bei der Variante, mit der es sich größte Linderung verschafft.

LÖSUNG: Die Zügelhilfen sollen den treibenden Hilfen entsprechen. Sobald du gut sitzt und somit wirkungsvoll treibst, darf die Anlehnung ein wenig deutlicher werden. Jedoch sollte auch eine stärkere Zügelanlehnung nicht fortwährend bestehen. Sie muß in ihrem Druck stets variieren, damit dem Pferd der Grund zum Gegendruck genommen wird. Also: Je stärker der Zügeldruck, um so schneller und öfter muß nachgegeben werden. Hältst du eine intensive Anlehnung beispielsweise über zehn Sekunden aufrecht, bleibt deinem Pferd nur der Weg, mit einem gleichbleibenden Gegendruck einen Ausgleich zu schaffen. Nach kurzer Zeit legt es sich auf die Zügel und wird im Maul unempfindlicher. Nach Monaten und Jahren sind so gerittene Pferde mit Zügelhilfen kaum noch zu beeindrucken. Sie sind zu reiten, als seien ihre Mäuler mit Blech ausgeschlagen.

Letzten Endes kommt man wieder zu dem Ergebnis, daß Aussitzen und Treiben für sämtliche Handlungen des Reiters Bedingung sind. Du kannst dein Pferd erst dann von der Hand „wegreiten", die Zügelanlehnung abbauen, wenn du unabhängig von deiner Hand sitzt und daraus das Treiben entwickelst. Dann ist es auch weiter nicht bedrohlich, wenn für wenige Sekunden der Druck auf deine Hand stärker oder schwächer ausfällt – du kannst dies ja zu jeder Zeit korrigieren. Dein Pferd bleibt leicht in der Hand, solange sich in seinem Maul der sanfte Trensendruck ständig ein wenig in eine stärkere oder schwächere Anlehnung verändert – je weniger, um so besser. Selbst beim hervorragend ausgebildeten Grand-Prix-Pferd bleibt der leichte Druck aufs Maul nicht völlig gleich. Wäre dem so, würde sich das Pferd mit der Zeit auf den leichten Druck einstellen und nach und nach einen zunehmenden Gegendruck aufbauen. Verändert sich die Stärke der Anlehnung überhaupt nicht, lehnt sich ein Pferd auch auf eine noch so weich durchhaltende Hand. Auch bei der Zügelanlehnung gilt: Ständiger, weicher Wechsel führt zum erfolgreichen Reiten.

Das Pferd stößt heftig gegen Kandaren- und Trensengebiß – es wird eng im Hals. Die Reiterin müßte sofort mit beiden Händen vorsichtig, aber deutlich nachgeben.

Gute Zügelführung: Zügel, Fäuste und Unterarme bilden in etwa eine gerade Linie. Dem Pferd gefällt die ungezwungene Anlehnung, es macht einen zufriedenen Eindruck. In dieser angenehmen Form wird es zurückführende Hilfen leicht verstehen und übersetzen können.

Zu schwache Anlehnung

URSACHE: *Du reitest dein Pferd nicht genügend vorwärts.*

Die Zügel hängen oft durch, und du hast kaum etwas in der Hand. Sobald du die Zügel stärker aufnimmst, verhält sich dein Pferd noch mehr.

LÖSUNG: Treibe energischer vorwärts, um einen leichten Druck auf deine Hände aufzubauen. Achte jedoch darauf, den Druck in seiner Stärke stets weich zu verändern.

Beschäftige das Pferdemaul über das Trensengebiß mit sanften Hilfen. Im folgenden einige Beispiele für die unterschiedliche Wirkung von Hilfen auf das Verhalten des Pferdemauls:

1. Den inneren Zügel um fünf Zentimer annehmen und mit dem äußeren Zügel nachgeben.

Wirkung: Das Pferd wird nach innen gestellt, der Druck auf die äußere Maulspalte nimmt erheblich zu. Es kann sich beim plötzlich auftretenden einseitigen Druck verstellen, das Maul aufsperren, langsamer werden, zu tief kommen oder sich herausheben, um nur die häufigsten Begleiterscheinungen dieser unklugen Hilfe zu erwähnen.

2. Den inneren Zügel nur um drei Zentimeter annehmen und mit dem äußeren um drei Zentimeter nachgeben.

Wirkung: Der Druck auf beide Maulspalten des Pferdes erhöht sich fast gleich stark, auf der inneren Seite, weil der innere Zügel angenommen wurde, auf der äußeren wegen des länger gewordenen Weges zum Pferdemaul: Der innere Zügel führt von der Hand des Reiters in gerader Linie zum Trensenring, hingegen umfaßt der äußere Zügel den gebogenen Pferdehals.

Gib mit der äußeren Hand ein wenig nach, wenn du dein Pferd nach innen stellst. Auch dann bleibt der Druck auf die äußere Hand noch stark genug.

Besonders die Reiter, die nach dem fragwürdigen Lehrsatz handeln: „Ein Pferd hat am äußeren Zügel zu stehen", scheuen sich, mit dem äußeren Zügel nachzugeben. Sie wirken mit dem äußeren Zügel starr und massiv ein. Bei der Ausbildung ihrer Pferde haben sie ständig Probleme, insbesondere im Maulbereich. Sie machen den Pferden nicht verständlich genug, was sie von ihnen wollen.

Versetze dich wieder in die Lage deines Pferdes, um bei Zügelhilfen sein Verhalten zu deuten. Es liegt doch auf der Hand, daß sämtliche zurückführende Zügelhilfen oder die, die eine Anlehnung aufbauen, dann angenehm aufgenommen und leicht verstanden werden, wenn sie sich gleichmäßig auf beide Maulspalten verteilen. Lediglich Zügelhilfen, die in eine neue Richtung weisen, wirken ein wenig einseitig, wenn auch nur gering und kurzzeitig.

Prüfe, ob das Trensengebiß eventuell zu scharf einwirkt. Hier kann das weichere, doppelt gebrochene Gebiß die Anlehnung deutlicher werden lassen.

Ein zu eng geschnalltes Reithalfter kann ebenfalls die Gehlust und eine weiche Anlehnung mindern.

Meine Zügelhilfen kommen nicht durch

URSACHE 1: *Das Pferd ist im Maul besonders unempfindlich.*

Dein Pferd zeigt keine Reaktionen. Es verändert weder Geschwindigkeit noch Kopf- und Halshaltung. Du hast nicht das Gefühl, einen elastischen, gut bemuskelten Hals vor dir zu haben. Vielmehr macht alles vor dir einen steifen, brettartigen Eindruck.

LÖSUNG: Es kommt kaum vor, daß Pferde von Natur aus unempfindlich im Maul sind. Meistens wurde zu Beginn der Ausbildung die Empfindsamkeit des Pferdemauls durch grobe Hilfen oder das ständige Ausprobieren verschiedener Gebißstärken in eine allmählich wachsende „Gebißimmunität" gewandelt. Das Maul hat die Widerstandskraft angenommen, die es für eine derbe Reitweise benötigt. So wie sich die Arbeiterhand mit Schwielen auf einen harten Schaufelstiel einstellt, so eignen sich robuste Pferde nach und nach im Maulbereich abmildernde Verhärtungen an. Haben Pferde diese Eigenschaft erst einmal erworben, sind sie als Sportpferde kaum mehr zu verwenden. Allenfalls besteht die Möglichkeit, sie für längere Zeit ohne direkte Einwirkung aufs Maul lediglich zu bewegen.

Wähle als Therapie eine Zäumung, bei der die Zügel weich auf den Nasenrücken wirken. Manche Pferde lassen sich auf einem eng anliegenden, genau passenden Halfter, bei dem die Zügel seitlich angebracht werden, erstaunlich gut reiten, ja sogar ausbilden. Nach einigen Monaten haben sich die Verhärtungen des Pferdemauls zurückgebildet. Nun beginnst du mit einem durchschnittlich dicken, einfach gebrochenen Trensengebiß die Ausbildung von vorn. Hüte dich, in den alten Fehler zu verfallen und mit der Hand stärker zuzufassen. Dein Pferd wird dagegenhalten – darin hat es ja Routine. Sollte dein Pferd auf zurückführende Hilfen kaum reagieren, gib mehrere, kurz aufeinander folgende Zügelhilfen. Führe dein Pferd in Etappen zurück, um ihm keine Gelegenheit zu bieten, einen Gegendruck aufzubauen.

URSACHE 2: *Dein Pferd „versteht" die Hilfen nicht.*

Obwohl du Reaktionen des Pferdes bei der Hals- und Kopfhaltung feststellst, verändert es die Geschwindigkeit kaum. Es verstellt sich, schlägt mit dem Kopf, beißt aufs Gebiß, zieht mit dem Kopf die Zügel nach vorn und wird manchmal sogar schneller, weil es während seiner Abwehrreaktionen aus dem Gleichgewicht kommt. Dein Pferd wirkt „ärgerlich" und ignoriert deine Hilfen. Bei jeder zurückführenden Hilfe wirst du ein wenig aus dem Sattel gezogen. Dein Knieschluß verstärkt sich, um das Eigengewicht abzufangen. Es entsteht eine der Situationen, in denen Reiter sich leider manchmal zum Nachteil aller Beteiligten zu unüberlegten Handlungen hinreißen lassen.

LÖSUNG: Gehe grundsätzlich davon aus, daß dein Pferd dir gehorcht. Welchen Grund hätte es, auf deine zurückführenden Hilfen nicht einzugehen? Es läßt sich satteln und läßt dich aufsitzen, es trabt und galoppiert auf Wunsch, es trägt dich überall hin. Dann muß es doch einen plausiblen Grund geben, warum es beim Annehmen der Zügel nicht langsamer wird, wo es doch willig zulegt. Hätte dein Pferd etwas gegen dich und gegen das Gerittenwerden, würde es dir seine Abneigung unmißverständlich und früher klarmachen. Es könnte sich beispielsweise bereits beim Aufsitzen heftig wälzen, und das Reiten wäre für immer erledigt. Manche Pferde, die eine panische Angst vor dem Gerittenwerden haben, reagieren tatsächlich so dramatisch.

Verständige dich mit deinem Pferd und gib dich anfangs mit kleinen Erfolgen zufrieden. Treibe beim Zurückführen in dieser Situation nicht zu stark gegen die durchhaltende Hand: Das könnte dein Pferd auch als vorwärtstreibende Hilfe auslegen. Zunächst muß dein Pferd die zurückführende Zügelhilfe deinen Vorstellungen gemäß übersetzen. Zügel annehmen bedeutet fürs Pferd in erster Linie: langsamer werden – mehr nicht. Die Begriffe: Auseinanderfallen, Zusammenstellen und Versammlung werden zunächst außer acht gelassen, sie befinden sich noch in weiter Ferne.

Laß dein Pferd nach dem Schrittreiten und Einlaufen im Trab zunächst ausgiebig auf beiden Händen galoppieren. Somit schließt du aus, daß dein Pferd nicht reagiert, weil es zu übermütig und nicht ausgelastet ist. Denke aber auch hier an die notwendigen Schrittpausen. Beginnst du nun zurückzuführen, nimm beide Zügel gleichmäßig stark ein bis zwei Sekunden lang an. Gib auch dann sofort mit beiden Händen nach, wenn dein Pferd nicht langsamer wird. Du solltest deinem Pferd keinen Grund bieten, einen Gegendruck aufzubauen.

Gib unterschiedlich lang nach und verändere auch ständig den Druck ein wenig, wenn du die Zügel annimmst. Die Hilfen dürfen nicht eintönig werden. Dein Pferd würde sich darauf einstellen und nicht mehr auf deine Hilfen ansprechen oder ihnen zuvorkommen. Bei einem immer wiederkehrenden zeitlich und auch in der Stärke gleichbleibenden Ablauf erwartet und „kennt“ das Pferd deine Hilfen. Es reagiert immer gleich oder trifft, wenn es ihm unangenehm ist, Vorkehrungen, um deine Hilfen „abzuwehren“.

Begleite die zurückführenden Hilfen mit beruhigenden Worten. Lobe es häufig, auch wenn es einmal nicht so reagiert, wie du es dir vorgestellt hast. Dein Pferd sollte mit leichter Hand zu führen sein, halte es bei Laune. Richte dich darauf ein, daß du viel Zeit und Geduld aufwenden mußt. Du solltest mit deinem Pferd besonders nachsichtig sein und für einige Wochen darauf verzichten, aufwendige Lektionen zu trainieren.

URSACHE 3: *Deine Zügelhilfen sind zu schwach.*

Hier reagiert dein Pferd überhaupt nicht. Es verändert weder Geschwindigkeit noch Haltung. Kopf und Hals bleiben ruhig. Allenfalls kippt es mit einem „gummihaften Genick“ in Richtung Brust ein wenig ab, sobald du die Zügel zögerlich annimmst.

LÖSUNG: Über stärkeres Treiben gegen die durchhaltende Hand erhöhst du den Druck auf beide Zügelfäuste. Das Pferd bleibt mit seiner Nase vor der Senkrechten und kippt beim Annehmen der Zügel nicht mehr ungehindert ab. Achte darauf, besonders schnell und deutlich nachzugeben, wenn du intensiver mit dem Zügel eingewirkt hast.

Treibende und zurückführende Hilfen

sollten beim Aufnehmen des Pferdes übereinstimmen. Wird zu stark getrieben, läuft das Pferd davon. Nimmst du die Zügel dagegen zu stark an, wird es stärker zurückkommen, als du erwartest, oder lediglich mit einem „Gummigenick“ die Zügelhilfen abfangen.

Mangelnde Zügelanlehnung beim Halten

URSACHE: *Die Zügelanlehnung war schon vor dem Halten zu stark oder zu labil.*

Deine Schenkel- und Zügelhilfen fürs Halten sind insgesamt zu kräftig. Das Pferd stößt deutlich gegen das Trensengebiß und weicht dem Druck aus. Entweder tritt es rückwärts, oder es kippt im Halten einfach ab, die Zügelanlehnung geht verloren.

Treibst du beim Halten kräftig gegen die durchhaltende Hand, verhält sich dein Pferd ähnlich. Beim Halten schieben sich die Hinterbeine tief unter den Pferdekörper. Vorder- und Hinterbeine stehen dicht beieinander. In dieser Stellung kann das Pferd nicht lange sein Gleichgewicht halten. Um sich auszubalancieren, tritt es wieder ein wenig zurück.

Das Halten vollzieht sich plötzlich, der Übergang ist nicht weich und fließend, eher abrupt. Insgesamt hast du nicht unbedingt ein schlechtes Gefühl. Du bist sogar der Meinung, daß deine zurückführenden Hilfen gut „durchs Pferd gegangen“ sind. Es kommt willig zurück, und du spürst deutlich, wie sich die Hinterhand unter den Pferdekörper schiebt. Die Kruppe senkt sich um jene Zentimeter, die das Pferd mit der Hinterhand über das übliche Maß vortritt. Du glaubst, auf einer ansteigenden Fläche zu halten. Schon beim Halten wird das Pferd verdächtig weich im Maul, Sekundenbruchteile später gibt es die Anlehnung auf. Es weicht dem intensiven Trensengebißdruck aus. Gewöhnlich kippt es im Hals ab und tritt ein wenig

Gutes, sicheres, wenn auch nicht ganz geschlossenes Halten. Hier ist zu beachten, daß die gefühlvoll einwirkende Reiterin auch beim Halten zum sanften Treiben kommt.

zurück. Erst dann kommt es zum ruhigen Stand.

LÖSUNG: Oft verlieren solche Pferde beim Halten die Verbindung zur Reiterhand, die schon in den Grundgangarten dazu neigen, selbst bei einer weichen Zügelanlehnung hinter die Senkrechte zu kommen. Mit energisch treibenden Hilfen und frisch gerittenen Arbeitstempi baust du in der Bewegung eine deutlichere Anlehnung auf.

Im Halten selbst gehst du jedoch mit Schenkel- und Zügelhilfen behutsamer um, damit das Pferd nicht zu kräftig gegen das Gebiß kommt. Laß dein Pferd lieber an die Zügel heranlaufen, als es abrupt anzuhalten. Es soll dich nicht beunruhigen, wenn im Training das Halten ein wenig auslaufend durchgeführt wird. Sobald dein Pferd den Respekt vor dem Gebiß verloren hat, wird es auf etwas stärkere Zügelhilfen nicht mehr so übertrieben reagieren.

Schwerfälliges Rückwärtsrichten

URSACHE: *Das Grundübel liegt wohl darin, daß während der Ausbildung mit dem Rückwärtsrichten im allgemeinen zu früh begonnen wird, ja, begonnen werden muß!*

In Dressurprüfungen der Anfängerklassen wird bereits im offiziellen Aufgabenheft der Leistungsprüfungsordnung (LPO) das Rückwärtsrichten verlangt. Die für einen Pferdefreund teilweise schon abstoßenden Bilder belegen eindeutig, daß von Reitanfängern auf Pferden mit begrenzten sportlichen Möglichkeiten oder am Anfang ihrer Ausbildung kein vertretbares Rückwärtsrichten durchgeführt werden kann. In diesen Klassen werden Pferde nicht zurück *geritten*, sondern mit zwingender Zügelkraft zurück *gezogen*. Reicht die Armkraft nicht aus, werden wirkungsvollere Gebisse verwendet.

Wahrscheinlich hat jeder Reiter im Hinblick auf eine Turniervorbereitung der unteren Klassen schon irgendwann einmal zu früh mit dem Rückwärtsrichten begonnen und dann das mangelhafte Ausbildungsniveau seines Pferdes für diese technisch äußerst komplizierte Lektion bemerkt: Sein Pferd besaß noch nicht die athletische Kraft und Durchlässigkeit, um mit deutlich angehobenen Hufen, leichtem Genick und in Selbsthaltung im Zweischlag flüssig rückwärtszutreten. In der unreifen Form wirken Zügelhilfen nicht durchhaltend, sondern ausschließlich rückwärts ein. Sie übertreffen in ihrer Wirkung bei weitem die Schenkelhilfen. Ist das Pferd vor dem Rückwärtsrichten zu hoch eingestellt, wird die Ausführung noch schwieriger, weil die Überbrückungsfunktion des Pferderückens ausfällt.

Flüssiges Rückwärtsrichten im klaren „Zweitakt". Der Pferderücken arbeitet leichter mit, wenn der Kopf ein wenig hinter die Senkrechte kommt. Die etwas entlastend sitzende Reiterin treibt sanft gegen ihre durchhaltenden Hände.

Das Rückwärtsrichten ist eine von Pferden und Reitern gleichermaßen ungeliebte Lektion, bei der hauptsächlich Durchlässigkeit und Gehorsam des Pferdes geprüft werden. Meistens sind die ersten Versuche sehr vielversprechend – oder sie fallen geradezu deprimierend aus. Besonders maulempfindsame Pferde, die zudem keine Probleme mit ihrer Rückenmuskulatur haben, können das Rückwärtsrichten erstaunlich leicht ausführen, vor allem bei den allerersten Anläufen. Der Reiter geht mit den Zügelhilfen sehr vorsichtig um und wählt deshalb, mehr unbewußt, ein günstiges Verhältnis von durchhaltenden und treibenden Hilfen. Zwar kommt das Pferd ein wenig tief, aber es tritt willig und leicht zurück. Es hat den Sinn der vorsichtig treibenden Schenkel an die elastisch durchhaltenden Hände eher zufällig verstanden. Könnte sich ein Pferd aus dem Stand wie das Flügelroß Pegasos in die Lüfte erheben, würde es bei gleichzeitigen Zügel- und Schenkelhilfen wahrscheinlich diesen Weg wählen. So aber wägt es ab und entscheidet sich, je nach Intensität der Hilfen, fürs Stehenbleiben, Vorwärtsgehen oder Rückwärtstreten.

Erhebliche Schwierigkeiten treten auf, wenn sich dein Pferd vor dem Rückwärtsrichten heraushebt und die Unterhalsmuskulatur anspannt. Versuchst du, aus dieser Position rückwärtszuziehen, erlebst du das unangenehme Gefühl, auf einem starren Brett zu sitzen. Dein Pferd stemmt sich entschieden gegen deine Hilfen und verkrampft seine gesamte Muskulatur: Es macht sich fest. Jedoch kann es sich nicht anders verhalten. Ein Pferd ist mit erhobenem Kopf nicht in der Lage, seine Rükkenmuskulatur anzuspannen. Für ein flüssiges Rückwärtstreten, bei dem die jeweiligen diagonalen Beinpaare, ähnlich wie im Trab (nur ohne Schwebephase), einen „Zweitakt" herstellen, benötigt es aber eine Rückenmuskulatur, die sich an- und entspannt, die mitarbeitet.

Auf einem untätigen Pferderücken erlebst du als Reiter zwei völlig verschiedene Sitzgefühle: Streckt das Pferd seinen Kopf starr nach vorn-unten, spannt es seine Rückenmuskulatur fest an und macht eine Art Katzenbuckel. Du glaubst, auf einem leicht nach oben gebogenen Vollgummibaumstamm zu sitzen. Die Rückenmuskulatur entspannt sich nicht, die leicht konvexe Form bleibt bestehen.

Hebt das Pferd dagegen seinen Kopf deutlich nach oben, verhält sich der Pferderücken entgegengesetzt. Der Rücken „fällt durch". Bei einer übertrieben hohen Halshaltung spannt er sich nicht an. Er bleibt fortwährend entspannt, der Reiter sitzt wie auf einer harten Hängematte. Beide beschriebenen Formen sind für das Reiten insgesamt, insbesondere für das Rückwärtsrichten, von großem Nachteil. Sollte dein Pferd vor dem Rückwärtsrichten eine der beschriebenen Formen einnehmen, versuche nicht, die Lektion auszuführen! Sie kann so nicht gelingen.

Durchlässiges und ungezwungenes Rückwärtsrichten wird von athletisch ausgebildeten Pferden ausgeführt, die für kurze Momente einen großen Teil des Gesamtgewichts von Pferd und Reiter mit jeweils einem Hinterbein aufzunehmen in der Lage sind, körperliche Voraussetzungen, die man erst bei M- und S-Dressurpferden findet. So stellt beispielsweise ein fliegender Galoppwechsel, der offiziell erst ab M-Prüfungen verlangt wird, an Durchlässigkeit, Technik und athletische Kraft der Pferde weniger Ansprüche als ein leichtes und geschmeidiges Rückwärtsrichten.

In Dressurküren – bis zu olympischen Anforderungen – wird von allen Reitern grundsätzlich auf das Rückwärtsrichten verzichtet. Sie haben erkannt, daß Fluß und Charme einer schwungvollen Kür durch Rückwärtsrichten erstickt werden. Es gibt genügend andere Lektionen, in denen Gehorsam und sportliche Fähigkeit des Pferdes in anschaulicher Form geprüft werden können.

LÖSUNG: Während der Ausbildung deines Pferdes solltest du auf den Tag warten, an dem es beim ruhigen Halten das Rückwärtsrichten von selbst anbietet. Streiche diese Lektion zunächst völlig aus dem Ausbildungsprogramm und aus deinen Gedanken. Lehre dein Pferd vor allem „Vokabeln". Reite es mit leichter Hand frisch und abwechslungsreich vorwärts. Verlange nur Lektionen, die es nach seinem Ausbildungsstand unmißverständlich versteht und körperlich leicht ausführt. Das Rückwärtsrichten wird lange Zeit nicht dazugehören!

Es leuchtet ein, daß ein Pferd für das Rückwärtstreten etwa die gleichen Fähigkeiten beherrschen muß, die es für hohe Versammlung benötigt. Wird die Lektion vorschriftsmäßig ausgeführt, heben sich die Vorderbeine leichtfüßig vom Boden. In dieser Form kommen vor allem die Vorderbeine nicht dazu, das Pferd rückwärts zu schieben. Also wird der größte Teil der Rückwärtsbewegung von den Hinterbeinen mit Unterstützung des Rückens ausgeführt. Die Hinterbeine balancieren, tragen und schieben wie in der Versammlung. Nur ungewohnter und komplizierter, weil ausgleichende Momente der natürlichen Vorwärtsbewegung fehlen.

Bleibt dein Pferd fortwährend im Takt und läßt sich angenehm weich in den Grundgangarten führen und sitzen, sind das die ersten Anzeichen einer beginnenden Versammlung. Es hält sich und seinen Reiter im Gleichgewicht und trägt das Gesamtgewicht, ohne bei den Händen des Reiters eine Stütze zu suchen. Verändert sich dieses beglückende Reitgefühl weder beim Zulegen noch beim Zurückführen, sind Hinterbeine und Rücken stark genug, um einen athletisch-sportlichen Bewegungsablauf zu gewährleisten. Sollte dein Pferd bis dahin nicht selbständig das Rückwärtstreten angeboten haben, ist der Moment gekommen, das Rückwärtsrichten vorsichtig zu probieren.

Achte darauf, wie sich dein Pferd hinstellt. Steht es mit den Hinterbeinen ein wenig schräg nach hinten, ist diese Stellung für das Rückwärtsrichten ungünstig. In dieser Haltung üben die Hinterbeine mehr eine nach vorn abstützende als tragende Funktion aus. Beim ersten Tritt müßte die deutliche Vorwärtstendenz der Stützhaltung überwunden werden. Reite dein Pferd im Schritt oder Trab erneut an und stelle es wieder hin. Warte so lange, bis du für das Rückwärtsrichten eine günstige Ausgangsposition erwischst. Deuten die Hinterbeine nicht nach hinten, sondern stehen sie nahezu senkrecht unter dem Körper, treibst du weich gegen deine Hände, um die darauf folgende übliche und gewohnte Vorwärtsbewegung des Pferdes mit sanften Zügelhilfen sofort abzufangen. Du bemerkst zunächst eine leicht wippende Vorwärtstendenz, die du aber mit deinen Händen abfängst. Das Pferd spürt weiterhin den sanften Druck des Trensengebisses und wird entweder nur im Genick nachgeben und abkippen oder, wenn es „oben“ bleibt, rückwärtstreten.

Verändert das Pferd lediglich seine Halshaltung, solltest du nicht versuchen, nun mit stärkeren Zügelhilfen das Rückwärtstreten zu erzwingen. Die durchhaltende elastische Zügelführung wirkt nicht ausschließlich auf das Pferdemaul, sondern sie beeinflußt im Zusammenspiel mit den vorsichtig treibenden Hilfen den gesamten Pferdekörper und eine ungezwungene Rückwärtsbewegung. Bedenke, daß dein Pferd zurücktreten soll, weil es leicht gegen die durchhaltende Hand getrieben wird und sich im Stand für einen kurzen Moment am Gebiß nach hinten abstößt. Alleinige Zügelhilfen würden die Maulspalte sowie den Unterhals des Pferdes ansprechen und in Aktion versetzen. Jedoch sollten Unterhals und Pferdemaul beim zwanglosen, leichten Rückwärtsrichten

Das Pferd ruht hinten rechts. Die Achsen haben sich nach rechts abfallend verschoben. Die Reiterin gleitet nach rechts, knickt in der linken Taille ein und zieht den linken Absatz hoch.
Solltest du beim Halten ein ähnlich „hängendes“ Sitzgefühl haben, ruht die Hinterhand deines Pferdes auf der hängenden Seite, oder das gleichseitige Hinterbein steht weit heraus.

weder sicht- noch spürbar in Erscheinung treten.

Sei nicht ärgerlich, wenn es mit dem Rückwärtsrichten nicht gleich beim ersten Versuch klappt. Reite und kräftige dein Pferd weiter wie gewohnt und teste das Rückwärtsrichten bei einer günstigen Gelegenheit an einem der nächsten Tage noch einmal. Vielleicht dann, wenn dein Pferd seine Hinterbeine beim Halten gerade deutlich unter den Körper geschoben hat oder wenn es nach einer intensiven Trainingseinheit gegen Ende der Stunde einen besonders lockeren und zufriedenen Eindruck macht. Gib deinem Pferd einen klaren Hinweis auf deine Vorstellungen und treibe im Ansatz des Rückwärtsrichtens für Sekundenbruchteile ein wenig entschiedener als sonst gegen die durchhaltende Hand. Mit kurzem, konsequentem Treiben und Durchhalten verhinderst du ein Abkippen und zeigst deinem Pferd, was du von ihm möchtest. Hat es erst einmal deine Hilfen verstanden, wirst du bei folgenden Versuchen mit weniger deutlichen Hilfen auskommen.

Richte nicht zu oft rückwärts. Vor allem die Rückenmuskeln des Pferdes werden in einer ungewohnten Form beansprucht und zeigen bei einer Überbeanspruchung muskelkaterartige Reaktionen. Häufig ist zu beobachten, daß Pferde, die noch gestern spielend leicht und wie selbstverständlich rückwärtstraten, sich am folgenden Tag gegen das Rückwärtsrichten entschieden wehren. Der Reiter hatte vor lauter Begeisterung bis zu zwanzigmal rückwärtsgerichtet. Das Pferd bekam über Nacht Muskelkater und lehnte natürlich am Tag darauf diese Übung ab. Ist dein Pferd ein- oder zweimal rückwärtsgetreten, gib dich damit an diesem Tag zufrieden, auch dann, wenn das Rückwärtsrichten nicht deinen Vorstellungen entsprach. Es wird vor allem morgen nicht besser, wenn du heute zigmal hintereinander probierst.

Schwächen werden deutlich, weil es noch einen Nachholbedarf in der allgemeinen Ausbildung gibt. Das Rückwärtsrichten ist wohl die einzige Lektion, mit der keine Ausbildungsdefizite behoben werden können. Dennoch unterliegen manche Reiter dem Irrtum, mit ständigem Rückwärtsrichten ihre Pferde locker machen zu wollen. Eine ebenso bequeme wie auch unsinnige und wertlose Methode!

Das korrekte Rückwärtsrichten ist grundsätzlich das Ergebnis der Ausbildung, nimmt aber auf sie selbst kaum Einfluß.

Schief, verstellt, verworfen

Auf einer Hand besonders schief

Ursache 1: *Die natürliche Schiefe des Pferdes*

Das Pferd fußt auf der linken oder rechten Hand mit den Hinterbeinen deutlich neben der Spur der Vorderbeine. Im Schritt kaum, im Trab mehr und im Galopp deutlich. Je höher die Geschwindigkeit, um so schiefer geht das Pferd. Die natürliche Schiefe hat auf die Losgelassenheit des Pferdes keinen Einfluß. Es kann beispielsweise links auf zwei Hufschlägen galoppieren und dennoch locker und angenehm zu reiten sein. Ein Pferd balanciert sich leicht aus und läuft ausdauernd, wenn es in der Haltung geht, die seiner Veranlagung entgegenkommt. Eine Veranlagung läßt sich nicht völlig auslöschen – selbst in vielen Ausbildungsjahren nicht. So wird auch ein Grand-Prix-Pferd noch schief galoppieren, richtet der Reiter es nicht ständig gerade. Sogar in hohen Dressurprüfungen ist im starken Galopp kaum ein schnurgerade springendes Pferd zu beobachten. Um sich bei zunehmender Geschwindigkeit auszubalancieren, galoppiert ein Pferd schief, im Linksgalopp mit der Hinterhand nach links versetzt, im Rechtsgalopp nach rechts, jedoch immer auf einer Seite ein wenig ausgeprägter als auf der anderen. Im Trab gehen Pferde gewöhnlich zu der Seite

Links: Das Pferd geht mit der Hinterhand nach innen. Die Reiterin knickt in der Taille ein, läßt die innere Schulter fallen und wird ein wenig nach außen gesetzt. Korrektur: schulterhereinartiges, nicht traversartiges Reiten.
Rechts: Schulterhereinartiges Korrigieren der natürlichen Schiefe.

schief, die auch im Galopp die schiefere ist.

Vermutlich sind Vierbeiner in dieser Laufhaltung auch ausdauernder. Hunde, besonders wenn sie müde sind, traben und galoppieren noch schiefer als Pferde.

LÖSUNG: Pferde neigen zum übertriebenen Schiefgehen, sobald die Zügelanlehnung zunimmt. Treibe daher in diesen Momenten gleichzeitig intensiv mit dem inneren Schenkel. Halte bewußt den äußeren Zügel, sonst würde dein Pferd seinen Hals nach innen nehmen und sich lediglich um deinen inneren Schenkel winden. Es ginge noch schiefer als vorher.

Reite auf der schieferen Hand häufiger in schulterhereinartigen Lektionen, aber immer nur in kurz andauernden Zeitabständen. Geht es links besonders schief, übe schulterhereinartiges Traben und Galoppieren auf der linken Hand. Jeweils höchstens zehn Sekunden, das aber etwa zehnmal am Tag. Sollte deinem Pferd eine Lektion offensichtlich Schwierigkeiten bereiten, biete ihm die Lektion oft, aber nur jeweils kurz und in spielerischer Form an.

Stelle dir vor, dir würde beim Turnen das Drücken einfacher Liegestütze schwerfallen. Verlangte man nun von dir, zwanzig Liegestütze hintereinander auszuführen, würde die Übung zur Qual. Am folgenden Tag schmerzten Schulter-, Arm- und Bauchmuskeln. Die Abneigung gegen die ungeliebte Übung hätte zugenommen.

Ginge es nur nach deinem Empfinden, würdest du dich wehren, noch einmal dieser unsinnigen Forderung nachzukommen.

Hätte man dagegen nur morgens, mittags und abends jeweils einen Liegestütz verlangt, wäre die anfängliche Abneigung allmählich gewichen. Nach und nach hättest du dich in einer mehr spielerischen Form an die ehemals unbeliebte Übung herangetastet. Von Woche zu Woche hättest du die Liegestütze leichter drücken können, du bekämest vielleicht sogar Spaß an deiner Leistung. In einem halben Jahr würden dir zwanzig Liegestütze kein Kopfzerbrechen mehr bereiten. Das Empfinden der Pferde einer unbeliebten Übung gegenüber wird nicht wesentlich anders sein. Übe daher eine Sache mit ihnen nicht zu lange, aber oft. Beispiel: Sechsmal am Tag Schulterherein, sechs Kurzkehrtwendungen, sechs Schlangenlinien, Volten, Halten, Antraben, Angaloppieren, Übergänge vom Trab zum Galopp und umgekehrt. Jedoch die sechs Schlangenlinien nicht hintereinander, sondern jeweils nach einer anderen Lektion und allenfalls einige Sekunden lang: Antraben, Schulterherein, Kurzkehrtwendung, Schlangenlinie, Volte, Schritt, Halten, Antraben, Angaloppieren, Traben und eine Schrittpause von 5 Minuten. (Dauer eines Trainingsabschnitts: 10 Minuten.) In eineinhalb Stunden reitest du zig Lektionen, ohne dein Pferd zu überfordern.

Bei allen Lektionen (im Monat sind es über zwölftausend) denkst du daran, ganz allmählich, nach und nach, die natürliche Schiefe des Pferdes auszugleichen. Behutsam und mit dem Bewußtsein, daß es Monate dauern wird, bis sich ein Erfolg abzeichnet, und Jahre bis zum annähernd gerade trabenden und galoppierenden Pferd.

Solltest du versuchen, eine ausgeprägte natürliche Schiefe binnen weniger Monate zu beheben, werden Pferd und Reiter daran zerbrechen. Denke beim Reiten nur stets ans Schulterherein. Das allein bewirkt, daß du entsprechende Hilfen gibst und die natürliche Schiefe allmählich behoben wird.

URSACHE 2: *Dein Gewicht hängt ständig nach einer Seite.*

Sollte dein Gewicht ständig nach links hängen, wird dein Pferd seine Haltung danach ausrichten, um sich auszubalancieren. Auf der linken Hand fällt dein nach links tendierendes Gewicht weniger auf, es sei denn, du hängst übertrieben nach innen. Dann wird dein Pferd nach innen fallen, sich nicht nach innen stellen lassen, sondern seinen Hals nach außen nehmen und mit dieser „Außenstellung“ einen Gewichtsausgleich nach rechts (außen) schaffen wollen (siehe auch Seite 98).

Offensichtlicher wird das links plazierte Gewicht auf der rechten Hand. Wieder versucht das Pferd einen Gewichtsausgleich zu schaffen, um dich bequem zu tragen. Es muß Kopf und Hinterhand nach innen versetzen, damit es im Gleichgewicht bleibt.

Im allgemeinen korrigiert der Reiter seinen Sitzfehler nicht, weil sich sein Pferd wie von allein nach innen stellt und somit recht angenehm und scheinbar locker zu reiten ist. Daß sich das Pferd im Genick verwirft und im Hals kaum geradestellen läßt, übersieht er, ebenso wie die Hinterhand, die den zweiten Hufschlag beansprucht. Obwohl der Reiter nach links gleitet, ist ihm trotz allem die rechte Hand lieber. Hier gibt sich das Pferd innen locker und „läßt sich leichter einstellen“ – weil es sich selbst einstellt.

LÖSUNG: Hier hilft nur eisernes Sitztraining in der bereits angesprochenen Form. Konzentriere dich, den inneren Bügel betont auszutreten. Belaste den inneren Gesäßknochen.

URSACHE 3: *Du benutzt deine Gerte ausschließlich auf einer Hand.*

Einer der häufigsten, aber nur selten in Erwägung gezogenen Gründe für ein schief gehendes Pferd ist die Reitgerte, die ausschließlich in der rechten oder linken Hand getragen wird.

Sollte die Gerte rechts getragen werden und ist auch die rechte Seite des Pferdes die der ausgeprägteren natürlichen Schiefe, kann das sogar von Vorteil sein: Allein das Wissen um die Gerte auf der rechten Seite veranlaßt das Pferd, nicht so deutlich mit der Hinterhand nach innen zu laufen. Mit der Gerte wird es ständig ein wenig korrigiert.

Ist jedoch links die offensichtliche Seite der natürlichen Schiefe, nimmt der Fehler bei einer ständig rechts getragenen Gerte zu. Es gelingt dem Reiter auf der linken Hand kaum, sein Pferd einzustellen und geradezurichten. Die treibende Wirkung der Gerte fällt weg.

LÖSUNG: Der Reiter sollte von Anfang an lernen, die Reitgerte oft zu wechseln und auch gleich geschickt auf beiden Händen einzusetzen. Selbst Profis unter den Reitern haben hier einigen Nachholbedarf.

Im allgemeinen findet der behutsam eingesetzte und unterstützende Gerteneinsatz während der Ausbildung des Reiters zuwenig Beachtung. Hier wird eine wirkungsvolle Ausbildungshilfe nicht genügend wahrgenommen oder falsch angewandt. Sie sollte so eingesetzt werden, daß sie vom Pferd als zusätzlich treibende Hilfe aufgefaßt wird, ähnlich wie ein dritter treibender Schenkel.

Die Gertenhilfe wird vom Pferd auch als treibende Hilfe und nicht als Strafe verstanden, wenn du sie häufig, aber behutsam auf beiden Händen einsetzt. Immer wieder tauchen dieselben drei Adjektive während der Ausbildung von Reitpferden auf: **häufig, kurz, behutsam**.

Die Reitgerte soll lang und leicht genug sein. Eine Trainingsgerte darf auch länger sein als 120 cm, das von der LPO für nationale Dressurprüfungen erlaubte Maß. Ihre Spitze deutet auf den Oberschenkel des Pferdes. Bei internationaler Beteiligung ist in Dressurprüfungen eine Gerte nicht erlaubt, obwohl sie von jedem Teilnehmer im täglichen Training benutzt wird. Verstehen Pferde auf beiden Händen den Gerteneinsatz allein als vorwärtstreibende Hilfe, erleichtert der umsichtige Einsatz der Reitgerte Pferden das Gerittenwerden und macht das Reiten insgesamt zwangloser. Der Reiter sollte von Anfang an üben, auf beiden Händen mit der langen Gerte geschickt umzugehen, damit er den Motor des Pferdes, die Hanken, erreicht.

Auf beiden Händen schief

URSACHE 1: *Wieder das nach außen rutschende Gewicht des Reiters, nur daß er nicht nur zur einen Seite, sondern auf beiden Händen nach außen rutscht.*

LÖSUNG: Sieh im vorigen Kapitel nach, in dem der Sitz des nach außen rutschenden Reiters besprochen wurde.

URSACHE 2: *Unzureichender Kräfte- und Ausbildungszustand des Pferdes.*

Der mangelhafte Kräftezustand beeinflußt das Gleichgewicht eines Pferdes besonders stark, wenn es neben seinem eigenen Gewicht auch noch den Reiter auszubalancieren hat. Insgesamt geht das Pferd schwankend und mit einer unregelmäßigen Zügelanlehnung. Häufig nimmt es Kopf und Hals zu Hilfe, um seine Unsicherheit zu beheben.

LÖSUNG: Zunächst wird die Ursache behoben – die allgemeine Schwäche des Pferdes. Reite dein Pferd mit langen Schrittpausen etwa eineinhalb Stunden täglich. Noch angenehmer wäre es für das Pferd, eine lange Trainingseinheit in zwei Abschnitte auf morgens und abends aufzuteilen. Es gilt, das Pferd schonend zu kräftigen – selbst im Schritt am langen Zügel.

Verlagere dein Gewicht im Schritt am langen Zügel ab und zu sehr vorsichtig nach links oder rechts, indem du beispielsweise dein linkes Knie betont nach unten drückst. Dein Pferd reagiert sofort und wird vielleicht um zwanzig Zentimeter nach links tendieren, um wieder unter dein Gewicht zu kommen. Gelenke, Sehnen und Bänder kräftigen sich in spielerischer Form; das Pferd wird stärker, geschickt und beweglich. Es lernt, feinste Gewichtshilfen zu beantworten.

Achte jedoch peinlich genau darauf, das Gewicht wirklich nur um einen Hauch zu verlagern. Vermeide dabei einen monotonen Ablauf. Also nicht: Gewicht in der Mitte, nach links, in der Mitte, nach rechts, in der Mitte, nach links usw. Mit dieser

Das Pferd fußt vor der Ecke mit dem inneren Hinterbein ins Bahninnere, es läuft schief. Korrektur: schulterhereinartiges Reiten.

Trainingsform würdest du allenfalls ein schwankendes Pferd bekommen. Die Gewichtsverlagerungen im Schritt am langen Zügel sollen nicht in regelmäßigen Zeitabständen und auch nicht nach einem gleichmäßigen Strickmuster verlaufen.

Ein vorteilhaftes Beispiel: Gewicht in der Mitte, 3 Sekunden um einen Hauch nach links, 15 Sekunden in der Mitte, 2 Sekunden links, 20 Sekunden Mitte, danach 3 Sekunden rechts, Mitte, rechts, Mitte, rechts, Mitte, links. Beachte, daß dein Pferd nicht von allein hin- und herschaukelt. Es sollte erst auf dein Gewicht reagieren. Biete deinem Pferd viel Galopparbeit (häufig, kurz) in einer zwanglosen Form an. Es kommt nicht darauf an, daß dein Pferd korrekt am Zügel geht. In der ihm angenehmsten Form soll es zunächst kräftiger werden – mehr nicht. An ein Geraderichten ist noch nicht zu denken. Verlange von deinem Pferd nicht, sich von heute auf morgen unnatürlich zu bewegen. Die natürliche Schiefe des Pferdes ist kein Fehler, der ausgebügelt wird, sondern ein natürliches Verhalten, das wir mit aller Vorsicht in die Interessen und Vorstellungen des Reitsports wandeln. Verstehen können Pferde das selbstverständlich nicht. Sie gehorchen, lernen und verändern schließlich ihr natürliches Verhalten.

Schief beim Aufnehmen

URSACHE 1: *Das Pferd nimmt unter dem Sattel das Gesamtgewicht nicht vermehrt mit der Hinterhand auf.*

Du bemerkst eine Vorwärts-abwärts-Tendenz deines Pferdes. Es versucht, deine Hand nach vorn zu drücken. Du selbst gleitest mit Sattel und Gesäß ein wenig nach außen, der innere Schenkel legt sich zwar von selbst, aber zu spät ans Pferd. Die Hinterbeine des Pferdes wirken stoßend. Du fühlst, daß die Kruppe leicht nach oben wippt. Zudem nimmt meistens der Druck auf die äußere Hand zu, weil das Pferd den Kopf nach innen zieht, um sich auszubalancieren. Es stellt für sich eine vorteilhafte „Längsbiegung" her, die selbstverständlich keine ist. Dein Pferd geht lediglich schief.

LÖSUNG: Führe dein Pferd sanft und schulterhereinartig zurück. Es hat wenig Sinn, stärkere Zügelhilfen mit einem energisch treibenden inneren Schenkel auszugleichen. Sicher kann man seinem Pferd im Ausnahmefall auch einmal mit energischen Hilfen seine Vorstellungen deutlich machen. Auf Dauer läßt sich aber in dieser Form kein Pferd angenehm reiten und ausbilden: Dein Pferd bliebe zwar gerade, jedoch käme es so stark gegen die durchhaltende Hand, daß sich andere Fehler einschlichen, schlimmere als nur ein geringes Schiefgehen. Hat beispielsweise die Zunge des Pferdes erst einmal einen Ausweg gefunden, um sich gegen deine harte Hand zu schützen, wird es schwerfallen, diesen Zungenfehler oder ein Verstellen im Genick wieder zu beheben.

Das Aufnehmen wird gut vorbereitet. Schon vor der Ecke wird die Stute innen deutlich getrieben und vorsichtig nach innen gestellt.

Nimm dein Pferd auf geraden und leicht gebogenen Linien häufig vorsichtig zurück, um nach und nach die Hinterhand zu stärken und sie gleichzeitig auf ihre zukünftige Aufgabe vorzubereiten.

Den wohl größten Anteil am Fortschritt während der Ausbildung eines Pferdes hat der „Ziehharmonika-Effekt", bei dem das Pferd ständig um wenige Zentimeter „verkürzt" (aufnehmen) und „verlängert" (zulegen) wird.

Dr. Uwe Schulten-Baumer, der Nicole Uphoff-Becker und Isabell Werth zu etlichen Weltmeisterschaften und Olympiasiegen führte und als der erfolgreichste Dressurtrainer gilt, arbeitet seine Pferde nach diesem Ziehharmonika-Prinzip. Außerdem ist auch er der Auffassung, daß Reiter Schiffbruch erleiden, sobald sie die „geistigen“ und körperlichen Kapazitäten eines Pferdes überstrapazieren.

URSACHE 2: *Die Zügelhilfen sind zu deutlich, die Schenkelhilfen, besonders die des inneren Schenkels, bleiben ohne Wirkung.*

Die Merkmale ähneln denen des ersten Beispiels. Dein Pferd drückt gegen das Gebiß und sucht mit der Hinterhand einen Ausweg. Es bleibt nur die Möglichkeit, nach innen auszuweichen, wenn die Bande oder eine andere Begrenzung ein Ausweichen nach außen verhindert.

Nimmst du mit zu starken Zügelhilfen dein Pferd in der Bahnmitte auf, also ohne äußere Begrenzung, wird es im Trab mit der Hinterhand zu der Seite ausweichen, zu der du es eingestellt hast: bei einer Linksstellung nach links und umgekehrt. Hältst du es im Hals schnurgerade, weicht es mit der Hinterhand zu der Seite, auf der seine natürliche Schiefe auffälliger ist. Im Rechtsgalopp weicht es nach rechts, im Linksgalopp nach links.

LÖSUNG: Die Korrekturen gleichen denen des vorigen Beispiels. Versuche nicht, um jeden Preis das Ausweichen der Hinterhand sofort völlig abzustellen – es würde dir ohnehin nicht gelingen. Wichtig ist, daß du es überhaupt bemerkt hast und ständig daran arbeitest. Kräftige mit Zulegen und Zurückführen die Hinterhand deines Pferdes. Denke beim jeweiligen Zurückführen fortwährend an schulterhereinartiges Reiten mit leichter Hand. Das genügt vorerst. Hast du in dieser zwanglosen Form dein Pferd täglich etwa einhundertmal aufgenommen, wird sich nach einem Vierteljahr (nach fast zehntausend Hinweisen) das Schiefwerden allmählich verlieren.

Bei jungen Pferden behebst du mit schulterhereinartigem Aufnehmen keinen Mangel, der durch reiterliche Fehler gewachsen ist, sondern eine natürliche Veranlagung des Pferdes. Sei entsprechend geduldig, behutsam und nachsichtig.

URSACHE 3: *Du stellst dein Pferd übertrieben nach innen.*

Dein Pferd muß mit der Hinterhand nach innen ausweichen. Es schafft sich zu dem nach innen gezogenen Hals einen Ausgleich, um im Gleichgewicht zu bleiben. Daraufhin rutschst du deutlich nach außen. Der Hinterhand des Pferdes bleibt keine Wahl, als sich noch weiter nach innen zu orientieren. Der Druck auf den inneren Zügel verstärkt sich, die Trense wird innen aus dem Maul gezogen. Dein Pferd verwirft sich, es hält sein inneres Ohr tiefer.

LÖSUNG: Halte dein Pferd möglichst gerade im Hals, wenn du es aufnimmst. Eine leichte Innenstellung ist so gering, daß sie kaum auffällt. Verteile den Zügeldruck gleichmäßig auf beide Hände. Sobald du nur mit dem äußeren Zügel zurückführst, verliert das Trensengebiß für einen Augenblick seinen ruhigen Platz im Pferdemaul. Das Pferd muß mit Kopf und Hals auf die einseitige Zügelhilfe reagieren und sich nach außen stellen. Würdest du nun mit übertriebenem Nach-innen-Stellen verhindern, daß sich dein Pferd nach außen zieht, müßten deine Zügelhilfen noch deutlicher werden.

Mache es dir und deinem Pferd angenehm und gib zurückführende Zügelhilfen (Paraden) bei einer nur angedeuteten Innenstellung mit beiden Zügeln. Dein Pferd versteht diese Zügelhilfen besser und empfindet sie auch als weicher. Der Druck verteilt sich auf beide Seiten. Mit einem fast gerade gehaltenen Hals balanciert es sich zudem leichter aus.

Schiefes Rückwärtstreten

URSACHE: *Treten Pferde schief rückwärts, zeigen sie beim geraden Vorwärtsgehen ebenfalls Schwächen. Solange sie noch nicht kräftig und geschmeidig ge-*

nug sind, helfen sie sich, indem sie ihre Laufspur verbreitern. Sie verhalten sich wie alle übrigen Lebewesen, die schwach oder unsportlich sind und sich unsicher bewegen.

Hältst du dein Pferd beim Rückwärtsrichten nicht gerade im Hals, wird es schief zu der Seite hin treten, zu der du es einstellst. Viele Reiter machen das unbewußt. Sie wirken mit der linken oder rechten Hand grundsätzlich stärker ein. Es kommt ebenfalls häufig vor, daß Reiter fortwährend mit dem kräftiger entwickelten Schenkel intensiver treiben. Selbstverständlich tritt das exakt reagierende Pferd dann auch schief.

Treten Pferde beim Rückwärtsrichten breit zurück, zeigen sie die gleichen Merkmale in Trabverstärkungen. Mit breitem Abfußen erzielen sie mehr Kraft und balancieren sich leichter aus.

Ein schief rückwärtstretendes Pferd hat bereits vor dem ersten Rückwärtstritt eine ungleiche Zügelanlehnung. Sobald der Trensendruck etwas stärker wird, läßt es seinen Hals fallen und kommt hinter den Zügel. Dein Gesäß hebt sich ein wenig aus dem Sattel. Im gleichen Augenblick nimmt der Zügelzug ungewollt zu, der Pferderücken wölbt sich. Du entlastest dein Gesäß und verteilst dein Gewicht auf die Innenflächen deiner Knie.

Für junge, noch nicht so kräftige Pferde muß eine leichte Vornüberhaltung des Reiters, bei der ein Teil seines Gewichts von der Sitzfläche auf die vorderen Sattelpauschen (Knie) übertragen wird, nicht von Nachteil sein. Der entlastete unfertige Pferderücken kann leichter arbeiten. Im gegenwärtigen Ausbildungsstand wird das Rückwärtsrichten erleichtert. Selbstverständlich schwindet aber auch mit dieser Kompromißhaltung dein Einfluß auf die Ausführung des Rückwärtsrichtens. Dein Pferd tritt so zurück, wie es sein Ausbildungsniveau gestattet, wie es ihm entgegenkommt.

Tritt es beispielsweise nach links heraus, wird es sich von selbst nach links stellen, um eine zweckmäßige „Linksbiegung" herzustellen. Obwohl der Druck deines linken Schenkels zwangsläufig zunimmt, bist du in dem Entlastungssitz nicht in der Lage, das schief tretende Pferd gerade zu halten.

Auf breit zurücktretenden Pferden hast du das Gefühl, von einer Seite zur anderen geschaukelt zu werden. Beobachtet man den Reiter von hinten, fällt besonders deutlich auf, daß er bei jedem Tritt in Hüfte und Taille einknickt. Fußt das rechte Hinterbein auf, knickt er rechts ein und umgekehrt.

LÖSUNG: Wirke mit beiden Schenkeln und beiden Zügeln gleichmäßig stark ein und halte dein Pferd im Hals schnurgerade. Versuche nicht, drei oder vier Tritte hintereinander mit der Hand durchzuziehen. Reite vielmehr jeden Tritt einzeln. Für jeden Rückwärtstritt gibst du die gleichen Hilfen, ohne daß dein Pferd anhält. Es soll schon in der Bewegung bleiben. Bei vier Tritten Rückwärtsrichten würde das bedeuten, daß du viermal vorsichtig gegen die durchhaltende Hand treibst und beim Tritt nach rückwärts wieder ein wenig weicher wirst, um für den folgenden Tritt wieder gegen die Hand treiben zu können. So stößt sich dein Pferd viermal hintereinander leicht am Trensengebiß ab. Es bekommt einen klaren Hinweis, daß es vier Tritte rückwärtstreten soll. Wie stark du gegen die Hand treibst, richtet sich nach der jeweiligen Empfindsamkeit des Pferdes.

Sollte die Rückenmuskulatur deines Pferdes noch nicht vollständig entwickelt sein, bringe dein Gewicht nicht so betont in den Sattel, wie du es beispielsweise beim Angaloppieren aus dem Schritt gewohnt bist. Nimm ein wenig Gewicht mit den Innenflächen deiner Knie auf, damit der Pferderücken die Rückwärtsbewegung unter dem Reiter unterstützt.

Reite von Anfang an verschieden viele Tritte zurück. Mal beläßt du es bei zwei Tritten, ein anderes Mal verlangst du fünf

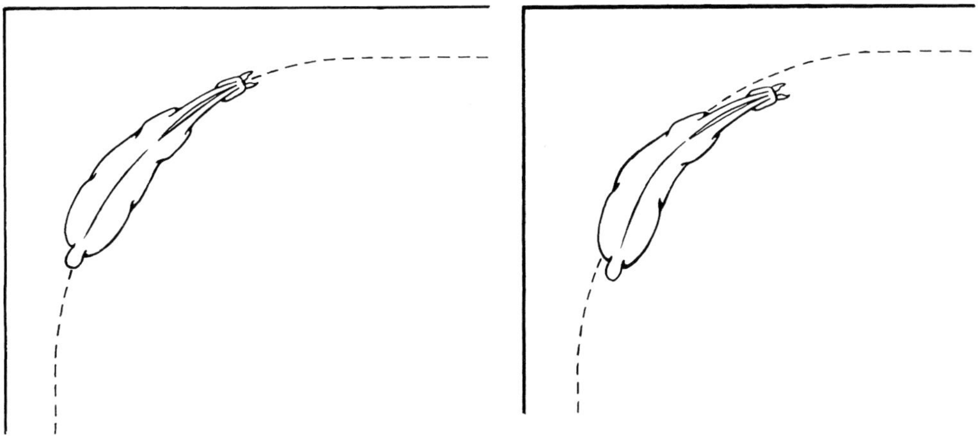

Links: Das Pferd wird entsprechend der gerittenen Wendung eingestellt und biegt sich genügend. Es kommt zu der gewünschten Längsbiegung.
Rechts: Stellung und Biegung entsprechen nicht dem Radius des Hufschlags in der Ecke. Das Pferd wird übertrieben gestellt und gebogen. Bedenke, daß man ein Pferd nicht biegen kann. Der Reiter kann sein Pferd allenfalls athletisch mit vielen Lektionen ausbilden, so daß es sich von selbst in Wendungen und Lektionen gebogen bewegt. Jede vom Reiter erzwungene „Biegung" hält nur so lange an, wie er sie mit Hand und Schenkel aufrechterhält. Stellt er seine Bemühungen ein, gibt das Pferd die künstliche Biegung sofort auf.

Tritte, um die Konzentration und den Gehorsam des Pferdes auf deine Hilfen beizubehalten.

Im allgemeinen gehen Pferde nicht gern zurück. Werden sie grundsätzlich vier Tritte rückwärts gerichtet, versuchen sie nach einiger Zeit, bereits nach dem zweiten oder dritten Tritt aufzuhören. Damit entsteht eine Konfliktsituation, die du mit dem aufgeführten Ratschlag vermeidest.

Verlange das Rückwärtsrichten möglichst erst gegen Ende des Trainings. Für diese schwierige und ungeliebte Lektion sollte dein Pferd besonders geschmeidig und locker sein.

Schwierigkeiten beim Einstellen

URSACHE: *Längsbiegung und Stellung deines Pferdes passen nicht zueinander.*

Teste dein natürliches Verhalten, indem du deinen Kopf deutlich zur rechten Seite in Richtung Schulter neigst. Du wirst ein wenig in der rechten Hüfte einknicken wollen, um dir die seitliche Kopfneigung zu erleichtern. Auch bei dir macht sich eine „Längsbiegung" bemerkbar. Je stärker du deinen Kopf neigst, um so mehr möchtest du in der Hüfte einknicken und deine Wirbelsäule seitlich biegen.

Deine natürlichen Reaktionen machen verständlich, daß man ein Pferd nur zwanglos einstellen kann, wenn es sich im Rumpf selbständig biegt. Übertrifft das Einstellen nicht den Grad der Biegung, bleibt es für das Pferd angenehm und leicht. Ein Reiter unterliegt schnell der Versuchung, sein Pferd mit häufigem und übertriebenem Einstellen an den Zügel zu stellen, vor allem wenn er den Eindruck hat, daß sein Pferd stark gegen den inneren Zügel drückt und seinen Hals nicht fallen läßt.

Nun kann zweierlei geschehen: Entweder schiebt das Pferd seinen Hals noch weiter nach oben und drückt zunehmend gegen die innere Hand, oder der Reiter erreicht tatsächlich für den Augenblick des

Gerade noch vertretbares Einstellen beim Abwenden

Übertriebenes Einstellen beim Abwenden

Einstellens und einige Sekunden danach einen scheinbaren Erfolg. Das Pferd wird innen ein wenig leichter und hält womöglich auch den Kopf tiefer.

Die erste Reaktion findest du bei steiferen, nicht so sportlichen Pferden. Sie verlieren beim übertriebenen Annehmen des inneren Zügels Gleichgewicht und Takt; manche geraten sogar ins Stolpern. Mit dem Hals als Balancierstange wollen sie wieder den Zustand herstellen, der ihnen taktmäßiges Geradeauslaufen ermöglicht. Während ihrer Bemühungen werden sie schneller und drücken hilfesuchend noch stärker gegen das Trensengebiß. Dabei weicht die Hinterhand kraß nach außen und berührt Hallenbande oder Viereckbegrenzung. Steife und wenig ausgebildete Pferde müssen so reagieren, da sie im Rumpf gerade bleiben. Einen kurzen, scheinbaren Erfolg erreichst du mit übertriebenem Einstellen bei Pferden, die ein wenig gelenkiger sind. Sie sind geschickt genug, ihr Gleichgewicht zu behalten, und verlieren auch nicht den Takt. Sie folgen lediglich mit dem Hals dem angenommenen Zügel und pendeln mit ihm hin und her, gerade so, wie du es mit deiner Hand verlangst. Das Trensengebiß folgt dem Zügel und wird weit durchs Pferdemaul gezogen.

Pendelbewegung des Halses sowie die durchs Pferdemaul gezogene Trense sind dem Pferd unangenehm. Solange sie andauern, weicht das Pferd den „lästigen Hilfen" aus. Es gibt scheinbar nach und läßt den Kopf fallen. Darf es jedoch Kopf und Hals ruhig und gerade halten, hebt sich das Pferd Tritt für Tritt oder Sprung für Sprung wieder allmählich heraus. Es nimmt die Haltung ein, die seinem augenblicklichen sportlichen Vermögen und seiner Ausbildung entspricht.

Scheinbare Erfolge, die du mit übertriebenem Zügeleinsatz erzielst, machen dein Pferd dort stark, wo du es schwach haben möchtest.

Mit der Zeit stellen sich Pferde auf hin- und hergezogene Trensengebisse ein und reagieren immer weniger sensibel. Die wertvolle Empfindsamkeit des Pferdemauls nimmt ab. Deine Hilfen werden von Woche zu Woche deutlicher, um gleiche Wirkung zu erreichen. Während du anfangs beispielsweise den inneren Zügel mit leichter Hand nur fünf Zentimeter angenommen hast, benötigst du schon einen Monat später für das gleiche Ergebnis zehn Zentimeter. Nach einem weiteren Monat reichen auch die zehn Zentimeter nicht mehr aus. Die bisher leichte Hand wird energischer, um mehr Einfluß auf das Pferdemaul zu nehmen. Sind bald sämtliche Mittel erschöpft, werden dünnere Gebisse eingeschnallt. Mit zufriedenem und zwanglosem Reiten ist es längst vorbei.

LÖSUNG: Stelle dein Pferd nicht stärker ein, als es sich im Rumpf, unter dem Sattel, biegen kann. Mit höherem Ausbildungsstand nimmt die Geschmeidigkeit des Pferdes ohnehin zu, und es biegt sich leichter. Die Längsbiegung wird deutlicher. Besonders sportlich weniger veranlagte Pferde solltest du vorsichtig und nur mäßig einstellen. Sobald der Widerstand gegen die einstellende Hand spürbar zunimmt, ist das für dich ein Zeichen, den Druck zu mindern und dein Pferd weniger nach innen zu stellen.

Nutze vermehrt die Schokoladenseite deines Pferdes, auf der du es an den langen Seiten für wenige Sekunden nach außen stellen darfst. Hierdurch tastest du dich allmählich an die festere Seite heran. Unterstütze wegen der erforderlichen Längsbiegung das Einstellen mit dem jeweils gleichseitigen treibenden Schenkel. Achte darauf, im Moment des Einstellens mit dem äußeren Zügel ein wenig weicher zu werden. Ob innen oder außen: ein lang anhaltender, starker Druck führt grundsätzlich zu abwehrenden Reaktionen deines Pferdes.

Mach dir Zirkel- und Schlangenlinien auf beiden Händen zu Verbündeten: Mit einer natürlichen Längsbiegung läßt sich dein Pferd leichter einstellen, und es biegt sich.

Bewegt sich ein Pferd auf der rechten Hand besonders steif, darf man die geschmeidigere linke Hand zu Hilfe nehmen und an den langen Seiten das Pferd für ein bis zwei Sekunden leicht nach außen stellen. Aber Vorsicht! Deutlich den inneren Schenkel gegenhalten. Zudem könnte sich das Pferd beim ungewohnten Einstellen verwerfen.

Mein Pferd verwirft sich

URSACHEN: Das Kapitel des Verstellens oder Verwerfens ist so vielseitig und heikel zugleich, daß Ursachen, Symptome und Lösungen ein eigenes Buch füllen könnten. Nahezu jedes Pferd durchläuft während seiner Ausbildung irgendwann eine Phase, in der es sich auf einer Hand oder beiden Händen im Genick verstellt.

Grundsätzlich aber verstellt sich ein Pferd, weil es sich unbehaglich fühlt.

Mögliche Gründe: eine allgemeine Überforderung; vernachlässigte Ausbildung auf einer oder beiden Händen; das Pferd wehrt sich gegen den treibenden Schenkel; es ist nervös oder gar ängstlich;

Der Wallach beginnt sich zu verwerfen, weil er rechts festgehalten wird.

Genickschmerzen; ungleichmäßige oder zu starke Zügelanlehnung; ungünstige Gebisse; ein hoch geschnalltes Trensengebiß; erheblicher Druck des Trensenkopfstücks aufs Genick; das Pferd findet für seine Zunge keinen angenehmen Platz; heftiger, einseitiger Sporeneinsatz; eine nur einseitige Gertenhilfe; schief oder nach außen sitzender Reiter; zu deutliche oder fortwährende Innenstellung; übertriebenes Korrigieren der natürlichen Schiefe oder eine starre Handeinwirkung, um auf diesem unvorteilhaften Weg eine „Versammlung" zu erreichen.

Der Reiter sollte das Verhalten seines Pferdes beobachten und herausfinden, weshalb es seinen Kopf schief hält.

Verwirft sich ein Pferd wegen eines unbequem sitzenden *Gebisses*, wird im allgemeinen der schräg gehaltene Kopf von einer unruhigen Maultätigkeit begleitet. Oft sucht das Pferd für seine Zunge nach einer angenehmeren Lage und versucht mit ihr zur Seite, nach oben oder unten auszuweichen. Du bemerkst, daß es unwillig vorwärtsgeht und nicht gleichmäßig ans Gebiß herantritt. Der Grad der Anlehnung ändert sich laufend, das Pferd übertreibt die nickende Kopfbewegung. Während du auf einer Seite (höheres Ohr) eine deutliche, manchmal sogar feste Anlehnung spürst, hast du auf der anderen das Gefühl, ohne Zügel zu reiten. Sobald du mit deiner Hand auf dieser Seite (tieferes Ohr) versuchst, Kontakt mit dem Pferdemaul aufzunehmen, verstellt sich das Pferd noch mehr. Das Verstellen nimmt ab, wenn du aus der anderen Hand den Druck ein wenig herausläßt. Aber so, ohne gleichmäßige oder überhaupt ohne jede Anlehnung auf beiden Seiten, ist erfolgreiches Reiten auf Dauer auch nicht möglich.

Sind *Genickschmerzen* die Ursache für das Verwerfen, legt das Pferd meistens nur ein Ohr flach zurück und wackelt von Zeit zu Zeit für wenige Sekunden schnell und heftig mit dem Kopf. Weiterhin versucht es sich Linderung zu verschaffen, indem es weit ausholend mit dem Kopf nach oben und unten schlägt. Bei starken Genickschmerzen kommt es auch vor, daß es urplötzlich stehenbleibt und in besonderer Not auch steigt.

Weniger deutlich verstellt es sich im Genick, wenn *der Reiter ungeschickt sitzt oder einseitig treibt.* Bevor es den Kopf leicht schräg hält, wird es auf der ohrtieferen Seite merkwürdig, fast angenehm „weich" im Maul. Geschieht das zufällig auf der inneren Seite, glaubt der Reiter zunächst an ein Erfolgserlebnis. Er irrt, wenn er glaubt, daß es sich sein Pferd „überlegt" hat und sich nun endlich innen losläßt. Die Enttäuschung ist groß, wenn kurze Zeit später das Pferd seinen Kopf schräg hält und der Reiter auf der scheinbar losgelassenen Seite keine Anlehnung mehr herstellen kann.

LÖSUNG: Vor allem solltest du den festen und angenehmen Sitz des Zaumzeugs überprüfen und eventuell Veränderungen vornehmen. Ist diesbezüglich alles in Ordnung, verändere eine gut sitzende Trense nicht, um das Verwerfen abzustellen: Damit gelingt es dir nicht! Sämtliche

Maßnahmen wie dünneres oder dickeres Gebiß, Nasenriemen enger oder weiter, Gebiß höher oder tiefer, Ausbinder, Schlaufzügel oder Aufsatzzügel sind bereits reiterliche Kapitulationen und führen grundsätzlich in eine Ausbildungssackgasse.

Das Verwerfen deines Pferdes ist ein Anzeichen, daß es sich im Rücken und/oder im Maul nicht wohl fühlt.

Verwirft sich ein Pferd, bedeutet das zunächst einen unvorhergesehenen, aber unbedingt notwendigen Stopp in der Ausbildung. Vorläufig trainierst du keine schwierigen Lektionen. Finde zunächst heraus, warum sich das Pferd verstellt. Probiere verschiedene Hilfen aus und beobachte genau das Verhalten des Pferdes. Wann wird das Verwerfen stärker, wann nimmt es ab? Die richtige Erkenntnis ist wichtig für die anzunehmende Therapie. Aber noch wesentlicher ist, daß du dir den Fehler merkst und ihn nicht noch einmal begehst, wenn du wieder Lektionen reitest. Schließlich hat sich das Verstellen beim Training von Lektionen eingeschlichen.

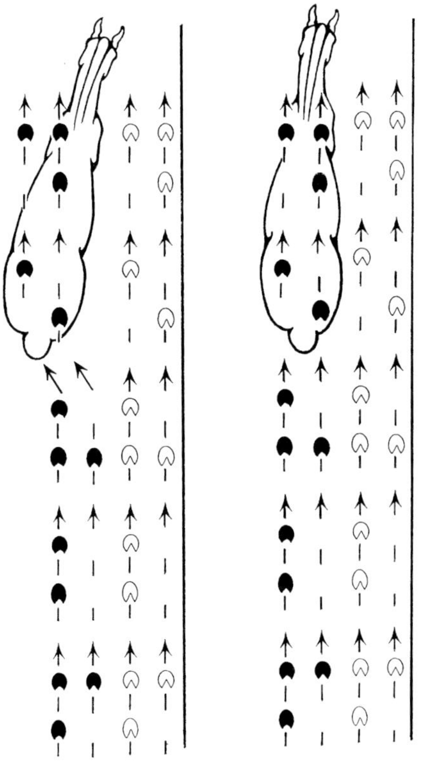

Wird ein Pferd ausnahmsweise auf dem zweiten Hufschlag der langen Seite für wenige Sekunden vorsichtig nach außen gestellt, sollte es im Rumpf gerade bleiben. In unserem Beispiel während der leichten Rechtsstellung betont den linken Schenkel gegenhalten, damit die Hinterhand des Pferdes nicht neben die Spur der Vorhand fußt und nach links ausweicht.

Reite dein Pferd zunächst in den Arbeitstempi von Trab und Galopp lediglich fleißig geradeaus. Steigere vorsichtig die Anlehnung und beobachte, wie sich dein Pferd verhält. Gib mit der äußeren Hand ein wenig nach, wenn es beim Einstellen das innere Ohr fallen läßt. Hält das Verstellen auch dann weiter an, versuche die Innenstellung mit dem treibenden inneren Schenkel intensiv zu unterstützen.

Erzielst du keine Besserung, beobachte, wie sich dein Pferd verhält, wenn du es an den langen Seiten ein wenig nach außen stellst. Wird das nach außen gestellte Pferd im Genick wieder gerade, ist das für dich der Hinweis, daß du es mit der Innenstellung übertrieben hast. Merke dir deshalb, dein Pferd nicht stärker einzustellen, als es sich im Rumpf zwanglos unter Gewichts- und Schenkelhilfen biegt. Sei vorsichtig mit deiner inneren Hand: Ein nach innen gezogenes Pferd muß sich auf Dauer verwerfen.

Versetze dich wieder in die Lage des Pferdes und denke darüber nach, wann du dich „verstellen“ würdest, hättest du eine Trense im Mund, mit der dir ein „unsichtbarer Chef“ Tempo- und Richtungsanweisungen gäbe. Es wird dir nicht weiter schwerfallen nachzuempfinden, wie störend eine einseitige feste Anlehnung oder übertriebenes Abstellen auf deine Mundwinkel wirkt.

Übe Lektionen nur immer so intensiv, wie du sie mit leicht bleibender Hand führen kannst.

Wird beispielsweise beim Schulterherein der Druck auf die äußere oder innere Hand wesentlich stärker, kannst du damit rechnen, daß dein Pferd entweder gleich oder einige Tage später dem Druck ausweicht und sich verwirft. Und gerade das ist es, was das Erkennen und „Lesen" der eigenen Fehler so schwierig macht: Pferde reagieren nicht unbedingt am gleichen Tag auf deine Fehler. Sind sie nicht ganz so empfindsam, finden sie sich mit einem lästigen Druck einige Zeit ab und ändern ihr Verhalten erst, wenn es wirklich unangenehm für sie wird. Dann findest du keine Erklärung, weil du nicht anders geritten bist als an den Tagen zuvor.

Steigender oder abnehmender Druck auf deine Hand sollte für dich stets ein Alarmsignal sein, auch dann, wenn dir im Augenblick noch keine Nachteile auffallen.

Mein Pferd setzt mich nach außen

URSACHE: *Du rutschst nach außen, weil dein Pferd übertrieben nach innen gestellt wird. Um sein Gleichgewicht zu halten, versucht es seine Hinterhand ebenfalls nach innen zu verlagern. Somit schafft es einen Ausgleich zu den nach innen gezogenen Gewichten von Kopf und Hals.*

Mit der künstlich und übertrieben hergestellten „Längsbiegung", die selbstverständlich keine ist, balanciert das Pferd sich und seinen Reiter leichter aus. Das würde ihm jedoch nicht gelingen, säße der Reiter auch noch auf der inneren Seite. Kopf innen, Hals innen, Reiter innen und Hinterhand innen: das wäre zuviel Gewicht auf einer Seite. Dem fortwährend nach innen gestellten Pferd bliebe mit einem innen sitzenden Reiter nur die Möglichkeit, den Hufschlag nach innen zu verlassen. Es

Der Fuchs nimmt Kopf und Hinterhand übertrieben nach innen. Er setzt seine Reiterin nach außen, um zu Kopf und Hinterhand ein Gegengewicht herzustellen. Mit der Reiterin als Gegengewicht kann er auch in schiefer Haltung müheloser geradeaus laufen, ohne ständig nach innen zu tendieren. Die Reiterin sitzt deutlich rechts neben der Wirbelsäule des Pferdes.
Es wäre für Pferd und Reiterin vorteilhafter, wenn der Wallach insgesamt mit schulterhereinartigem Reiten gerader gehalten würde. Die Reiterin säße dann wieder mit ihrer Wirbelsäule lotrecht über der des Pferdes. Gerittenwerden und Reiten würden leichter und angenehmer.

kann jedoch geradeaus traben und galoppieren, wenn der außen sitzende Reiter ein Gegengewicht zu seinen innenliegenden Gewichten von Kopf, Hals und Hinterhand darstellt.

Es ist nicht verwunderlich, daß besonders im Galopp Reiter häufig nach außen rutschen. Im Galopp wird das Pferd ohnehin ein wenig nach innen gestellt, während es im Schritt und Trab seinen Hals möglichst gerade halten soll. Demnach ist im Galopp die Gefahr größer, das Einstellen zu übertreiben. Wegen des übertriebenen Einstellens entsteht eine starke „Längsbiegung", die das Reitergewicht nach außen plaziert. Auf einem „krummen" Pferd muß man außen sitzen, vor allem im Galopp.

Du erkennst deutlich das innere Pferdeauge und einen Teil des Trensengebisses, das innen ständig drei oder mehr Zentimeter aus dem Pferdemaul gezogen wird. Stark eingestellte Pferde kommen häufig zu tief und verstellen sich zudem im Genick, das äußere Ohr liegt tiefer.

Die Zügelanlehnung muß deswegen nicht grundsätzlich unangenehm sein. Stark nach innen gestellte Pferde können mit einem „nach außen gesetzten" Reiter recht bequem laufen. Sie gestatten, solange sie im Gleichgewicht bleiben, eine gleichmäßige, wenn auch feste Anlehnung. Allerdings überwiegt stets der Druck des inneren Zügels. Mit der Zeit schwindet deshalb die Empfindsamkeit, und es schleichen sich Zungenfehler ein. Es ist kaum möglich, mit dem inneren Zügel weicher zu werden.

Deine innere Hand liegt deutlich über der äußeren. Vor allem im Galopp bist du ständig bemüht, deinen Sitz im Sattel nach innen zu korrigieren. Deine äußere Schulter liegt zu tief und weit vorn. Die erzwungene, übertriebene „Längsbiegung" des Pferdes verhindert, daß Schulter, Hüfte und Unterschenkel der äußeren Seite so weit zurückgenommen werden, daß sich Schultern und Hüften fortwährend parallel zu denen des Pferdes befinden.

Das Pferd wird übertrieben abgestellt. Die Reiterin läßt ihre rechte Schulter fallen und gleitet nach außen.

Hier bleibt das Pferd nach der Ecke im Hals gerader. Entsprechend gut sitzt die Reiterin.

Das innere Knie rutscht im gleichen Maße nach oben, wie das äußere nach unten gleitet. Die inneren Fußballen verlieren den Kontakt zum Bügel, während der Druck auf den äußeren Fuß zunimmt. Es gelingt dir aber nicht, diesen wachsenden Druck zu nutzen, um den äußeren Bügel sicher auszutreten. Vielmehr rutscht er dir ständig vor den Stiefelabsatz, weil dein Unterschenkel den Kontakt zum Pferd verliert und nach vorn gleitet. Selbst der ständig innen anliegende Unterschenkel bietet dir keinen Vorteil, weil du den Schenkeldruck nicht wesentlich variieren, nicht mindern kannst.

LÖSUNG: Neben dem sogenannten „Von-hinten-Heranholen" gehört wohl das Einstellen eines Pferdes zu den reiterlichen Ansprüchen, mit denen Pferde am meisten verunsichert und überfordert werden. Kaum etwas bringt Pferde mehr aus dem Konzept, als wenn sie ständig gegen die durchhaltende Hand getrieben oder übertrieben nach innen gestellt werden.

Denke darüber nach, wie sich dein Laufverhalten verändern würde, müßtest du beim Joggen einen Rucksack tragen und dabei deinen Kopf ständig links halten. Am auffälligsten wäre dann die ständige Tendenz nach rechts, die dein Laufen behindert. Um diese Tendenz einzuschränken, drückst du deine linke Schulter nach vorn-unten und führst dein linkes Bein betont nach vorn. Du knickst in der vorgeschobenen Hüfte ein und läufst insgesamt schnell ermüdend, ungleich, krumm und schief. Jetzt bewegst du dich so unvorteilhaft wie ein Pferd, das ständig nach innen gestellt wird.

Nutze jede Chance, deinem Pferd das Laufen unter dem Sattel zu erleichtern. Halte dein Pferd gerade, damit es sein Gleichgewicht hält. Plaziere dein Gewicht möglichst ruhig und dicht über den Schwerpunkt (Widerrist) des Pferdes; so trägt es dich besonders bequem und ausdauernd.

Kontrolliere sofort die Innenstellung, wenn du häufig den inneren Bügel verlierst: Der lose innere Bügel gibt dir ebenfalls ein deutliches Zeichen, daß dich dein Pferd nach außen setzt.

Stelle dein Pferd lieber in kürzeren, aber immer unterschiedlichen Zeitabständen nur wenige Zentimeter ein, als es etwa über zehn Sekunden lang stark nach innen zu ziehen. Ein nach innen gezogener Pferdekopf bringt dir nur Nachteile. Leider spielen hauptsächlich Springreiter eine sich auf den gesamten Reitsport äußerst negativ auswirkende Rolle, wenn sie die Hälse ihrer Pferde wie das Pendel einer Standuhr hin- und herschwingen lassen. Hiermit offenbaren die Pferde keineswegs Lockerheit – allenfalls gehorchen sie demütig dem unsinnigen Gewürge ihrer Reiter. Locker bekommt man ein Pferd mit häufigen Tempounterschieden und unterschiedlich starken Wendungen, nicht indem man seinen Kopf aufs Schulterblatt zerrt. Allenfalls läßt es seinen Kopf bis auf die Brust fallen; es möchte dem lästigen und schmerzenden Gezerre aus dem Weg gehen. Ohren, Nase und Maul gehören zu den empfindsamsten Stellen eines Pferdes. Dieses alles aufgebende und demütige Verhalten des Pferdes ist nicht auf wirkliche reiterliche Einwirkungen zurückzuführen, sondern nur auf Schmerz.

Mit vorsichtigem Einstellen regst du die kauende Maultätigkeit deines Pferdes an und unterstützt ein wenig seine Längsbiegung, entsprechend dem Biegungsgrad, mit dem soeben eine Wendung geritten wird. Daraus ergibt sich zweifelsfrei, daß geringe Zügelbewegungen wesentlich wirkungsvoller sind.

Zufriedenes Kauen fördert man mit leichten, anregenden Bewegungen des Trensengebisses. Ebenso gering sind die Zügelhilfen, wenn sich Kopf und Hals während einer Längsbiegung der sanften Krümmung der Rückenwirbelsäule angleichen. Halte dein Pferd ruhig und gerade, dann wird es dich nicht nach außen setzen wollen.

Verstellen im Schulterherein

URSACHE: *Das Pferd wird mit dem inneren Zügel zu stark eingestellt. Die gleichmäßige Anlehnung geht verloren, dein Pferd lehnt sich, je nach Veranlagung der natürlichen Schiefe, auf den inneren oder äußeren Zügel und verstellt sich.*

Treibst du zu intensiv mit dem inneren Schenkel, wird vor allem der Druck auf den äußeren Zügel erheblich zunehmen. Auch dann hilft sich dein Pferd aus der unbequemen Lage, indem es sich verstellt.

Wird die Anlehnung dagegen sehr schwach, fehlen deinem Pferd Anleitung und Unterstützung, wie es seinen Kopf tragen soll. Möglich, daß es sich auch dann verstellt.

Dein Pferd tritt über, nicht weil du Schulterherein, sondern vielmehr „Hinterhandheraus“ reitest. Du drückst lediglich mit dem inneren Schenkel die Hinterhand deines Pferdes nach außen gegen die Bande, während die Vorhand weiter auf dem Hufschlag läuft. Es kommt dabei eine Art Schenkelweichen im Trab heraus, das mit Schulterherein nichts gemeinsam hat. Dein Pferd läuft mit hoher Kruppe bergab, da die Mitte des Hufschlags um etliche Zentimeter tiefer liegt als der an der Bande aufgeworfene Hallenboden. Infolgedessen wird dein Pferd ungleich gehen, sich vor die Fesselköpfe treten und auf die Hand legen. Es gibt die gleichmäßige Zügelanlehnung auf und verwirft sich im Genick.

Bei übertriebenem Einstellen ziehst du die innere Hand auf den Oberschenkel. Du knickst in Hüfte und Taille ein, dein Gewicht gleitet nach außen, der äußere Schenkel rutscht nach vorn. Somit verliert der äußere Schenkel die Möglichkeit, die Hinterhand des Pferdes auf dem Hufschlag zu halten.

Die ersten Anzeichen eines fehlerhaften Schulterhereins ergeben sich aus der Zügelanlehnung. Wird sie auf beiden Seiten auffällig schwach oder stark, ist das ebenso unerfreulich, als wenn gleiches bei nur einem Zügel auftritt. Du beobachtest drei sichtbare Merkmale: Dein Pferd verstellt sich, kommt zu hoch oder zu tief. Hebt es sich heraus, wird die Anlehnung schwächer, und das Pferd verliert an Schwung und Geschwindigkeit. Kippt es ab, nimmt im allgemeinen die Anlehnung zu, und dein Pferd wird schneller.

Berührst du mit deiner inneren Hand Sattel oder Oberschenkel, kannst du davon ausgehen, daß Sitz und Einwirkung nicht mehr wirkungsvoll sind. Wie oben beschrieben, verändert sich die Lage von Gewicht und Unterschenkel. Indem du innen einknickst, wird der innere Schenkel ständig gegen das Pferd gedrückt. Dein Pferd nimmt nicht die Schulter herein, sondern die Hinterhand heraus, es geht Schenkelweichen.

LÖSUNG: Schulterherein wird als die „Mutter aller Lektionen“ bezeichnet. Es findet sich im Dressur- wie auch im Springsport in jeder gerittenen Lektion wieder. Bereits in den ersten Monaten der Ausbildung eines Pferdes, zu Beginn des allmählichen Geraderichtens, erinnern die Hilfen des Reiters an diese Übung. Der Reiter ist ständig bemüht, bei einer angedeuteten Innenstellung durch vermehrtes Treiben mit dem inneren Schenkel der natürlichen Schiefe seines Pferdes entgegenzuwirken.

Obwohl Reitern früh bewußt wird, wie wichtig das Schulterherein für die Ausbildung von Sportpferden ist, vernachlässigen sie es – wahrscheinlich deshalb, weil sie es anfangs übertreiben und somit Schwierigkeiten auftauchen.

Du wirst diesen Fehler nicht begehen, wenn du daran denkst, die Hinterhand grundsätzlich in Richtung Schwerpunkt zu reiten. Beide Schenkel haben wichtige Aufgaben zu erfüllen. Der innere deutet die Vorwärts-seitwärts-Bewegung an, der äußere sorgt dafür, daß die Hinterbeine gerade in Richtung Widerrist treten. Als zuverlässige Orientierungshilfe dient hierbei das äußere Vorderbein, in dessen Spur das

Gute Entwicklung von Schulterherein nach einer Ecke.

innere Hinterbein fußen soll. Von vorn betrachtet, deckt das äußere Vorderbein das innere Hinterbein so ab, daß du im Spiegel nur drei Beine siehst: die Vorderbeine sowie das äußere Hinterbein. Steht dir zur Kontrolle kein Spiegel zur Verfügung, bitte einen fachkundigen Reiter, dich zu beobachten. Ansonsten gilt, lieber etwas weniger übertreten lassen als zuviel.

Führe die Schulter des Pferdes bei leichter Innenstellung mit dem gut unterstützenden, etwas nach hinten verlagerten äußeren Schenkel ins Bahninnere. Der innere Schenkel treibt dicht hinter dem Sattelgurt und hält im Einklang mit dem äußeren Schenkel sowie den Zügelhilfen Form und Grad des Übertretens. In Verbindung mit dem inneren Schenkel hält der sanft anstehende innere Zügel eine leichte Innenstellung. Beschäftige langsam und vorsichtig dein Pferd fortwährend ein wenig im Maul. Kaum merkbar veränderst du den Zügeldruck innen wie außen. Dein Pferd soll nicht die Möglichkeit bekommen, sich auf einen Zügelzug einzustellen und auf die Zügel zu lehnen. Verfolge auch im Schulterherein das „Ziehharmonika-Prinzip“: annehmen und nachgeben.

Stelle dein Pferd nicht zu sehr nach innen. Siehst du das innere Pferdeauge schimmern, ist die Innenstellung beinahe schon übertrieben – lieber weniger als mehr. Beide Zügel beeinflussen Tempo und Richtung. Durch die leichte Innenstellung wird gewöhnlich der Druck auf die äußere Hand ein wenig stärker. Das muß aber nicht unbedingt so sein. Ist die Anlehnung auf beiden Seiten etwa gleich, liegt das Trensengebiß besonders ruhig im Maul, und das hat bei einem gut gerittenen, empfindsamen Pferd nur Vorteile.

Verlagere dein Gewicht nur andeutungsweise nach innen – weniger als beispielsweise in einer kleinen Volte. Kurz vor der Lektion faßt du um etwa fünf Zentimeter auf dem inneren Zügel nach, der

äußere Zügel wird um etwa drei Zentimeter länger. Nun stehen auch während des Schulterhereins deine Fäuste auf gleicher Höhe, und deine Hüften und Schultern befinden sich weiterhin parallel zu denen des Pferdes. Entsprechend wird der äußere Schenkel um etwa zehn Zentimeter zurückgenommen und deutlich ans Pferd gelegt. In dieser Haltung unterstützt dein Gewicht die Bewegung des Pferdes. Rutschst du jedoch nach außen, zieht dein Gewicht das Pferd ebenfalls in diese Richtung. Dein Pferd kann nicht mehr nach vorn in Richtung Schwerpunkt treten.

Reite alle Lektionen mit fünf Hilfen: mit deinem Gewicht, zwei Zügel- und zwei Schenkelhilfen.

Oft sind die inneren und äußeren Hilfen unterschiedlich stark, jedoch wird die Hilfe einer Seite nie allein eingesetzt, da deinem Pferd neben dem Seitwärtsimpuls grundsätzlich auch die Vorwärtstendenz deutlich gemacht werden muß. Tempounterschiede, Übergänge in andere Gangarten sowie das Halten oder auch Kurzkehrtwendungen gelingen zuverlässig, hast du vorher eine „schulterhereinartige Ordnung" hergestellt. Ein zwangloses Schulterherein-Reiten vor einer Lektion gibt dir einen untrüglichen Hinweis, ob du mit einer erfolgreichen Ausführung rechnen kannst.

Wendungen und Biegungen

Mangelnde Biegung

URSACHE: Eine wichtige Erkenntnis ist die, daß sich ein Pferd von einem Reiter nicht biegen läßt. Die allgemein übliche Aufforderung des Reitlehrers: „Biege dein Pferd mehr!" führt den Schüler aufs reiterliche Glatteis. Er wird verständlicherweise mit Händen und treibenden Schenkeln aktiver, um den Rat des Lehrers zu befolgen. Mit einseitigen Hand- und Schenkelhilfen gelingt es ihm auch, sein Pferd für kurze Momente künstlich „gebogen" zu halten. Diese Biegung hat jedoch mit einer ungezwungenen Längsbiegung nichts gemeinsam. Sie fällt zusammen, sobald der Reiter mit Hand und Schenkel etwas weniger stark einwirkt.

Ein Reiter kann sein Pferd nicht biegen. Er kann es allenfalls athletisch ausbilden, so daß es sich gebogen bewegt.

Erhebliche Probleme mit der Biegung hat ein Pferd, das ständig seinen Schweif auf einer Seite trägt. Hält es den Schweif fortwährend links, wird es sich rechts kaum biegen.

Die Merkmale ähneln denen des vorigen Kapitels, da Einstellen und Längsbiegung miteinander verschmelzen. Hier wird jedoch noch deutlicher, daß die Hinterhand in Wendungen nach außen weicht. Oft lehnt sich das steife, noch nicht genügend ausgebildete Pferd gegen den treibenden Schenkel. Es begreift nicht, daß du mit deinen unterschiedlich stark anliegenden Schenkeln eine Längsbiegung erreichen möchtest!

Biegen sich Pferde nicht nach den Vorstellungen des Reiters, werden sie gewöhnlich unter den Hilfen des Reiters fester in der Hand. Sie verstehen die Hilfen des Reiters als vorwärtstreibende oder zurückführende Hilfen, werden aber immer wieder korrigiert, sobald sie nach ihrem Verständnis reagieren. Die aufkommende Unsicherheit führt dazu, daß sie sich auf den Zügel lehnen. Oft verkrampfen sie sich und beginnen nervös mit der Zunge zu spielen, drehen mit dem Schweif oder knirschen mit den Zähnen. Sie lassen sich physisch und psychisch nicht los; der Reiter sitzt auf ihnen unangenehm hart.

Beobachte im Galopp, ob der Schweif deines Pferdes stets leicht und locker zur inneren Seite pendelt. Befindet er sich auf beiden Händen immer auf der linken Seite, wird dein Pferd dir auf der linken Hand eine übertriebene Längsbiegung anbieten. Hier besteht die große Gefahr, daß es dich auf seiner scheinbaren Schokoladenseite

Das Pferd wird mit einer ausreichenden Stellung und Längsbiegung durch die Ecke galoppiert.

nach außen setzt. Werden Kopf, Hals und Hinterhand sehr deutlich nach innen genommen, kommt dem Pferd ein weiter außen plaziertes Gegengewicht zugute, um unter dem Sattel im Gleichgewicht zu bleiben. Achte einmal darauf: Biegen sich Pferde auf einer Hand außergewöhnlich stark, sitzt der Reiter oft ein wenig nach außen.

LÖSUNG: Biege dein Pferd nicht, sondern reite es so, daß es sich während der Ausbildung mehr und mehr von selbst biegt. Hier helfen wieder Schlangenlinien, Zirkel und Volten. Der Biegungsgrad gerittener Wendungen richtet sich nach dem jeweiligen Ausbildungsstand deines Pferdes.

Prüfe auf einem glattgezogenen Sandplatz, ob in einer Wendung die Spur der Hinterbeine in die der Vorderbeine fußt. Verschieben sich die Abdrücke der Hinterbeine *nach außen*, hast du folgende Möglichkeiten zu korrigieren:

- Die Wendung nicht so eng reiten;
- weniger mit dem inneren Schenkel oder mehr mit dem äußeren treiben;
- auf den Einsatz der Reitgerte achten;
- das Pferd nicht so deutlich einstellen;
- den äußeren Zügel anstehen lassen und nicht zuletzt
- darauf achten, ob Sattel und Gewicht nicht nach außen rutschen.

Verlange auf der schwierigen Seite nicht zuviel, nimm aber andererseits auf der leichteren Seite nicht alles an, was dir ein Pferd bezüglich der Längsbiegung anbietet. Arbeite ein wenig intensiver mit dem äußeren Zügel und beiden Schenkeln, damit dein Pferd nicht selbständig die Längsbiegung übertreibt. Es wird dich sonst, wie bereits oben erwähnt, nach außen setzen, um bequemer laufen zu können.

Solange es fast nur geradeaus geht, läßt sich in dieser Form zweifellos noch ganz angenehm reiten. Sobald jedoch Lektionen wie Volten, Schulterherein, Kurzkehrt, Traversalen und vor allem Pirouetten auf dem Trainingsplan stehen, muß sich das Gewicht des Reiters exakt über dem Schwerpunkt (Widerrist) des Pferdes befinden. Bei Kehrtwendungen und beim Traversieren ist es sogar von Vorteil, wenn sich das Reitergewicht ein wenig nach innen verlagert. Somit läuft das Pferd unter dein Gewicht in die gewünschte Bewegungsrichtung, um im Gleichgewicht zu bleiben.

Nach außen schleudernde Hinterhand

URSACHEN:

1. *Du leitest die Wendung zu stark mit dem inneren Zügel ein.*
2. *Der äußere Zügel hängt durch.*
3. *Mit dem inneren Schenkel wird zu sehr getrieben.*
4. *Beim Einstellen wird in jeder Wendung die Gerte innen angelegt.*
5. *Das Gewicht rutscht nach außen, und dadurch fällt der äußere Schenkel aus.*
6. *Die Wendung wird zu eng geritten. Das Pferd ist noch nicht geschmeidig genug, um sich entsprechend zu biegen.*

Dein Pferd drückt aufs Gebiß und wird schneller. Oft verstellt es sich, wenn der innere Zügel zu stark oder der äußere zuwenig einwirkt. Weicht dein Pferd mit der Hinterhand in einer Wendung nach außen, hast du ebenfalls das Gefühl, nach außen zu rutschen. Der äußere Unterschenkel gleitet nach vorn, und du bekommst mehr Druck auf die äußeren Fußballen. Das innere Knie rutscht ein wenig hoch und öffnet sich leicht. Deine innere Hand steigt und bewegt sich Richtung Mähnenkamm. Gleichzeitig knickst du in Hüfte oder Taille, vielleicht auch in beiden ein.

Auf nach außen weichenden Pferden bekommst du nie das erhabene Gefühl, bergauf zu reiten. Du hast dieses Pferd auch nicht *vor*, sondern lediglich seitlich *unter* dir.

Die Stute fußt schnurgerade. Weicht dein Pferd in Ecken mit der Hinterhand gern nach außen, so halte bereits zwei Pferdelängen vor der Ecke den äußeren Schenkel deutlich angelegt. Sei in der Ecke ein wenig sparsamer beim Nachgeben mit der äußeren Hand.

LÖSUNG: Die angenehme Zügelanlehnung sollte auch in Wendungen gleich bleiben. Sobald sich die Anlehnung in einer Wendung verändert, hast du zuviel verlangt. Entweder war das Tempo zu forsch oder die Wendung zu eng.

Stelle dein Pferd nicht mehr ein, als es sich im Rumpf biegt. Hals- und Rückenlinie sollten sich mit der zu reitenden gebogenen Linie decken. Während du bei einer Längsbiegung die innere Hand ein wenig annimmst, gibt die äußere etwas nach. Deine Hände folgen der jeweiligen Längsbiegung so, daß ein leichter und angenehmer Druck auf beiden Händen bestehen bleibt. Es ist für das Pferd vorteilhafter, es in einer Wendung eher gerade zu halten, als es übermäßig einzustellen. Mit einem geraden Hals hält es leichter sein Gleichgewicht. Außerdem bleibt es zufrieden und ruhig im Maul.

Grundsätzlich ist es für ein Pferd angenehmer und auch für das Reiten vorteilhafter, es eher zuwenig einzustellen als zuviel.

Keine gleichmäßige Anlehnung in Wendungen

URSACHEN:

1. *Du hast versäumt, dein Pferd vor der Wendung zurückzuführen.*
2. *Das Tempo war insgesamt zu schnell oder zu langsam.*
3. *Dein Pferd mußte in der Ecke über die Ränder eines tief ausgetretenen, mangelhaft gepflegten Hufschlags laufen.*
4. *Es ist noch nicht kräftig genug, um auch in Wendungen unter dem Reiter sein Gleichgewicht zu halten.*
5. *Du gleitest nach außen, und dadurch erhält der innere Zügel einen starken Zug, während der äußere meistens durchhängt.*

LÖSUNG: Merkmale und Korrekturen gleichen denen des vorigen Kapitels. Nimm dein Gewicht zu Beginn einer Wendung um einen Hauch nach innen. Die geringe Fliehkraft bewirkt, daß du wieder über den Schwerpunkt des Pferdes kommst. Belastest du dagegen den inneren Gesäßknochen nicht, zieht dich die Fliehkraft nach außen.

Gestatte besonders jungen Pferden, in Wendungen höher oder tiefer zu gehen. Je nach Veranlagung balancieren sie sich in ihrer Lieblingshaltung leichter aus. Werden die Pferde kräftig und sicher, behalten sie auch in Wendungen und Ecken die gewünschte Dressurhaltung.

Stelle sie nicht zuviel ein und vergiß den äußeren Zügel nicht. Führen beide Zügel gleichmäßig, bleibt das Trensengebiß ruhig und angenehm im Pferdemaul liegen. Treibe nicht zu stark mit dem inneren Schenkel. Dein Pferd würde leicht sein Gleichgewicht verlieren und sich hauptsächlich auf deine innere Hand stützen. Führe vor der Ecke das Tempo ein wenig zurück, um deinem Pferd das Durchlaufen der Ecke zu erleichtern.

Reite in Wendungen nicht über Unebenheiten eines ausgetretenen Hufschlags.

Reite Wendungen dem Ausbildungsgrad entsprechend: mit einem S-Dressurpferd in Wendungen auf dem Viertelbogen einer 6-m-Volte, mit jungen Pferden fast eine Zirkellinie.

Unregelmäßige Kurzkehrt- und Hinterhandwendungen

URSACHE: *Besonders anfangs verlangst du von deinem Pferd zuviel: Du reitest die Lektion zuwenig vorwärts und nicht groß genug.*

Du treibst beispielsweise nur mit dem äußeren Schenkel und das zu stark. Bei anstehenden Zügeln und einer leichten Innenstellung bekommt das Pferd durch den äußeren Schenkel den Hinweis, sich seitwärts zu bewegen. Es gehorcht und tritt sich dabei womöglich gegen oder sogar auf den gerade stehenden Huf. Natürlich will es die unangenehme Situation vermeiden, es geht vorsichtig und stockend. Dein Pferd lehnt sich gegen deinen treibenden Schenkel und weicht ihm aus dem erwähnten Grund nicht mehr zur gewünschten Seite. Der Druck auf eine Hand nimmt zu, dein Pferd möchte sich nach vorn entziehen. Während deine treibende Hilfe mit dem äußeren Schenkel zunimmt, bleibt die erhoffte flüssige Vorwärts-seitwärts-Bewegung aus, wenn deine Hand nicht nachgibt. Während sich das Pferd immer stärker abwehrend gegen deinen treibenden Schenkel lehnt, gleitet dein Gewicht mehr und mehr auf die ungünstige äußere Seite. Die ganze Angelegenheit ist verkorkst und endet meistens im Rückwärtsgang.

Kurzkehrtwendung rechts im Training: Wenig stellen, groß genug, deutlich vorwärts und im Hals lieber ein wenig tiefer als zu hoch.

LÖSUNG: Sei anfangs mit deinen Anforderungen bei Kehrt- oder Kurzkehrtwendungen sehr bescheiden. Trainiere zuerst die Kurzkehrtwendung: Aus der Bewegung übersetzt dein Pferd eher deine Hilfen. Laß dir vor allem bei den ersten Kurzkehrtwendungen zur Bande ein wenig Luft und reite auf dem zweiten Hufschlag einen ruhigen Mittelschritt. Etwa Mitte der langen Seite wendest du in eine 6-Meter-Kehrtvolte. Nach dem ersten Viertel verkleinerst du die Kehrtvolte noch ein wenig, indem du die Innenstellung beibehältst und für Sekundenbruchteile beide

Zügel stärker anstehen läßt. Somit hast du mit den Zügelhilfen die Vorwärtsbewegung eingeschränkt. Gleichzeitig und ebenso kurz verstärkst du deine Schenkelhilfen. Um deinem Pferd klarzumachen, daß es mit leichtem Übertreten die Volte in einer Vorwärtsbewegung ein wenig verkleinern soll, treibt der äußere Schenkel entsprechend stärker als der innere. Zügel- und Schenkelhilfen nehmen also gleichzeitig für einen kurzen Moment zu. Um deinem Pferd deutlich zu machen, daß es nicht nur seitwärts, sondern auch vorwärts gehen soll, gibst du mit beiden Zügeln etwa ein bis zwei Sekunden lang nach, wobei zu erwähnen ist, daß du mit dem Nachgeben des inneren Zügels ein wenig sparsamer umgehen solltest. Schließlich zeigt der innere Zügel deinem Pferd die gewünschte Richtung an. Außerdem ist er maßgeblich an der Innenstellung beteiligt. Ist die Lektion gefestigt, gibt auch der innere Zügel deutlicher nach. Dein Pferd behält nun seine Stellung über die ungezwungene Längsbiegung.

Hinterhand- und Kurzkehrtwendungen gehören – neben Traversalen und Pirouetten – zu den wenigen Übungen, bei denen das Gewicht des Reiters nicht zu der Seite des hauptsächlich treibenden Schenkels tendiert. Die Erklärung ist einleuchtend einfach: Ein Pferd balanciert sich und seinen Reiter möglichst leicht aus, wenn das Reitergewicht zu der Seite tendiert, zu der das Pferd eingestellt ist und zu der es laufen soll. Also: Linksstellung = Gewichtstendenz nach links.

Bedenke weiterhin, daß ein Pferd fortwährend bemüht ist, unter das Gewicht des Reiters zu treten, damit es seine „Last" bequem tragen kann. Plazierst du dein Gewicht in einer Kurzkehrtwendung links deutlich zur linken Seite, wird dein Pferd schon deshalb eine Tendenz in die gewünschte Richtung bekommen. Treibt zusätzlich der äußere Schenkel, gibt es für dein Pferd keinen Zweifel mehr, in welche Richtung es sich bewegen soll.

Wie groß oder klein nun die Kurzkehrtwendung wird, regelt das Verhältnis deiner treibenden und durchhaltenden Hilfen zueinander. Krafteinsatz und Dauer der Hilfen sind von Pferd zu Pferd verschieden. Achtest du darauf, daß dein Pferd mit einer leichten Innenstellung stets gut vorwärtsgeht, wirst du bald das geeignete Maß der notwendigen Hilfe herausfinden.

Probiere aus, wie dein Pferd reagiert, und scheue dich nicht vor Fehlern. Solange du dein Pferd innerhalb der Lektion nicht bestrafst und verunsicherst, bleiben Fehler ohne Folgen.

Ein Pferd ahnt nicht – kann nicht ahnen –, daß sich der Reiter mit seinen Hilfen eine andere Ausführung der Lektion vorstellt. Es glaubt grundsätzlich, richtig zu reagieren. Bewahrst du bei Fehlern Ruhe und Übersicht, wird dein Pferd gelassen anders reagieren, wenn du beim nächsten Versuch deine Hilfen veränderst. Wichtig ist, daß du nach einer mißlungenen Kehrtwendung die Ursache herausfindest. Fällt die Kehrtwendung zu groß aus, waren deine Zügel- und Schenkelhilfen zu schwach. Dreht sich das Pferd auf den Hinterbeinen und geht nicht mehr in einem kleinen Halbkreis mit kleinen, fleißigen Schritten vorwärts, waren die Zügelhilfen zu intensiv. Möglich, daß zudem die treibenden Hilfen zu lasch gegeben wurden.

Verliert dein Pferd in der Kehrtwendung die Innenstellung, war dein Gewicht auf der ungeeigneten äußeren Seite. Ein festgehaltener, starr einwirkender äußerer Zügel verhindert ebenfalls eine andauernde Innenstellung. Fällt als betont vorwärtstreibendes Element der innere Schenkel völlig aus, geben manche Pferde schon deshalb die Innenstellung auf. Andere möchten lieber in der Wendung mit dem Kopf ein wenig hinter der Senkrechten, etwas tiefer gehen, damit der Rücken gut mitarbeiten kann. Wieder andere, nicht so geschmeidige Pferde behalten die Innenstellung, solange die Kehrtwendung groß genug geritten wird. Gegen kleinere Wendungen haben sie eine Abneigung, weil sie hauptsächlich mit den Hinterbeinen beim Vortritt nicht über den stehenden Fuß hinausgehen, sondern sich häufig vor Fesselköpfe oder Hufe treten.

Gehe diesen Problemen aus dem Weg und beginne mit großen Kurzkehrtwendungen, die eher kleinen Kehrtvolten gleichen. In der kleinen Kehrtvolte erinnert die Haltung des Pferdes bereits an traversartiges Reiten. Angenommen, du bietest diese Lektion täglich auf beiden Händen je zweimal an, kommen in einem Jahr beinahe eintausendfünfhundert Kehrtwendungen zusammen. Allein durch die Vielzahl wird die Kehrtwendung ständig ein wenig kleiner, ohne daß du deine Hilfen wesentlich veränderst. Führst du in dieser schonenden und zwanglosen Form ein 4- bis 5jähriges Pferd täglich an diese Übung, wird es 6jährig eine einwandfreie Kehrtwendung ausführen.

Der Galopp

Herausheben beim Angaloppieren

URSACHE 1: *Dein Pferd ist noch nicht athletisch genug, um Kopf und Hals beim Angaloppieren ruhig zu halten. Während es angaloppiert, holt es mit seinem Hals Schwung. So kann es unter dem Reiter angaloppieren.*

Gibst du Hilfen zum Angaloppieren, drückt dein Pferd seinen Kopf nach vorn, um sich für das folgende Schwungholen mit dem Hals genügend Freiheit zu verschaffen. Sekundenbruchteile später taucht der Pferdekopf nach unten in Richtung Brust. Von dort wird der Kopf, exakt in dem Augenblick, in dem dein Pferd angaloppiert, nach vorn-oben geworfen. Wenn der Kopf seinen höchsten Punkt erreicht, befindet sich der erste Galoppsprung in seiner Anfangsphase. Das Pferd

Beim Angaloppieren holt das noch nicht ausreichend trainierte Pferd mit seinem Hals von unten nach oben Schwung und hebt sich beim ersten Galoppsprung heraus.

Wenige Galoppsprünge später hat es sein Gleichgewicht gefunden und geht beständiger am Zügel.

hat sich bereits für den Rechts- oder Linksgalopp entschieden. Nun ist das Schwierigste geschafft: Dein Pferd kann bei den folgenden Galoppsprüngen seinen Kopf wieder ruhiger tragen, ohne jedoch der fortwährend ruhigen Halshaltung eines weit ausgebildeten Pferdes nahezukommen. Je weiter ein Pferd ausgebildet ist, um so stabiler wird die gesamte Haltung, besonders die von Kopf und Hals. Gewöhnlich verschärfen kraftlose Pferde, die beim Angaloppieren ihren Kopf hochwerfen, beim letzten Trabtritt ihre Geschwindigkeit. Mit dem Zulegen holen sie ebenfalls Schwung und erleichtern sich das Angaloppieren.

Als drittes, auffälligstes Merkmal kommt hinzu, daß körperlich schwache Pferde beim Angaloppieren mit der Hinterhand deutlich nach innen tendieren. In dieser Haltung bewegen sie sich leichter und bleiben im Gleichgewicht.

LÖSUNG: Den größten Teil der Kraft beziehen Sportler aus einem besonders kräftig entwickelten und gut bemuskelten Rücken. In dieser Hinsicht bestehen keine Zweifel. Auch nicht darin, daß es sich bei Sportpferden ebenso verhält.

Die meiste Kraft wird in der Galopparbeit verbraucht, aber auch aufgebaut. Vor allem dann, wenn nach dem Ziehharmonika-Prinzip gearbeitet wird. Dabei streckt sich das Pferd beim Zulegen und verkürzt sich beim Zurückführen. Bleibe beim Zurückführen leicht in der Hand und führe, wenn erforderlich, mit zwei oder drei kurz nacheinander folgenden Zügelhilfen dein Pferd zurück. Galoppiere viel, aber nicht länger als etwa zwei Minuten auf einer Hand. Häufige Handwechsel und Schrittpausen halten dein Pferd bei Laune.

URSACHE 2: *Deine Hilfen geben dem Pferd keine deutlichen Hinweise, wie es sich beim Angaloppieren verhalten soll. Beispielsweise dann, wenn du versäumst, dein Pferd mit einer notwendigen Zügelanlehnung zu unterstützen.*

Die Zügel hängen durch; deine treibenden Hilfen waren nicht intensiv genug, um für den Moment des Angaloppierens eine deutliche Zügelanlehnung herzustellen. Demzufolge muß das Pferd auf die hilfreiche leichte Innenstellung verzichten. Das Pferd wird nicht angaloppiert, sondern es galoppiert an. Fehlt die Unterstützung des Reiters, nimmt es die Haltung ein, in der es sich am bequemsten bewegt. Dazu gehört der betonte Einsatz des Halses.

LÖSUNG: Übe sitzen und treiben – lerne reiten. Bitte einen befreundeten Reiter, dich so oft wie möglich an die Longe zu nehmen. Galoppiere und trabe an der Longe mit und ohne Bügel. Richte deine Aufmerksamkeit jedoch vor allem auf das Reiten mit Bügeln: Prüfungen werden mit Bügeln geritten.

Es ist nicht außergewöhnlich, wenn du ohne Bügel stärker einwirkst: Das geht fast allen fortgeschrittenen Reitern so. Lasse dich aber deshalb nicht dazu verleiten, nur noch ohne Bügel zu reiten, weil du dann „besser aussiehst". Das Reiten ohne Bügel ist eine Ausbildungsstufe und bietet auch besseren Reitern eine wirkungsvolle Trainingsmöglichkeit, um Sitz und Einwirkung zu verbessern. Dein Ziel sollte sein, mit Bügeln ebenso tief zu sitzen und gleich intensiv zu treiben.

Versuche deinen treibenden Hilfen mehr Nachdruck zu verleihen. Mache dein Pferd schenkelempfindlicher. Auch hier hat sich das bewährte häufige Zulegen und Zurückführen als eine besonders wertvolle Übung erwiesen. Vor allem im Gelände werden Pferde bei ständig variierenden Galopptempi athletisch und spritzig. Mit der Zeit reagieren sie auf treibende Schenkelhilfen prompter und auffälliger, auch auf weniger energische. Nun besitzt dein Pferd die notwendigen körperlichen Voraussetzungen, und du beginnst, fein und schön zu reiten.

Stürmisches Angaloppieren

URSACHE: *Dein Pferd übersetzt die Galopphilfen nicht richtig.*

Es hat nicht verstanden, daß es lediglich angaloppieren soll. Vielmehr ist es der Meinung, wesentlich schneller laufen zu müssen. Allein aus dem Grund galoppiert es an und stürmt davon.

Vielleicht reagiert dein Pferd so heftig, weil es besonders empfindsam ist und deine Schenkelhilfen außergewöhnlich hektisch beantwortet. Es ist aber auch denkbar, daß du die Galopphilfen zu forsch und überfallartig gibst.

Dem Angaloppieren sieht dein Pferd mit gemischten Gefühlen entgegen, es ist verunsichert. Einerseits begreift es schon, daß es galoppieren soll. Aber es kommt aus dem Konzept, wenn es fast im gleichen Augenblick mit energischen Zügelhilfen am Vorwärtsgehen gehindert wird. Es wird ängstlich und verliert seine Losgelassenheit, sobald es auch nur ahnt, daß ein Angaloppieren ansteht. Du spürst die verkrampfte Erwartung des Pferdes, sobald du dein Kreuz stärker anspannst und bei einer leichten Innenstellung die Zügel deutlicher anstehen läßt. Es legt bereits im Trab zu und möchte deinen Galopphilfen zuvorkommen.

LÖSUNG: Pferde reagieren kopflos auf Hilfen, die sehr selten gegeben werden oder die sie nicht begreifen. Außergewöhnliches wird grundsätzlich mit großer Skepsis aufgenommen. Solltest du beispielsweise nur einmal wöchentlich angaloppieren, würde das Mißtrauen bleiben. Das Angaloppieren würde immer wieder in einem Fiasko enden.

Daher gilt besonders für das Angaloppieren der Ausbildungsgrundsatz: Übe häufig die „ersten Momente"! Das bedeutet: Trabe oft an, halte oft, reite viele Übergänge von einer Gangart zur anderen. Dein Pferd lernt nichts dazu, wenn du es fortwährend zehn Minuten lang trabst – allenfalls verbessert sich seine Kondition. Werden jedoch im gleichen Zeitraum viele erste Momente eingebaut, kommt das der Ausbildung deines Pferdes zugute. Trabt ein Pferd erst einmal, macht es in dieser Gangart kaum noch Fehler. Zu Unstimmigkeiten kommt es, sobald du Schritt reiten oder angaloppieren möchtest. Lenke während der Ausbildung deine Aufmerksamkeit auf die Momente, in denen gewöhnlich Fehler gemacht werden. Oft, aber kurz traben – oft, aber kurz galoppieren ...

Trabe auf dem Zirkel und beobachte, ob dein Pferd an der geschlossenen oder an der offenen Seite des Zirkels heftiger angaloppiert. Selbstverständlich wählst du zum Angaloppieren die „ruhigere" Seite. Stelle es vor dem Angaloppieren ein wenig deutlicher als üblich ein und versuche die Galopphilfe des nach hinten verlagerten äußeren Schenkels lediglich anzudeuten. Empfindsame Pferde reagieren besonders hektisch auf eine Schenkelhilfe, die an einer ungewohnten Stelle gegeben wird. Bei unserem Beispiel ist das der äußere Schenkel, der behutsam eingesetzt werden sollte. Dagegen darf der innere Schenkel seinen Druck ohne weiteres erhöhen: Seine Lage ist „bekannt".

Bleibe auch nach dem Angaloppieren auf dem Zirkel. In einer Wendung läßt sich das Tempo leichter regulieren. Gib nicht gleich nach dem ersten Galoppsprung mit dem inneren Zügel nach, wie es die allgemeine Reitlehre sonst zu Recht vorschreibt. In diesem Fall ist es jedoch angebracht, die Innenstellung für einige Galoppsprünge aufrechtzuerhalten. Mit ihr behältst du eine bessere Kontrolle über die Geschwindigkeit. Galoppiere etwa in diesem Verhältnis: drei bis vier Galoppsprünge: einstellen, ein, allenfalls zwei Galoppsprünge innen ein wenig nachgeben und wieder drei bis vier Sprünge die Stellung halten. Hier sei ausdrücklich erwähnt, daß diese Reitweise eine Übergangslösung bleiben muß. Später solltest du dein Pferd wieder mit fast geradem Hals galoppieren und nicht so ausgeprägt nach innen stellen.

Besonders wichtig ist, nun dein Pferd während des Galoppierens an den hinten liegenden Schenkel zu gewöhnen. Laß ihn spürbar hinten liegen, auch wenn dein Pferd erneut zulegen sollte. Schon bald

Schenkellage im Schritt und Trab auf gleicher Höhe.

Auf rechts gebogener Linie wird der äußere (linke) Schenkel (schattiert) ein wenig zurückgenommen. Das Gewicht verlagert sich um einen Hauch nach rechts.

Im Rechtsgalopp wird der äußere (linke) Schenkel (schattiert) weiter nach hinten gelegt. Der innere Gesäßknochen wird deutlich belastet, um der auftretenden Tendenz nach außen entgegenzuwirken.

wird es herausfinden, daß auch diese Schenkellage kein Grund zur Beunruhigung ist.

Nach etwa zwei Zirkelrunden wird getrabt und die Hand gewechselt. Nach gleichem Schema galoppierst du wieder an, bis du die Übung auf beiden Händen je dreimal geritten hast. Beim letzten Angaloppieren wird sich dein Pferd schon ein wenig ruhiger verhalten.

Nachdem du ungefähr zehn Minuten lang deinem Pferd andere Lektionen angeboten hast, galoppierst du erneut aus dem Trab auf dem Zirkel an. Sei nicht enttäuscht, wenn das erste Angaloppieren wieder in ein Wegstürmen ausartet. Immerhin sind nach dem letzten Angaloppieren zehn Minuten vergangen. Bedenke, daß Pferde außergewöhnlich reagieren, wenn ein größerer Zeitraum zwischen den „ersten Momenten" liegt.

Das wird noch deutlicher, wenn dein Pferd am folgenden Tag beim ersten Angaloppieren erneut wie ein Wildpferd davonstürmen möchte. Es braucht seine Zeit, bis ein Pferd etwas als gewöhnlich betrachtet, vor dem es einmal gehörigen Respekt hatte. Es ist zu keinem kausalen Gedankenaufbau fähig, aber es vergißt auch nichts. Setze bei deinem Pferd keine Intelligenz voraus, bewahre die Ruhe und finde dich mit seiner „Unvernunft" ab: Es verhält sich nur natürlich.

In Trabwendungen legst du zur Gewöhnung den äußeren Schenkel ein wenig mehr als üblich nach hinten. Sollte dein Pferd von selbst angaloppieren, soll es dir recht sein. Dein Pferd hat richtig reagiert, und nur darauf kommt es an.

Umspringen in den Kreuz- oder Außengalopp

URSACHE 1: *Dein nach außen hängendes Gewicht zwingt das Pferd, sich zu helfen: Um sein Gleichgewicht zu halten, muß es in den Kreuz- oder Außengalopp wechseln.*

Gleitet dein Gewicht neben den Schwerpunkt des Pferdes nach außen, bietet das Pferd eine deutliche Innenstellung an. Mit seinem innenliegenden Hals stellt es einen Gewichtsausgleich her. Hinzu kommt, daß deine innere Hand die übertriebene Stellung unterstützt. Sie befindet sich nicht mehr seitlich vom Pferdehals, sondern über dem Mähnenkamm oder dem Widerrist. In dieser Lage übt die innere Hand auf den inneren Trensenring einen stärkeren Druck aus. Manche Pferde meistern diese Situation und halten den Innengalopp, indem sie ihre Hinterhand zusätzlich auf den zweiten Hufschlag nach innen nehmen. Sie galoppieren dann besonders schief, bleiben aber im Innengalopp. Gelingt ihnen der Gewichtsausgleich nicht, wechseln sie den Galopp, um sich auszubalancieren – hauptsächlich in engeren Wendungen.

Auffällig ist, daß die Pferde ständig nach außen tendieren. Während der innere Zügel deutlich ansteht, bleibt der äußere fast ohne Wirkung. Es fällt schwer, enge Wendungen zu galoppieren.

LÖSUNG: Korrigiere im Galopp deinen Sitz. Lege das äußere Knie ein wenig, den äußeren Schenkel deutlicher zurück. Beide Zügel stehen gleichmäßig an. Ihre Länge ist so bemessen, daß die innere Hand ein bis zwei Zentimeter vor der äußeren steht. Halte die Fäuste lieber etwas weiter auseinander als zu dicht beieinander. Ein Abstand von etwa zwanzig Zentimetern ist ein gutes Richtmaß. Bei eng geführten Fäusten wirst du in der gesamten Rücken- und Schulterpartie fest. Für Sitz und Einwirkung ist es von Vorteil, wenn sich die Ellenbogen etwa auf Höhe der Hüften befinden. Liegen die Ellenbogen ein wenig hinter den Hüften, ist das günstiger für die Einwirkung, als wenn sie mit zu kurzen Zügeln vor die Hüften geschoben werden. Kurze Zügel zwingen dich, deine Arme fast gerade zu halten. Du bekommst die Schulterblätter nicht zusammen, und es fällt schwer, die Kreuzmuskulatur anzuspannen. Treibende Schenkelhilfen bleiben ohne Wirkung.

URSACHE 2: *Du arbeitest zu intensiv an der Korrektur der natürlichen Schiefe.*

Dein Pferd ist körperlich noch nicht weit genug ausgebildet, um deinen Vorstellungen des Geraderichtens nachzukommen. Es kann im Galopp nicht mit den Hinterhufen in die Spur der vorderen fußen, dazu fehlen ihm Kraft und Geschmeidigkeit.

Versuchst du in diesem ungünstigen Ausbildungsstadium dein Pferd perfekt geradezurichten, wird sich durch übertriebenes Treiben mit dem inneren Schenkel ein starker Druck am äußeren Zügel aufbauen. Diesem Druck will das Pferd ausweichen. Ein besonders maulempfindsames Pferd wird sich verstellen oder aufrollen. Andere drücken ihren Kopf energisch nach vorn und gehen über dem Zügel. Gelingt ihnen eine dieser Maßnahmen, halten sie möglicherweise den Innengalopp. Hinderst du sie aber mit energischen Zügelhilfen auch daran, bleibt dem Pferd nur noch ein Ausweg: Es wechselt zum Kreuz- oder Außengalopp. Du wirst bemerken, daß die Gefahr des Umspringens zunimmt, wenn du bei einer Innenstellung mehr Druck auf die äußere Hand bekommst. Ebenso kündigt ein Verstellen im Genick an, daß dein Pferd Probleme hat und sich mit einer der beschriebenen Reaktionen helfen wird.

LÖSUNG: Bedenke, daß ein Pferd nicht völlig geradegerichtet werden kann – selbst in zwanzig Ausbildungsjahren nicht. Sobald man Pferden freie Hand läßt, bedienen sie sich wieder ihrer natürlichen Veranlagungen. Auch ein Grand-Prix-Pferd wird schief galoppieren, wenn Reiterhilfen erschlaffen.

Das Geraderichten bleibt ein immerwährender Ausbildungsvorgang, der keinen Abschluß findet. Erfolge sind, besonders anfangs, kaum wahrzunehmen. Sei geduldig und toleriere, daß dein Pferd noch ein wenig schief galoppiert. Es genügt, wenn du es bemerkst und ständig in Maßen an einer Verbesserung arbeitest. Treibe nicht zu intensiv mit dem inneren Schenkel und gib auch hin und wieder mit dem äußeren Zügel nach, vor allem in Wendungen oder wenn der Druck stärker wird.

Viele Pferde haben die Eigenart, an immer den gleichen Stellen in der Reitbahn umzuspringen. Beobachte das und sitze an diesen kritischen Punkten besonders ruhig, ja sogar ein wenig passiv. Unterstütze dein Pferd mit einem tiefen, ruhigen Sitz und einer sanften, gleichmäßigen Zügelführung, damit es sich selbst mit dem Reitergewicht ausbalanciert. Betonte Zügel- und Schenkelhilfen würden in diesen wenigen Sekunden nur stören.

Natürlich kann die lasche Einwirkung dein Pferd dazu veranlassen, von selbst in den Trab zu fallen. Gut ist das nicht, aber immer noch besser, als wenn es ständig den Galopp wechselt. Beim nächsten kritischen Punkt treibst du ein wenig stärker, um ein Ausfallen zu verhindern. Du solltest dir Zeit lassen und dich an die Stärke der Hilfen herantasten, die dein Pferd in kritischen Situationen noch verarbeitet. Bis du das richtige Maß gefunden hast, werden etliche Fehler den Versuchsweg begleiten. Aber das ist ganz natürlich, wenn sich zwei Lebewesen aufeinander einspielen.

Denke nur daran, dein Pferd nicht zu bestrafen, wenn ein Fehler gemacht wurde. Eine Strafe, womöglich noch innerhalb der Lektion, könnte dein Pferd nicht verstehen – du könntest es übrigens bei der eingeschränkten Verständigung auch nicht. Bei Bestrafungen muß dein Pferd ängstlich und unsicher werden. Überlege vielmehr, was du beim nächsten Versuch anders machen wirst.

Runde anfangs die Ecken gut ab und verändere vorsichtig die Galopptempi auf Zirkellinien. Hat dein Pferd dort an Sicherheit gewonnen, galoppierst du nach der geschlossenen Seite des Zirkels einige Galoppsprünge geradeaus. Danach wendest du wieder in einem weichen Bogen ab und gehst auf den Mittelzirkel. Nach ein oder zwei Runden Mittelzirkel galoppierst du auf einen anderen Zirkel. Danach wird getrabt und die gleiche Galopparbeit auf der anderen Hand fortgesetzt.

Mein Pferd bleibt plötzlich stehen

URSACHE: *Das Pferd wird überfordert und hat gegen das gesamte „Gerittenwerden" eine tiefe Abneigung.*

Ihm fehlen die sportlichen Voraussetzungen, um den Anforderungen des Reiters nachzukommen. Es ist eines der Pferde, die für den Sport aus irgendeinem natürlichen oder gesundheitlichen Grund ungeeignet sind. So wie nicht jeder Mensch von vornherein als Tänzer oder Leichtathlet auf die Welt kommt, besitzen auch Pferde spezielle Begabungen, zuweilen eine ausgesprochene Unsportlichkeit. Daß Pferde traben und galoppieren, besagt noch nicht, daß sie auch Sportler sind. Benötigen selbst hervorragende Reiter täglich eine halbe Stunde, um ein Pferd an den Zügel zu stellen, ist das Pferd zumindest für den Dressursport untauglich. Ein Reiten und Ausbilden in dieser Form ist dann schon allein nach moralischen Gesichtspunkten nicht mehr gerechtfertigt. Man darf nicht die natürlichen Veranlagungen und Interessen von Pferden ignorieren, um sich ins sportliche Rampenlicht zu stellen.

Lasse dich nicht zu ständigem Zwang beim Reiten verleiten. Auch dann nicht, wenn Siege und Placierungen möglich sind!

Auf Dauer kannst du solch ein Reiten ohnehin nicht mit deinem Gewissen vereinbaren – es sei denn, du hast keines.

Lassen sich Pferde aus den erwähnten Gründen ungern reiten, suchen sie nach einem Weg, die lästigen Hilfen des Reiters auszuschalten. Plötzliches Stehenbleiben hat sich bei Pferden als ein wirksames Mittel erwiesen. Der Reiter verliert zumindest für einen Augenblick die Kontrolle und hat genug damit zu tun, im Sattel zu bleiben.

Mit fortschreitender Übung entwickeln manche Pferde eine erstaunliche Technik. Aus bloßem Stehenbleiben wird ein regelrechter Handstand, bei dem die Hinterhand hochgeworfen wird und gleichzeitig energisch ausschlägt. Der Reiter verliert den letzten Halt, wenn der Pferdehals zwischen den Vorderbeinen verschwindet. Fortgeschrittene Bewegungskünstler führen im Handstand zusätzlich einen Halbkreis aus. Die Hilfen weniger versierter Reiter sind anschließend zaghafter, die konsequente Haltung des Pferdes hat Wirkung gezeigt. Bei Reitern, die sich nicht so leicht einschüchtern lassen und verärgert die vorwärtstreibenden Hilfen verschärfen, wählen die Pferde das geringere Übel. Überwiegen Kraft und Wille des Reiters, gehen sie notgedrungen vorwärts. Überwiegt jedoch die Abneigung gegen Sattel und Reiter, bleiben sie weiterhin stehen oder beginnen zu steigen. Keine der Lösungen führt zu einer harmonischen und zwanglosen Zusammenarbeit.

LÖSUNG: Prüfe zunächst, ob es für die Ablehnung des Pferdes eine andere Erklärung gibt, die mit der Unsportlichkeit des Pferdes in keinem Zusammenhang steht. Momentane Genick-, Rücken- oder Beinbeschwerden können dem Pferd ebenfalls das Gerittenwerden verleiden.

Ein Pferd geht immer so gut, wie es sich im Rücken und im Maul fühlt! Sieh nach, ob mit Trensengebiß und Pferdemaul alles in Ordnung ist.

Geben die erwähnten Punkte keinen Anlaß zu Beanstandungen, werden zunächst die reiterlichen Anforderungen an dein Pferd zurückgeschraubt. Zunächst soll dein Pferd dich in allen Gangarten überallhin tragen – mehr nicht. Um das zu erreichen, machst du an die Haltung deines Pferdes für einige Zeit Zugeständnisse. Kümmere dich nicht um fragende Blicke von Vereinsmitgliedern, wenn sich dein Pferd einige Wochen und eventuell auch Monate lang in einer natürlichen Haltung bewegt, die nicht den Anforderungen der Leistungsprüfungsordnung (LPO) entspricht. Legst du Wert auf eine harmonische Zusammenarbeit, bist du in dieser Situation gezwungen, darauf zu warten, bis sich dein Pferd von selbst mit dem Trensengebiß beschäftigt. Jetzt erst treibst du vorsichtig ein wenig mehr Druck auf deine sanft durchhaltenden Hände. Das Gebiß erhält eine Bedeutung; dein Pferd tritt allmählich an den Zügel.

Versuche nicht, den Kopf des Pferdes herunterzureiten. Schon der Ausdruck „herunterreiten“ macht deutlich, daß diese Reitweise mit Zwang verbunden ist.

Reitest du heute mit heftig treibenden und stark durchhaltenden Hilfen dein Pferd an den Zügel, wirst du morgen mindestens ebensoviel Kraft, wenn nicht noch mehr, aufwenden müssen.

Bewirken wirst du damit nur, daß du immer mehr Zeit benötigst. Dein Pferd hat sich auf deine alles bestimmende Reitweise eingestellt. Es wird im Unterhals und in den Maulwinkeln stark und hart – genau an den Stellen, an denen du es weich und nachgiebig haben möchtest.

Gib dich mit kleinen Erfolgen zufrieden und sei nicht gleich verunsichert, wenn es an einem Tag einmal nicht so klappt, wie du dir das vorgestellt hast. Auch Pferde unterliegen Formschwankungen, aus Gründen, die wir nicht immer erkennen. In diesem Zusammenhang sei jedoch erwähnt, daß die Formkurve eines Pferdes wesentlich stabiler verläuft als die des Menschen.

Holpriger Galopp im Vierschlag

URSACHE 1: *Verliert ein Pferd bereits nach wenigen Sprüngen den galopptypi-*

schen Dreischlag, mag das an seinem unzureichenden Kräftezustand liegen. Vor allem die Hals- und Rückenmuskeln sind nicht in der Lage, die notwendige Kraft auf die Galoppbewegung zu übertragen.

Die Galoppbewegung verläuft nicht glatt und flüssig. Durch den Sattel spürst du ein Rollen und Holpern. Bei jedem Galoppsprung erhält dein Gesäß mehrere kleine Stöße. Im Gegensatz zum gut durchgesprungenen Galopp, bei dem du mit einer einzigen, wunderschön weichen Vorwärts-aufwärts-Bewegung in die Bewegung mitgenommen wirst, übermittelt der holprige Vierschlag-Galopp kein wirkliches Reitvergnügen. Josef Neckermann, der berühmte Dressurreiter der 60er Jahre und Olympiamedaillengewinner, beschrieb es als „ein Gefühl wie in einer Apfelsinenkiste, die über Eisenbahnschwellen gezogen wird“. Johann Hinnemann, bekannter Dressurausbilder, glaubt in solchen Situationen gar, auf einer „Kartoffelsortiermaschine“ zu sitzen.

LÖSUNG: Reite das gleiche Galopptempo versuchsweise im leichten Sitz und

Besonders in Ecken frisch vorwärts galoppieren, damit der Dreischlag des Galopps erhalten bleibt. Runde mit jungen Pferden Ecken im Galopp deutlich ab.

versuche herauszufinden, ob der Galoppsprung bei einer Entlastung des Pferderückens runder und flüssiger wird. Fällt es dir schwer, im leichten Sitz ein Urteil zu fällen, bitte einen kompetenten Reiter, den Galoppsprung zu begutachten. Wird der Galopp im leichten Sitz wesentlich besser, ist das für dich ein Hinweis, daß du zunächst in der beschriebenen Dehnungshaltung den Rücken des Pferdes kräftigen solltest.

Bleibt jedoch auch im leichten Sitz der Galoppsprung stockend und kantig, sind ernste Zweifel angebracht, ob der Kräftezustand oder die allgemeine Veranlagung deines Pferdes ausreichen, um den Anforderungen eines Sportpferdes zwanglos nachzukommen. Eventuell ist es eines jener Pferde, die für den Sport wegen mangelnden Talents nicht zu hart angefaßt werden sollten. Einem Reiter, der lediglich ins Gelände reitet und an sein Pferd keine Haltungs- und Gangforderungen stellt, kann das Pferd viel Freude bereiten und dabei selbst ein angenehmes Leben führen.

Fordere bei einem Pferd, das zum Vierschlag-Galopp neigt, den Galoppsprung grundsätzlich frischer, als ihn das Pferd anbietet. Ein frischer Arbeitsgalopp, der im Tempo zwischen Arbeits- und Mittelgalopp liegt, hilft die Schwebephase zu verlängern. Je länger die Schwebephase dauert, um so schöner fühlt sich der Galopp an. Er sieht dann auch mit seinem deutlichen Raumgewinn imponierender aus. Eine wirkliche Aufwärtstendenz erkennen wir erst später in der Versammlung – abgesehen von den wenigen Sporttalenten, die schon als Fohlen mit einer natürlichen Aufwärtsbegabung in der Galoppade beeindrucken.

Reite hin und wieder über niedrige Sprünge, um Muskulatur, Geschmeidigkeit und Schnellkraft deines Pferdes zu verbessern. Ebenso hilfreich sind Übergänge vom frischen Arbeitsgalopp zum Mittelgalopp. Achte jedoch darauf, mit dem jeweiligen Zurückführen sehr behutsam umzugehen. Ein energisches und konsequentes Aufnehmen könnte in diesem Ausbildungsstadium wieder zum Vierschlag führen. Dagegen darf das Zulegen forsch und bestimmt geritten werden. Sollte dabei die Zügelanlehnung ein wenig stärker werden, ist das sogar erwünscht.

Durchhängende Zügel sind wirkungslos und möglichst zu vermeiden.

Laß dein Pferd in einem frischen Arbeitsgalopp von der Mittellinie in Richtung Hufschlag ein wenig vorwärts-seitwärts galoppieren, etwa vier bis fünf Galoppsprünge. Dabei ist das Pferd nicht traversartig, sondern leicht zum treibenden inneren Schenkel hin gestellt. Während der vier bis fünf Galoppsprünge soll dein Pferd insgesamt nicht mehr als etwa einen Meter zur Seite weichen. Wichtig ist, frisch vorwärts zu reiten: Der runde Galoppsprung soll erhalten bleiben. Sei elastisch mit deiner äußeren Hand. Hier soll sich kein Druck aufbauen. Während die innere Hand zum leichten Einstellen um vielleicht drei Zentimeter angenommen wird, gibt die äußere gleichzeitig um das gleiche Maß nach. Mit dieser Übung förderst du Kraft und Geschmeidigkeit deines Pferdes. Noch einmal: betont vorwärts galoppieren, wenig einstellen und wenig übertreten lassen.

URSACHE 2: *Du treibst zu intensiv gegen die starr durchhaltende Hand. Deine feste Hand läßt nicht zu, daß sich ein runder Galoppsprung entwickelt.*

Neben dem oben beschriebenen holprigen Galopp fällt ein intensiver Zügelzug auf beide Fäuste auf. Natürlich wehrt sich dein Pferd dagegen. Ständig hast du damit zu kämpfen, nicht nach vorn gezogen zu werden. Du sitzt auf einem Pferd, das fortwährend bergab zu laufen scheint. Während dein Oberkörper nach vorn gezogen wird, rutschen beide Unterschenkel zurück und legen sich als ständig treibende, ungewollte Hilfen ans Pferd. Der Zügeldruck nimmt weiter zu. Zuerst erlahmen deine Kräfte, dann die des Pferdes.

LÖSUNG: Versuche nicht, dein Pferd mit der Hand an den Zügel zu reiten. Es gelingt dir nicht! Allenfalls erreichst du, daß dein Pferd seinen Kopf herunternimmt. Mit „Am-Zügel-Gehen" hat das jedoch nichts zu tun. Allein die Kräfte deiner Beine und Hände haben das Pferd gezwungen, den Kopf nach unten zu nehmen. Eines Tages wird sich dein Pferd auch das nicht mehr bieten lassen und einen Ausweg finden. Uneinsichtige Reiter bezeichnen das Verhalten des Pferdes dann als groben Ungehorsam.

Reite auch dann mit leichter Hand, wenn sich dein Pferd nicht in der vorschriftsmäßigen Haltung bewegt. Eine feste Hand macht sich im Galopp besonders nachteilig bemerkbar, weil dein Pferd den „Takt" wechselt und vom Drei- in den Vierschlag übergeht.

Viele verschieden große Volten und Zirkel, Schlangenlinien, einfache Galoppwechsel über den Trab oder Schritt, vorsichtige Tempounterschiede in den schwungvollen Gangarten Trab und Galopp werden dein Pferd athletisch trainieren.

Bedenke, daß es dem Pferd herzlich gleichgültig sein muß, ob es seinen Kopf weiter oben oder unten trägt. Schließlich hat es mit dem gesamten Reitsport nichts am Hut. Es hält seinen Kopf nicht aus Boshaftigkeit oben, sondern weil es mit der anderen Haltung Probleme hat. Die Probleme können auf körperlichen Schwierigkeiten oder auf mangelndem Verständnis beruhen.

Schwierigkeiten im Außengalopp

URSACHE: *Der Außengalopp (Kontergalopp) ist für Pferde eine verzwickte Übung. Beim Freilaufen würde es einem sportlichen Pferd nicht einfallen, sich längere Zeit im Außengalopp zu bewegen. Er ist unnatürlich und widerspricht dem angebo-*

renen Bestreben eines Pferdes, möglichst leicht und ökonomisch zu laufen.

Junge Pferde bevorzugen in engen Wendungen den Kreuzgalopp, mit dem sie ihr Gleichgewicht besser halten. Allein Rennpferde und vereinzelt auch Springpferde wählen manchmal eingangs eines engen Bogens den Außengalopp, um der starken Fliehkraft entgegenzuwirken.

Probleme tauchen auf, wenn du dein Pferd übertrieben einstellst, es zu hoch einstellst, die Zügel insgesamt zu fest annimmst, das Pferd nicht frisch genug vorwärts galoppierst, die Wendungen zu eng oder mehrere Runden hintereinander Außengalopp reitest.

Sobald der Außengalopp nicht frisch vorwärts geritten wird, treten sicht- und spürbare Schwierigkeiten auf. Das Pferd nähert sich dem holprigen „Vierschlag"; der Reiter verhält sich falsch. Er dreht und wühlt mit seinem Oberkörper, um den Fluß wiederherzustellen. Das Pferd holpert mühsam vorwärts wie ein Blechspielzeugpferdchen, dessen Federwerk gerade noch Kraft für drei Umdrehungen hat. Für den Reiter sicher kein angenehmes Sitzgefühl. Was das Pferd für ein Gefühl hat, kann man nicht genau sagen – aber mit Sicherheit ist es nicht angenehmer.

Mitunter kann sich ein Pferd noch helfen, indem es seinen Hals benutzt, um mit seinem Auf- und Abwärtsschwung die Galoppbewegung zu unterstützen. Selbstverständlich geht es dann nicht mehr am Zügel. Vor allem die Zügelanlehnung der inneren Hand (im Außengalopp auf der rechten Hand ist das der linke Zügel) nimmt zu. Das Pferd hebt sich nicht nur heraus, sondern verhindert zudem mit eigenmächtig gerade gehaltenem Hals die Außenstellung. Du gewinnst den Eindruck, plötzlich auf einem sehr langen Pferd zu sitzen, dessen Bewegungen dir völlig fremd sind. In dieser Form macht dir das Reiten keinen Spaß. In den Ecken verstärkt sich dein Eindruck, und es scheint, als ginge es besonders dort stark bergab.

Dein Pferd wird Maulprobleme bekommen oder sich zumindest im Genick verstellen, sobald du mit erheblichem Hand- und Schenkeleinsatz versuchst, den flüssig gesprungenen Dreischlag-Galopp zu erzwingen.

Gibt dein Pferd die Längsbiegung auf, rutscht dein äußerer Schenkel unwillkürlich nach vorn, und du verlierst deinen „Galoppsitz". Hüften und Schultern befinden sich nicht mehr parallel zu denen des Pferdes. Du bemerkst die neue, unbequeme Situation und beginnst, mit deinem Oberkörper zu drehen, um wieder in den vorteilhaften Galoppsitz zu gelangen. Der Oberkörper dreht und wühlt weiter. Das steife, gerade Pferd läßt deinen äußeren Schenkel immer wieder nach vorn gleiten und zieht dein Gewicht mit nach außen.

LÖSUNG: Reite den Außengalopp erst, wenn dein Pferd in sämtlichen Situa-

Außengalopp auf der rechten Hand: Leichte Linksstellung, im Rumpf bleibt das Pferd gerade. Rechte Schulter, Hüfte und Unterschenkel des Reiters werden so weit zurückgenommen, daß sich Schultern und Hüften parallel zu denen des Pferdes befinden.

tionen des Innengalopps im Gleichgewicht, im Takt und in gleichmäßig angenehmer Zügelanlehnung bleibt. Trabe dein Pferd auf dem zweiten Hufschlag und bereite den Außengalopp schon an der kurzen Seite vor, möchtest du zu Beginn der langen Seite angaloppieren. Stelle beispielsweise auf der rechten Hand an der kurzen Seite dein Pferd für etwa drei Trabtritte nach außen (links) und lege dabei deinen inneren Schenkel (rechts) betont ans Pferd. Der rechte Schenkel soll verhindern, daß dein Pferd während der kurzen Linksstellung mit der Hinterhand nach innen (rechts) weicht. Sollte es einige leicht traversartige Tritte zeigen, ist das kein Nachteil. Fürs Angaloppieren im Außengalopp nützt dir diese Reaktion. An der kurzen Seite prüfst du das Verhalten deines Pferdes und gewöhnst es gleichzeitig an deine Hilfen, die du für den Außengalopp in ähnlicher Form geben wirst. Läßt sich dein Pferd nicht problemlos wie vorgesehen nach außen stellen, solltest du den Außengalopp noch nicht verlangen.

Ansonsten wiederholst du zu Beginn der langen Seite den Vorgang und galoppierst aus dem Trab auf dem zweiten Hufschlag an. Begnüge dich anfangs mit einigen Sprüngen und trabe dein Pferd bereits wieder *vor* der ersten Ecke der nächsten kurzen Seite.

Die gleiche Übung reitest du auf der anderen Hand. Nach etwa einem Monat beziehst du die kurze Seite in die Außengalopptour mit ein, indem du bereits auf Höhe des Zirkelpunktes beginnst, die Ecke abzurunden. Allmählich steigerst du die Anforderungen, bis sich der Außengalopp gefestigt hat.

Reite im Außengalopp grundsätzlich ein frisches Tempo, das zwischen dem versammelten und dem Arbeitsgalopp liegt. Stelle das Pferd nur wenig ein und gestatte ihm sogar ab und zu für zwei oder drei Galoppsprünge eine gerade Halshaltung. So entspannt es sich besser in der ungewohnten Beanspruchung. Verlangst du

Die Reiterin macht sich beim fliegenden Wechsel zum Außengalopp (Rechtsgalopp) ein wenig leicht. Ihr Oberkörper befindet sich vor der Senkrechten; der Pferderücken wird für einen Moment entlastet. Schon beim darauffolgenden Galoppsprung wird sie wieder aufrechter sitzen, um ein selbständiges Umspringen des Fuchses in den Innengalopp zu verhindern.

von einem Pferd etwa zwei Minuten lang fortwährend eine deutliche Stellung im Außengalopp, wird sich besonders ein jüngeres Pferd gegen die Stellung wehren. Du bekommst Probleme mit der Anlehnung und mit deinem Sitz. Reite die Ecken grundsätzlich etwa um ein Viertel weniger tief aus als im Innengalopp – selbst mit einem fertigen Grand-Prix-Pferd.

Sei besonders behutsam mit der Zügelanlehnung. Je nach Veranlagung und natürlicher Schiefe (rechts oder links) suchen sich Pferde im Außengalopp „ihren“ Zügel, auf den sie sich lehnen. Sie wählen den, der beständig fest ansteht. Nach einiger Zeit wird sich das Pferd zudem im Genick verstellen. Nun taucht eines der Probleme des Reitsports auf, das am schwierigsten zu beheben ist: das Verwerfen im Genick (siehe Seite 107).

Beobachte dein Pferd genau und laß es möglichst nicht zu einer ungleichmäßigen Anlehnung kommen. Sobald du bemerkst, daß sich auf einer Hand der Zügeldruck aufstaut, führst du dein Pferd für einen kurzen Moment zurück und gibst danach sofort mit dem betreffenden Zügel nach, um deinem Pferd die Stütze zu nehmen. Laß nicht zu, daß sich dein Pferd auf die Hand legt. Verändere ständig auf beiden Seiten ein wenig die Anlehnung, damit sich dein Pferd nicht auf eine gleichbleibende Anlehnung einstellt. Die geringen Abweichungen beeinflussen das Einstellen kaum, werden allenfalls um ein oder zwei Zentimeter vorgenommen und fallen daher Außenstehenden nicht auf. Wichtig ist, das Pferd fortwährend mit dem Trensengebiß ein wenig zu beschäftigen.

Unruhe und Überreaktionen

Unruhe beim Auf- und Absitzen

URSACHEN:

1. *Das Pferd hat beim Aufsitzen durch deine Hilfen eine irreführende Information erhalten.*

Bohrt sich zum Beispiel die linke Stiefelspitze beim Aufsitzen in die Seite des Pferdes, reagiert es richtig, wenn es sich auf das „Treiben“ hin vorwärts-seitwärts in Bewegung setzt.

2. *Es wurde nicht von Anfang an, schon beim Anreiten des jungen Pferdes, konsequent genug darauf bestanden, daß es beim Aufsitzen ruhig zu stehen hat.*

3. *Der Sattelgurt wurde zu schnell und zu fest angezogen.*

Achte darauf, beim Aufsitzen dein Pferd nicht mit der linken Fußspitze zu „treiben“. Du solltest seitlich stehen und die Zügel so aufnehmen, daß der Pferdehals gerade gehalten wird. Bei unserem Beispiel wird dem Pferd mit der leichten Linksstellung „nahegelegt“, sich beim Aufsitzen mit der Hinterhand nach rechts zu bewegen.

Hier stört die Fußspitze nicht.

Bei empfindlichen Pferden führt dies leicht zu einer Überreaktion, die sich bis zum Sattelzwang steigern kann. Manche Pferde steigern sich in eine derartige Panik hinein, daß sie sich auf der Stallgasse hinwerfen, sobald der Gurt angezogen wird.

4. *Der Sattel sitzt nicht fest.*

Ein rutschender, ungenügend angegurteter Sattel macht ein Pferd unsicher und ängstlich, es möchte davonlaufen. Ebenso verhält es sich, wenn der Reiter unsanft in den Sattel gleitet, sich schwer in den Rükken des Pferdes fallen läßt.

5. *Das Pferd wurde überfordert.*

Überforderte Pferde fürchten sich vor dem Gerittenwerden und versuchen, den Reiter nicht in den Sattel zu lassen. Sobald er seinen Fuß in den Bügel stellt, setzen sie sich in Bewegung. Selbst wenn du technisch alles richtig machst, kann dein Pferd dann beim Aufsitzen nervös tänzeln und davonstürmen, sobald du dein rechtes Bein über die Kruppe schwingst. Dein Pferd verbindet das Aufsitzen mit schlechten Erinnerungen, die möglicherweise schon mit dem Vorbesitzer oder Ausbilder zusammenhängen.

LÖSUNGEN: Um die Ursachen 1–4 abzustellen, genügt eigentlich der gesunde Menschenverstand, wenn du vielleicht auch viel Zeit und Geduld brauchst, um einen schon vorhandenen Sattelzwang abzubauen. Hier hilft nur ganz gefühlvolles, allmähliches Anziehen des Sattelgurts, wobei das Pferd immer wieder einige Runden zu führen ist, bevor man in den Sattel steigt. Eine vorsichtige, kreisende Massage à la Linda Tellington-Jones im Gurtbereich kann ebenfalls dazu beitragen, die Überempfindlichkeit zu reduzieren.

Wenn es aber auch nur im Bereich des Möglichen liegt, daß die Ursache in Überforderung liegt (niemand gesteht sich das gern ein), dann versetze dich einmal in die Lage deines Pferdes. Denke beispielsweise an deinen ersten 400-Meter-Lauf während deiner Schulzeit. Wenn du dich ins Zeug gelegt und alles gegeben hast, wirst du dich an die letzten 100 Meter gut erinnern: Beine und Brust schmerzten höllisch, und nach dem Ziel war dir für einige Sekunden hundeelend. Hätte der Sportlehrer am folgenden Tag wieder eine Stadionrunde im „Sprint“ angeordnet, wäre die Forderung von dir mit großem Unbehagen aufgenommen worden. Nur zu gut hättest du dich an die gestrige Strapaze erinnert.

Überforderte Pferde haben ähnliche Empfindungen. So kann die Rennlaufbahn eines talentierten Galopprennpferdes jäh beendet sein, wenn sein Jockey auf der Zielgeraden kräftig zum Stock greift, obwohl es bereits kraftlos und geschlagen ist. Es reagiert auf den ersten energischen Peitscheneinsatz seines Lebens mit Erschrekken und versucht, mehr als sein Letztes zu geben. Gerade diese sinnlose Überforderung tut Pferden besonders weh. Erreichen sie im nächsten Rennen wieder die Zielgerade, nehmen sie eine Abwehrhaltung ein, sobald sich der Jockey zu rühren beginnt. Sie werfen leicht den Kopf hoch, legen die Ohren ins Genick und galoppieren nur noch mit halber Kraft. Sie möchten verständlicherweise nicht, daß sich das schmerzhafte Erlebnis des letzten Rennens wiederholt. Von nun an ist ihre Reaktion auf der Zielgeraden immer gleich. Dabei spielt es keine Rolle, ob sie 1600, 2000 oder 2400 Meter laufen, ob sie noch Kraft hätten oder nicht.

Vermeide also, dein Pferd zu überfordern. Die Quittung bekommst du spätestens am nächsten Tag. Dein Pferd geht wesentlich schlechter oder läßt dich nur widerstrebend aufsitzen – manchmal kommt beides zusammen.

Sollte sich trotz Vorsichtsmaßnahmen die Unruhe beim Aufsitzen immer noch nicht geben, bitte einen Reiter mit einem sehr ruhigen, gelassenen Pferd, dir Hilfestellung zu leisten. Bevor du aufsitzt, führst du dein Pferd einige Minuten dicht neben dem deines bereits Schritt reitenden Freundes. Die Pferde sollen sich aneinander gewöhnen. Führen, stehenbleiben, führen, stehenbleiben – immer im Wechsel. Hält dein Pferd schon von allein neben seinem Begleiter an, stellst du es links dicht neben ihn, nimmst die Zügel gleichmäßig in die linke Hand und steigst besonnen auf. Im allgemeinen wird dein Pferd ruhig neben dem anderen stehen bleiben. Während der Reitstunde und an den folgenden Tagen wiederholst du den Vorgang einige Male.

Wichtig ist, nach dem jeweiligen Aufsitzen das Pferd ausgiebig zu loben und lange Schritt zu reiten, damit es gelassen bleibt. Nimm auch an folgenden Tagen die Hilfestellung des Begleitpferdes in Anspruch, bis dein Pferd beim Aufsitzen gelassen steht.

Unruhiges Halten

URSACHEN:

1. *Du hast versäumt, deinem Pferd von Anfang an unmißverständlich klarzumachen, daß es beim Anhalten so lange stillzustehen hat, bis die Aufforderung folgt, sich wieder in Bewegung zu setzen.*
2. *Während des Haltens wurde offenes oder breites Stehen fortwährend korrigiert.*
3. *Du hältst dein Pferd im Hals beim Halten nicht schnurgerade.*
4. *Mit einem Schenkel treibst du stärker als mit dem anderen.*
5. *Zu oft hintereinander und zu energisch bist du aus dem Halten angetrabt oder angaloppiert: Das stehende Pferd wird unruhig, weil es dem forschen Antritt entgegenfiebert.*

Oft reicht schon ein leichtes Nachinnenstellen, um das innere Hinterbein neben das äußere zu führen. Das Pferd steht auch ohne deutliche Schenkeleinwirkung geschlossen.

Der Fuchs steht nicht geschlossen und drückt mit dem rechten Hinterbein sein Gewicht auf die Vorhand. Er steht beim Halten „bergab". Solange ein junges Pferd ruhig und sicher auf vier Beinen steht, sollte man aber selbst dieses offene Stehen nicht im Stand korrigieren.

Die Anzeichen sind eindeutig: Bevor sich das Pferd selbständig nach vorn in Bewegung setzt, stoßen Kopf und Hals leicht gegen die Hand des Reiters. Hat es vor rückwärtszugehen, kippt es tief ab, die Zügel hängen durch. Der ungeduldige Eindruck wird im allgemeinen von einem unruhigen Schweif unterstrichen. Das Ohrenspiel ist auffällig lebhaft.

LÖSUNG: Besonders junge Pferde stehen ungern längere Zeit still – wieder eine Parallele zu kleinen Kindern. Im Interesse einer friedlichen Zusammenarbeit sollte man jedoch bereits Fohlen am Halfter ausdrücklich auf ruhiges Stehen hinweisen. Hat ein Fohlen begriffen, daß es anhalten und stillstehen soll, wenn beim Annehmen des Halfterstricks auf seinen Nasenrücken ein leichter Druck ausgeübt wird, übersetzt es auch später unter dem Reiter dessen Zügelhilfen richtig.

Steht dein junges Pferd beim Halten ruhig und belastet gleichmäßig alle vier Beine, dann laß es stehen! Auch dann, wenn es leicht schief oder ein wenig breit stehen sollte.

Versetze dich noch einmal in die Lage des Pferdes und denke darüber nach, ob selbst du als intelligenter Mensch die korrigierenden Hilfen eines hinter dir stehenden „Reiters" begreifen würdest, den du nicht siehst, nicht hörst, nur spürst. Das Pferd hat gelernt, bei zwei treibenden Schenkeln vorwärtszugehen, bei einseitigem Schenkeldruck geht es zur Seite. Darauf, daß es auf einer vom Reiter erdachten Linie völlig gerade und mit eng beieinander stehenden Hufen halten soll, kann ein junges Pferd unmöglich kommen. Es wird mit seiner Hinterhand insgesamt zur Seite weichen, wenn der Reiter schiefes Stehen korrigiert. Von einer geraden Mittellinie und geschlossenem Stehen hat es keine Vorstellung. Sollte sich die Hinterhand während der Korrektur über die erdachte Mittellinie verschieben, wird der Reiter sein Pferd wieder in die andere Richtung berichtigen. Nun kann das Pferd nur zu dem Schluß kommen, daß es mit seiner Hinterhand hin- und herschaukeln soll. Schließlich verhindern die angenommenen Zügel ein Vorwärtsgehen, und die schnell aufeinander folgenden wechselseitigen Schenkelhilfen drücken die Hinterhand von einer Seite zur anderen. In der Turnierszene gibt es bis in höchste Klassen genügend Pferde, die das so gelernt haben und nur noch in dieser Form auf der Mittellinie halten. Bevor sie zum endgültigen ruhigen Stand kommen, wackeln sie mit ihrem Hinterteil zwei- bis dreimal ein wenig hin und her. Das machen sie nur auf der Mittellinie, nicht auf dem Hufschlag! Bei Korrekturen auf dem Hufschlag konnte es nicht zu Mißverständnissen kommen, weil auf einer Seite die Bande ein Ausweichen verhinderte. Hier war nur eine Korrektur notwendig, die das Pferd auch übersetzen konnte.

Versuche also nicht, ein schief oder offen stehendes Pferd im Halten mit einseitigen Schenkelhilfen zu berichtigen. Der gegenüberliegende, gegenhaltende Schenkel kann allein deinem Pferd nicht klarmachen, daß es sich geschlossen hinstellen soll. Wichtig ist, daß du das fehlerhafte Stehen bemerkst, damit du beim nächsten Halten Hilfen geben kannst, die den Fehler ausschalten.

Achte beim Halten auf schulterhereinartiges Reiten. Gelingt es dir abermals nicht, behalte die Ruhe und versuche es noch einmal. Bedenke, daß dein Pferd noch nicht einmal ahnen kann, was du vorhast. Sei zufrieden, wenn dein Pferd gleichmäßig vier Beine belastet und ruhig und zufrieden steht. Als junges Pferd muß es etwas offener stehen, um sich und das Reitergewicht auszubalancieren. Mit fortschreitender Ausbildung wird es athletischer. Es wird sich von allein geschlossener hinstellen, wenn Kraft und Balance ausreichen. Die Ratschläge sollen jedoch nicht bedeuten, daß du auch ein Hinterbein stehenläßt, das einen halben Meter oder mehr herausgestellt wurde. Hier würde ein Pferd durchaus die einseitige Hilfe begreifen, wenn sie entsprechend vorsichtig gegeben wird und der gegenüberliegende Schenkel deutlich anliegt.

Vermeide es, mehrmals hintereinander aus dem Halten forsch anzutraben. Schon beim dritten oder vierten Mal würde dein Pferd den energischen Hilfen entgegenfiebern und sich unruhig verhalten. Ein ähnliches, wenn auch wesentlich auffälligeres

Verhalten beobachtet man bei Galopprennpferden, während sie in der Startbox von ihren Jockeys vor einem Rennen „aufgefrischt" werden.

Reite oft im gelassenen Schritt an, um das stehende Pferd ruhig zu halten. Der Schritt sollte etwa eine Minute geritten werden, damit genügend Zeit zwischen Halten und Antraben liegt. Läßt du beim Anreiten hin und wieder im Schritt die Zügel aus der Hand kauen, trägt auch das zur allgemeinen Beruhigung und Gelassenheit bei. Halte dein Pferd beim Stehen im Hals gerade. Eine nur angedeutete Linksstellung würde bereits die Hinterhand deines Pferdes ein wenig nach rechts versetzen. Bleibe völlig ruhig, gerade und exakt über der Wirbelsäule des Pferdes sitzen. Klemme nicht mit den Unterschenkeln, sondern lege deine Waden gleichmäßig sanft ans Pferd.

Denke darüber nach, welche körperlichen Hilfen man dir geben müßte, damit du dem Wunsch nach einem ruhigen, geschlossenen Stehen nachkommst!

Übertriebene Reaktionen

URSACHEN:

1. *Die auffälligsten und wohl auch häufigsten Ursachen findet man im Gebrauch zu scharfer Sporen und im derben Germteneinsatz.*

2. *Ein nahezu ebenso häufiger, wenn auch nicht so offensichtlicher Grund ist der unvorteilhafte Sitz eines Reiters, der ein Pferd zu außergewöhnlichen Reaktionen beim Treiben veranlaßt.*

Bei scharfen Sporen oder bei heftigem Gertengebrauch sind abwehrende Reaktionen des Pferdes verständlich. Es legt die Ohren mißmutig zurück, schlägt mit dem betreffenden Hinterbein nach dem Sporn oder der Gerte, dreht wirbelnd mit dem Schweif, stürmt davon oder bleibt urplötzlich mit einem Katzenbuckel stehen. Es ist mit seinem Reiter nicht einverstanden und bringt das klar zum Ausdruck.

Die Reaktionen des Pferdes sind ähnlich, aber nicht so schroff und endgültig ablehnend, wenn aus einem unvorteilhaften Sitz getrieben wird. Liegt beispielsweise der Sattel bergab, rutschen seine Vorderpauschen nach vorn, in Richtung Schulterblatt des Pferdes. Das Gesäß des Reiters gleitet zurück, sein Gewicht wirkt auf zwei kleine Punkte der Hinterpauschen. Dadurch entsteht für das Pferd ein unangenehmer Druck im hinteren Bereich seines Rückens, in dem es ohnehin schlecht tragen kann.

Die Knie des Reiters suchen Halt und gleiten an die zu weit vorn liegenden Pauschen. Knie und Unterschenkel rutschen hoch und nach vorn (Stuhlsitz). Das Pferd spürt die Unterschenkel des Reiters nicht, sie haben zum Pferdeleib keinen Kontakt.

Beim Treiben wird das Pferd vom unerwarteten und plötzlich einsetzenden Schenkeldruck des Reiters überrascht. Es reagiert verständlich und normal, indem es erschrocken nach vorn springt oder abwartend stehenbleibt. Ähnlich unsicher antwortet es auf eine unvorbereitete Gertenhilfe. Sie wirkt überfallartig, wenn die Gerte während des Reitens nicht schon andauernd sanft, wie ein treibender Schenkel, am Pferd anliegt.

Aber selbst auf einem gut liegenden Sattel kann ein Reiter mit seinem Sitz Probleme haben. Er beherrscht noch nicht die notwendige Technik, um geschmeidig auszusitzen, und findet keinen ständigen Kontakt zur Sitzfläche des Sattels. Aus einem verkrampften und unruhigen Sitz wirken treibende Hilfen auf empfindsame Pferde wie Strafen. Die Hilfen werden unkontrolliert und meistens zu heftig gegeben.

Unruhig sitzende Reiter neigen insbesondere beim Treiben zu pressenden Unterschenkeln. Sie sind nicht fähig, eine Gerte weich und ständig an den Oberschenkel des Pferdes zu legen.

LÖSUNG: Zu scharfe Sporen (die der Handel gar nicht erst anbieten dürfte) müssen grundsätzlich gegen stumpfe ausgetauscht werden. Sporen unterstützen treibende Schenkelhilfen, sie ersetzen nicht den Schenkeldruck. Aber selbst stumpfe Sporen rufen bei besonders empfindsamen Pferden ängstliche Reaktionen hervor. Hier sollte man auf Sporen ganz verzichten.

Trainiere einen gestreckten Sitz, bei dem tief und ruhig anliegende Innenflächen deiner Knie eine günstige Voraussetzung für die wirkungsvolle Lage der Unterschenkel bieten. Die Innenflächen der Waden haben zum Pferd stetigen, aber weichen Kontakt. Während des Treibens verstärkt sich der Druck, je nach Bedarf. Reite möglichst oft ohne Bügel, aber nicht ausschließlich. Etliche Reiter wirken ohne Bügel ganz ausgezeichnet ein, bekommen jedoch mit dem Aussitzen erhebliche Probleme, sobald sie die Bügel wieder aufnehmen. Die Unsicherheit verliert sich auch nicht mit genügend langen Bügeln. Den Reitern fehlt die Reittechnik, die zum Reiten mit Bügeln erforderlich ist. Daher: nicht *nur* ohne Bügel reiten!

Gestreckter Sitz des Reiters auf einem fleißig vorwärts fußenden Friesen. Solange das Knie seine tiefe, feste Lage behält, ist das manchmal nicht zu vermeidende geringe Hochziehen des Absatzes im Augenblick stärkeren Treibens nicht von Nachteil. Der Sitz bleibt hier trotzdem gestreckt.

Ein Reiter sitzt und reitet immer so gut, wie er mit aufgenommenen Bügeln einwirkt.

Obwohl allgemein angenommen wird, es sei schwieriger, ohne Bügel zu reiten, treibt man im gestreckten Dressursitz ohne Bügel besonders intensiv. Die Unterschenkel legen sich leichter ans Pferd, das lästige Halten der Bügel mit den Fußballen entfällt. Das Pferd trägt dein Gewicht leichter, dein Gesäß findet im tiefsten Punkt des Sattels einen festen Halt. Dir wird die Möglichkeit genommen, einen Teil deines Gewichts auf die Bügel zu verteilen.

Bei wieder aufgenommenen Bügeln nimmst du jedoch dieses Hilfsmittel wahr, und dein zuvor fester Sitz wird wieder unruhig. Verteilst du nur zehn Prozent deines Gewichts auf die Bügel, gleiten deine Knie einen Zentimeter hoch. Der gestreckte Sitz geht verloren, und die Einwirkung ist dahin.

Fange dein gesamtes Gewicht beim Reiten mit Bügeln nur mit deinem Gesäß auf. Lieber die Bügel einhundertmal verlieren, als Gewicht auf sie verteilen! Mit der Zeit wird deine Reittechnik immer besser. Hältst du konsequent deine Knie tief und die Hüften vorn, werden sich deine Probleme mit Bügeln bald völlig verlieren. Geh aufkommenden Schwierigkeiten beim Aussitzen nicht aus dem Weg, mach es dir in diesem Punkt nicht einfach. Hier hilft nur eisernes Sitztraining (siehe Seite 29 f.). Du mußt dich durchbeißen.

Bitte einen befreundeten Reiter, der ein Pferd fachgerecht longieren kann, dich an die Longe zu nehmen. An der Longe konzentrierst du dich allein auf deinen Sitz. Deine Hände hältst du wie beim normalen

Reiten, ohne jedoch wirklich Zügel in Händen zu haben. Das nimmt dir von vornherein jede Möglichkeit, dein Gleichgewicht mit geringen Korrekturen deiner Hände über die Zügel beizubehalten. Sitz und Gleichgewicht regelst du allein mit dem gestreckten Sitz und einer sehr feinen, jeweils notwendigen Gewichtsverlagerung, die Außenstehende nicht einmal bemerken.

Sollte dein Pferd nicht schon während seiner ersten Ausbildungsphase an Gerte und sanft anliegende Unterschenkel gewöhnt worden sein, bleibt nur der Weg, es nun damit vertraut zu machen. Mit Geduld und Nachsicht wird dir das gelingen.

Zu Anfang der Stunde, wenn dein Pferd noch frisch und übermütig ist, wählst du den Schritt, in dem sich dein Pferd das Anlegen der Gerte und den leichten Schenkeldruck ohne weiteres bieten läßt. Im Trab und Galopp dagegen wirst du Zugeständnisse an die „Vernunft" deines Pferdes machen müssen. In den schnelleren und schwungvollen Gangarten mit einer Schwebephase reagiert es wesentlich auffälliger. Erst gegen Ende der Stunde, wenn es schon ein wenig müde ist, naht ein günstiger Zeitpunkt, ein annähernd gleich gutes Ergebnis in allen Gangarten zu erzielen.

Findest du die Zeit, dein Pferd zwei- oder gar dreimal am Tag jeweils eine halbe Stunde zu reiten, macht es bezüglich der Gewöhnung große Fortschritte. Ist der zeitliche Abstand zwischen jedem Neubeginn des Reitens nicht zu lang, bleibt dein Pferd gelassener. Sobald die anliegenden Schenkel und die sanft spürbare Gerte für dein Pferd nichts Außergewöhnliches mehr darstellen, akzeptiert es treibende Hilfen.

Es empfiehlt sich ohnehin, während des täglichen Trainings besonders häufig die „ersten Momente" einzuflechten, also häufig Gangart, Tempo und Lektion zu wechseln.

Das heißt: oft antraben, angaloppieren, Wendungen reiten, oft die Hand wechseln usw.. Die Anzahl der „ersten Momente" bestimmen den Erfolg, nicht die Summe der zurückgelegten Kilometer. Es bringt kaum einen Ausbildungseffekt, ein Pferd zehn Minuten oder noch länger eintönig zu traben. Wenn es einmal trabt, geht es ohnehin recht ordentlich. Schwierigkeiten bereiten jeweils die ersten Tritte und Sprünge neuer Phasen, die daher möglichst oft geübt werden sollten.

Beobachte aus dem Sattel die Reaktionen deines Pferdes. Was machen die Ohren, wie verhält es sich im Genick, bleibt es gerade oder verstellt es sich, und wie hält es den Schweif? Steht dir kein genügend großer Spiegel zur Verfügung, sieh dich im Sattel auch einmal um, um die Kruppentätigkeit und die Schweifhaltung deines Pferdes zu beobachten.

Scheuen

URSACHE: *Mit seinem ausgezeichneten Erinnerungsvermögen hat das Pferd etwas entdeckt, das nicht der gewohnten Norm entspricht.*

Obwohl der Grund des Scheuens für den Reiter nicht immer einsehbar ist – für das Pferd ist er Realität. Das kann ein dunkler Wasserfleck an der Holzbande sein, der erst morgens beim Sprengen des Hallenbodens entstand. Das Pferd nähert sich dieser Stelle sehr zurückhaltend. Der Fleck war gestern nicht da und bedeutet nun eine „Gefahr". Im Lauf der Stunde hat es sich an den dunklen Fleck gewöhnt und geht vertrauensvoll vorbei. Am folgenden Tag benimmt sich das Pferd jedoch wieder ängstlich, wenn es in die Nähe des Flecks geritten wird. Der dunkle Wasserfleck ist nicht mehr der, den das Pferd von gestern in Erinnerung hatte. Aufgewirbelter Hallenstaub hat sich auf dem feuchten Untergrund abgesetzt, der Fleck ist heller geworden und hat ein völlig anderes Aussehen. Das Pferd handelt natürlich und vertraut lediglich seinem lebenserhaltenden Erinnerungsvermögen. Am folgenden Tag wiederholt sich der Ablauf. Der Fleck ist ganz abgetrocknet, der klebende Staub fiel herab. Bis auf eine helle Umrandung ist vom Fleck kaum noch etwas zu erkennen. Das Pferd scheut erneut, weil es wieder eine neue Situation vorfindet.

Nun verlieren manche Reiter leider die Geduld und fassen ihr Pferd härter an. „Jetzt stell dich aber nicht so an, da ist doch nun wirklich nichts mehr!" herrschen sie ihr Pferd an und verleihen ihrer Meinung mit der Gerte Nachdruck. Verkehrter könnten sie kaum handeln! Durch grobes Zufassen wird das Pferd in seiner Annahme bestärkt, daß an dieser Stelle tatsächlich etwas nicht in Ordnung ist. Die Weichen für eine langwierige und ärgerliche Auseinandersetzung mit dem Reiter am gleichen Punkt sind gestellt.

Besonders Pferde mit nicht so guten Augen (die gibt es ebensooft wie bei Menschen) legen ein scheues und ängstliches Verhalten an den Tag. Extrem schreckhaft reagieren Pferde, die auf einem Auge blind sind. Sie scheuen meistens nur auf einer Hand. Solltest du dieses Verhalten bei deinem Pferd feststellen, bitte einen Tierarzt, die Augen deines Pferdes zu untersuchen.

Pferde scheuen oft aus Ursachen, die der Reiter im Augenblick nicht deuten kann. So hört ein Pferd auch noch leisestes Rascheln hinter der Bande, das unser Gehör nicht mehr wahrnimmt. Erst wenn nach einiger Zeit eine Katze hinter der Bande hervorkommt, wird uns klar, warum das Pferd vor zehn Minuten Mitte der langen Seite plötzlich scheute. Ein Pferd handelt niemals grundlos.

LÖSUNG: Bleiben wir bei dem Wasserfleck als Beispiel. Geh jedem Konflikt aus dem Weg und reite nicht direkt auf den Fleck zu. Das würde nur bedeuten, daß du härter als üblich mit Gerten-, Schenkel- und Zügelhilfen einwirken müßtest. Ein mühsam erstellter vertrauensvoller Kontakt zum Pferdemaul ginge eventuell wieder verloren. Die treibenden Hilfen bekämen einen strafenden Anstrich. Reite vielmehr mit einer deutlich schulterhereinartigen Abstellung an dem „Hindernis" vorbei. Halte zunächst genügend Abstand und taste dich nach und nach an den Fleck heran, jede Runde einen halben Meter näher. Reite erst Schritt, dann Trab und erst später Galopp. Bedenke, daß bei zunehmender Geschwindigkeit die Unsicherheit von Pferden zunimmt: Sie scheuen schon von weitem. Bleibe gelassen und reite unbekümmert, auch wenn für einige Minuten die Halle ein wenig „kleiner" wird. Hilf deinem Pferd, seine natürliche Angst zu verlieren. Behandle es wie einen Nichtschwimmer, den du in tieferes Wasser führst: erst nur mit den Füßen, dann bis zu den Knien, dann bis zu den Hüften ...

Pferde gewinnen von einem Hindernis von jeder Seite einen anderen Eindruck. Das hängt mit der Art ihres Sehvermögens und den Nervenverbindungen zum Gehirn zusammen, das heißt: Es ist ihre Natur und keine Böswilligkeit oder Dummheit. Sie scheuen meist auf einer Seite stärker. Nutze diesen Umstand und wähle zunächst die „weniger ängstliche" Seite.

Teil 2

Springtraining

Bemerkungen über das Springreiten

Vom reiterlichen Gesichtspunkt aus betrachtet, ist es nicht schwierig, niedrige Hindernisse zu überwinden. Dazu benötigst du keine besonderen technischen Fertigkeiten, wie sie beispielsweise für einen vorschriftsmäßigen einfachen Galoppwechsel erforderlich sind. Bist du in der Lage, ein Pferd bis zur L-Dressurreife erfolgreich auszubilden, wirst du ohne größere Probleme über einen A-Parcours reiten. Vorausgesetzt, du hast den Mut dazu!

Dennoch gibt es genügend versierte Reiter, die vom Springen nichts wissen wollen. Die nicht ganz so mutigen aus dieser Gruppe haben irgendwann einmal mit diesem Sportzweig unerfreuliche Erfahrungen gemacht und lehnen seitdem das Springen strikt ab. Die ängstlich Veranlagten versuchen es erst gar nicht. Sie wissen, daß die Möglichkeit eines Sturzes beim Springen eher gegeben ist als im Dressursattel. Die Frage, was schwieriger ist, das Dressurreiten oder das Springen, ist daher nicht schlüssig zu beantworten. Für beide Sparten ist eine spezielle Begabung des Reiters erforderlich, jedenfalls wenn es „höher" wird.

Recht guter Sitz der Reiterin über dem Sprung. Im Idealfall könnten die Unterschenkel ein wenig mehr nach vorn, Gesäß und Oberkörper weiter zurück plaziert werden.

Selbstverständlich sollte es sein, bekannte Verletzungsrisiken für Pferd und Reiter weitestgehend auszuschalten. Dazu mußt du dir über die Ursachen von Verletzungen oder gar Stürzen im klaren sein: Gefahr erkannt, Gefahr gebannt! Am häufigsten kommt es zu Springfehlern und gefährlichen Situationen, wenn das Pferd aus einem ungünstigen Absprungbereich heraus springen soll. Galoppiert es zu dicht an den Sprung, wird es für die Vorderbeine heikel. Springt es zu früh ab, bekommen die Hinterbeine Probleme.

Die Gründe, warum das Pferd in den ungünstigen Absprungbereich kommt, sind vielfältig. Grob betrachtet kann man jedoch die Ursachen in zwei Kategorien zusammenfassen: mangelhafte Ausbildung des Pferdes und ungeschultes „Auge" des Springreiters.

Das wohl entscheidendste Merkmal eines erfolgreichen Springreiters ist die Fähigkeit, seinem Pferd das Springen soweit wie möglich zu erleichtern. Er reitet sein

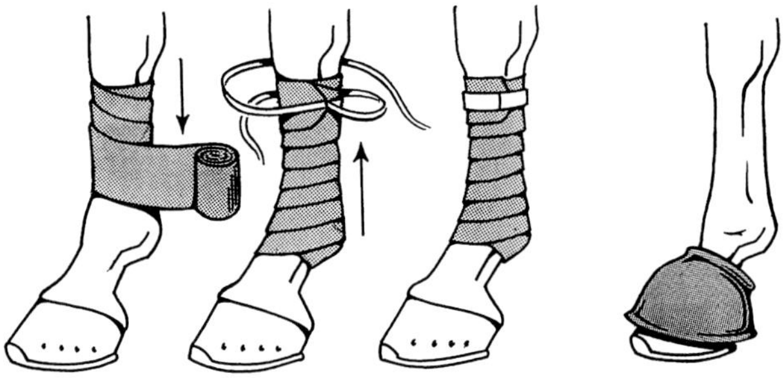

Die fingerdicken Sehnen der Pferdebeine können weder mit Bandagen noch mit Gamaschen vor Überforderungen im Training geschützt werden. Dennoch sollte man nicht auf sie verzichten, um die Pferde vor unnötigen Überbeinen, Schlag- und Stoßverletzungen zu bewahren.

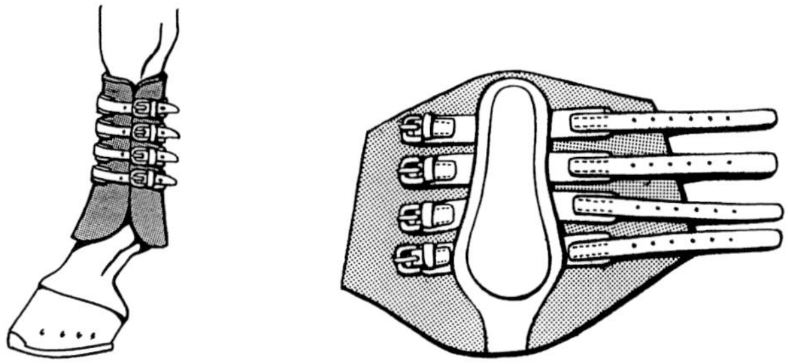

Das Material darf sich bei Feuchtigkeit nicht zusammenziehen und einen Blutstau verursachen. Bandagen werden nicht zu stramm, jedoch bis tief über den Fesselkopf gewickelt. Springpferde, die sich leicht greifen, werden mit Sprungglokken geritten.

Pferd in einen Absprungbereich, der eine vorteilhafte Flugkurve und somit ein fehlerfreies Überwinden des Sprungs gestattet. Dazu gehören Mut, Tempogefühl und vor allem ein geschultes Auge. Werden die Hindernisse höher und breiter, verkleinert sich der günstige Absprungbereich. Während der Spielraum bei den Hindernissen eines A-Parcours noch über einen Meter beträgt, ist der erfolgversprechende Absprungbereich respektabler S-Hindernisse nur noch etwa einen halben Meter groß. Bei sehr schwierigen Aufgaben reduziert er sich in dieser Klasse sogar auf etwa dreißig Zentimeter.

In A-Springen liegt der Toleranzbereich deshalb höher, weil Pferde im allgemeinen wesentlich höher als nur etwa einen Meter springen können. Hier macht es ihnen noch nicht viel aus, ob sie nun zwei oder nur einen Meter vor dem Hindernis abspringen. Das schaffen sie noch leicht. Sollte aber bei einem weniger sportlich veranlagten Pferd die obere Grenze des Sprungvermögens schon bei etwa einem Meter liegen, wird der günstige Absprungbereich dieses Pferdes selbst in A-Springen eng bemessen sein.

Springpferde sind nicht in der Lage, bereits von weitem einen Absprung selb-

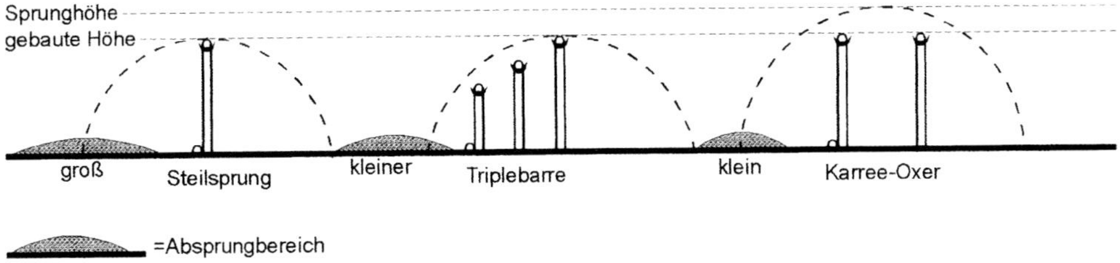

Flugkurven und Kulminationspunkt gleich hoher Sprünge.
Bei Steilsprung und Triplebarre sind die Flugkurven unterschiedlich weit, jedoch gleich hoch. Dagegen liegt beim Karree-Oxer die wirklich zu springende Höhe wesentlich darüber.

Das „Eulennest" in Luhmühlen 1995: Gut zielen und klein machen!

ständig und ziemlich genau zu taxieren. Bei erfahrenen Pferden, die schon zigtausend Sprünge aus allen erdenklichen Situationen überwunden haben, kann man allenfalls beobachten, daß sie etwa drei bis fünf Sprünge vor einem Hindernis eine ungünstige Situation „erkennen". Einige wenige routinierte Pferde reagieren dann selbständig, indem sie die letzten Galoppsprünge leicht verändern. Meistens nehmen sie sich ein wenig auf und verkleinern ihre Sprünge. Ganz selten vergrößern sie selbständig Galoppsprünge, um sich den Absprung zu erleichtern. Bei sehr erfahrenen und erfolgreichen Springreitern, die wöchentlich auf Turnieren und im täglichen Training Hunderte von Sprüngen absolvieren, fällt es kaum mehr auf, wenn sie ihre Pferde genau passend zum Sprung reiten. Daher gelangen weniger kundige Beobachter zu der trügerischen Annahme, die Pferde würden allein entscheiden und selbständig taxieren.

Der Eindruck täuscht. Gute Springreiter behalten den Galopp*rhythmus* ihrer Pferde bei und erkennen früh, ob bis zum Absprung an der *Länge* des Galoppsprungs etwas korrigiert werden muß. Am Gesamtbild verändert sich kaum etwas, wenn dreißig Meter vor dem Hindernis beispielsweise sechs Galoppsprünge um jeweils einige Zentimeter verlängert oder verkürzt werden, um den Absprung einen halben Meter nach vorn oder hinten zu verlegen.

Die Korrekturen werden vom erfolgreichen Spitzenreiter auch gar nicht mehr bewußt vorgenommen. In seinem Springreiterleben hat er im Galopptempo Tausende von Sprüngen auf sich zukommen sehen. Zwangsläufig lernt das Auge dazu und erkennt immer früher, ob Tempo und Galoppsprunglänge ein sicheres Überwinden des Hindernisses gewährleisten. Demzufolge kann dieser Reiter sein Pferd auch gewollt dicht an einen Sprung reiten oder es zu einem Riesensatz veranlassen, solange die Abmessungen des Sprungs die daraus resultierende ungünstige Flugkurve noch zulassen und eine Verletzung des Pferdes vermieden wird. Im Kapitel über das Anreiten eines Sprungs wird dieses Thema näher beschrieben.

Athletischen und dressurmäßig ausgebildeten Springpferden machen Sprünge nichts aus, solange sie ihren sportlichen Möglichkeiten entsprechen. Ein nicht zu hoher Sprung belastet sie nicht mehr als Dressurpferde beispielsweise ein versammelter Galopp. Erfahrene Springreiter wissen allerdings, daß Pferde nicht besonders gern springen, auch wenn sie aus taktischen Gründen in der Öffentlichkeit meist das Gegenteil behaupten. Wer sich intensiv mit Tieren beschäftigt, weiß, daß ihnen Empfindungen wie Siegeswillen oder Lust am Springen abgehen. Als Beweis könnte man jedes der Springpferde, die zur aktuellen Weltelite zählen, am Halfter in ein großes eingezäuntes Sandviereck führen, auf dem sich im Bahninneren einige niedrige Hindernisse befinden. Nicht eines der Weltklassepferde würde aus lauter Lust beispielsweise auch nur einen L-Oxer, geschweige denn einen Parcours springen.

Ohne Reiter wählen Pferde grundsätzlich den natürlichen, den sprungfreien Weg. Wer das Gegenteil beweisen will, müßte sich schon mit seinem Pferd in den Bereich eines speziell ausgerichteten zirzensischen Trainings begeben, und das wäre dann wieder das Ergebnis von Training, nicht Lust und Laune.

Diese Erkenntnisse sprechen jedoch nicht grundsätzlich gegen den Reitsport, nur gegen Überforderung. Solange die reiterlichen Anforderungen dem Vermögen von Dressur- und Springpferden angepaßt sind (und dieses Vermögen ist bei talentierten Pferden beträchtlich), ist nichts dagegen einzuwenden. Der Reiter soll seinem Pferd Aufgaben stellen, die es „verstehen" und leicht ausführen kann. Springreiter erfüllen einen Teil der moralischen Pflicht, wenn sie sich selbst und ihr Pferd gewissenhaft ausbilden. Überforderungen, Mißverständnisse und Verletzungen werden vermieden; eine harmonische, zwanglose Zusammenarbeit macht das Reiten zur täglichen Freude.

Der fliegende Galoppwechsel

Für ein Springpferd ist der fliegende Galoppwechsel anfangs wichtiger als für ein Dressurpferd. Während in Dressurprüfungen der fliegende Wechsel erst ab M-Niveau verlangt wird, erleichtert er im Springsport bereits in Anfängerklassen, mit möglichst wenig Kraftaufwand rhythmisch einen Parcours zu reiten. Daher wird er auch hier und nicht bei den Dressurthemen behandelt.

Kannst du auf beiden Händen im Galopp bei gleichbleibend angenehmer Zügelführung geschmeidig zulegen und zurückführen, kannst du durchaus hin und wieder einen mehr spielerischen fliegenden Galoppwechsel reiten. Ausgelassener Übermut sowie eine noch vorhandene Unbefangenheit des jungen Pferdes lassen in einem frühen Schulungsabschnitt einen fliegenden Galoppwechsel oft eher gelingen, als das bei schon weiter ausgebildeten und in vielen Lektionen gefestigten Pferden der Fall ist. Achte jedoch darauf, daß du dabei mit deinem jungen Pferd nicht zu streng umgehst. Reagiert dein Pferd anders, als du es dir vorgestellt hast, verzeihe ihm und reite gelassen darüber hinweg.

Wie bringst du den fliegenden Wechsel bei?

Beobachte dein Pferd und nutze sein Verhalten. So wird es von sich aus den fliegenden Galoppwechsel anbieten, wenn es nach einer längeren Galopptour auf einer Hand ein wenig ermüdet und sich mit dem Wechsel Erleichterung verschaffen möchte. Nach einem längeren Außengalopp ist dein Pferd geradezu erleichtert, wenn du ihm den fliegenden Wechsel in einer Ecke anbietest. Eine noch näher liegende Ursache des selbständig ausgeführten fliegenden Galoppwechsels kann ein Richtungswechsel sein, der auf engem Raum vom Pferd in unveränderter Geschwindigkeit vorgenommen wird.

Die natürliche Reaktion des Pferdes machst du dir zunutze, indem du in einem frischen Arbeitsgalopp durch die ganze Bahn wechselst. Verändere aber den üblichen Weg der Wechsellinie und reite etwa in die Richtung des Zirkelpunktes auf die Bande zu. Mit diesem Weg gelingt dir in der darauffolgenden ersten Ecke der kur-

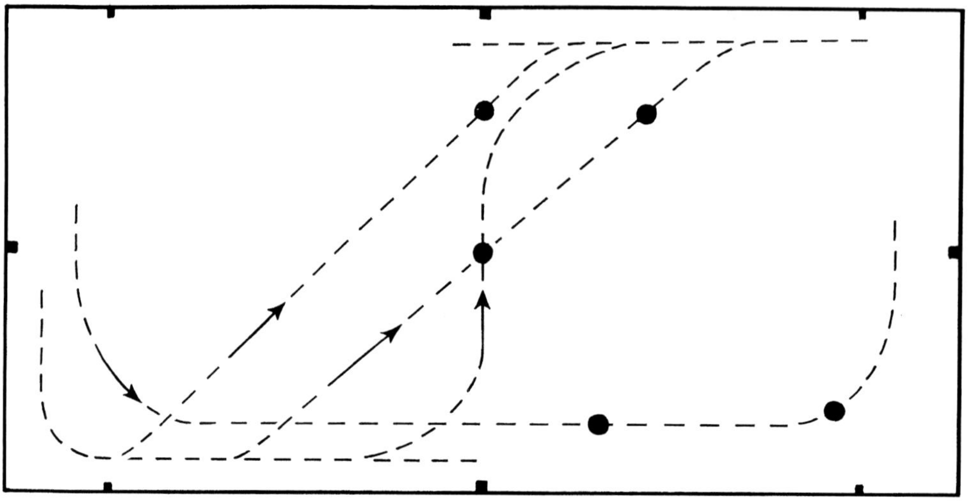

Mögliche Wechselpunkte für einen fliegenden Galoppwechsel vom Links- zum Rechtsgalopp Der fliegende Wechsel – etwa Mitte der langen Seite – zum Außengalopp wird auf dem zweiten oder dritten Hufschlag (ein bis zwei Meter von der Bande entfernt) probiert. Bei einem guten Gefühl kann in der folgenden Ecke spielerisch wieder nach innen gewechselt werden.

zen Seite ein weiter, angenehm zu galoppierender Bogen, der aber noch eng genug ist, um bei guter Geschwindigkeit einen fliegenden Galoppwechsel herauszufordern. Eine deutlich abgerundete Ecke ist notwendig, da dein Pferd bei den Galoppwechselhilfen ein wenig zulegt und fast schon im Mittelgalopp durch die Ecke galoppiert. Die unterstützenden Hilfen zum Galoppwechsel gibst du etwa drei bis vier Galoppsprünge vor dem Zirkelpunkt (Hufschlag).

Beim Wechseln aus dem Zirkel oder durch die halbe Bahn wie auch mit Schlangenlinien durch die ganze Bahn bieten sich weitere günstige Wege an, mit denen du den fliegenden Galoppwechsel spielerisch üben kannst.

Die Hilfen zum fliegenden Galoppwechsel

Nehmen wir als Beispiel einen Wechsel vom Links- in den Rechtsgalopp an. Der Wechsel wird auf der Wechsellinie im frischen Arbeitsgalopp und mit mäßiger Linksstellung rechtzeitig vorbereitet.

- Treibe schon zu Beginn der Wechsellinie ein wenig stärker gegen die durchhaltenden Hände, um eine deutliche Zügelanlehnung aufzubauen. Du lädst die Kraftreserven des Pferdes auf, um die Energie beim Wechseln abzurufen. Beim Aufladen der „Pferdebatterie" wird der Galoppsprung lebhafter, die Aussichten auf einen gelungenen Wechsel steigen.
- Während der letzten zwei, drei Sprünge vor dem gedachten Wechselpunkt forcierst du ein wenig das schon frische Tempo, um noch mehr Schwung zu entfalten. Beim letzten Zulegen wird der Zügeldruck nicht schwächer, die gute Anlehnung bleibt bestehen. Die geringe Innenstellung nimmt ab, dein Pferd hält seinen Hals fast gerade.
- Die eigentlichen Hilfen für den Galoppwechsel werden kurz vor der Landung des letzten Linksgaloppsprungs gegeben. Besonders bei jungen, unerfahrenen Pferden solltest du die Hilfen schon

gegen Ende der Schwebephase einleiten, um dem „grünen“ Schüler eine ausreichende Reaktionszeit einzuräumen. Werden die Hilfen erst bei oder nach der Landung erteilt, galoppiert dein Pferd noch mindestens einen Galoppsprung weiter, bevor es dann vielleicht wechselt.

Räume einem jungen Pferd die Zeit ein, die es zum Vorschnellen des „neuen“ inneren Beinpaares benötigt. Erfahrene, weit ausgebildete Pferde reagieren wesentlich schneller. Sie springen auch dann noch einen schönen Wechsel, wenn die Reiterhilfen erst bei der Landung des letzten Galoppsprungs einsetzen. Aber selbst einem Grand-Prix-Pferd werden bei Einerwechseln wieder die Hilfen während der Schwebephase – also deutlich vor der Landung – gegeben, damit dem Pferd ausreichend Zeit zum Umsetzen der Reiterhilfen zur Verfügung steht. In unserem Beispiel treffen für ein junges Pferd drei wesentliche Reiterhilfen für den fliegenden Galoppwechsel zum Rechtsgalopp kurz vor der Landung des letzten Linksgaloppsprungs zusammen: Zügel-, Gewichts- und Schenkelhilfen werden zeitgleich gegeben.

Die Zügelhilfen sind so gering, daß sie kaum auffallen und vom Pferdemaul auch nicht als besondere Veränderung wahrgenommen werden. Halte die Verbindung elastisch aufrecht und richte deine Handhaltung nach der Halshaltung des jungen Pferdes, die sich individuell verändert, wenn ein Pferd fliegend den Galopp wechselt. Besonders Pferde, die ihren Hals stärker als Balancierstange benutzen und in dem folgenden Bogen noch ein wenig nach außen tendieren, galoppieren gern die ersten Sprünge im „neuen“ Galopp mit einer leichten Außenstellung. In dieser Haltung können sie leichter ihr Gleichgewicht halten. Würdest du diese Pferde, entgegen ihrer körperlichen Veranlagung, bei den ersten Galoppwechseln zum Rechtsgalopp „vorschriftsmäßig“ und deutlich im Hals von links nach rechts umstellen, ergäbe sich daraus für Pferde in diesem Ausbildungsstadium eine erhebliche Behinderung. Bei einer deutlichen Innenstellung (Rechtsstellung) balancieren sie sich in dem Rechtsbogen aus, indem sie im Kreuz- oder Außengalopp bleiben – eine andere Möglichkeit haben sie nicht.

Sei mit den Zügelhilfen sehr behutsam und richte dich nach der Halshaltung. Beobachte dein Pferd genau und gib nur dann mit der äußeren Hand um so viel nach, wie die innere den Zügel annimmt, wenn sich dein Pferd von selbst ein wenig umstellt. Achte stets darauf, daß der äußere Zügel nicht durchhängt. Am äußeren Zügel und am äußeren Schenkel sucht dein Pferd in der ungewohnten Situation Halt.

Legst du im Linksgalopp den linken Schenkel als Wechselhilfe zurück, weiß dein Pferd damit allein natürlich nichts anzufangen. Wie sollte es auch auf den Gedanken kommen, daß es in den Rechtsgalopp wechseln soll? Genausogut könnte dein Pferd den veränderten Schenkeldruck auch als eine rein vorwärts- oder seitwärtstreibende Hilfe auslegen. Deutlicher wird der Hinweis, wenn du gleichzeitig mit deiner zusätzlichen Gewichtshilfe und durchhaltenden Zügelhilfen die Aufgabe näher erklärst.

Verlagerst du dein Gewicht ein wenig nach innen (rechts), beeinflußt das eine Tendenz nach innen – dein Pferd wird unter dein Gewicht laufen. Der außen gegenhaltende linke Schenkel unterstützt zudem diese Bewegungstendenz. Geschickten Pferden, die mit ihrem Gleichgewicht keine besonderen Probleme haben, genügen die Schenkel- und Gewichtshinweise, um wie selbstverständlich fliegend zu wechseln. Weniger sportlichen Pferden liegt schnelleres Galoppieren näher als der fliegende Wechsel. Diese Pferde benötigen zusätzliche, insgesamt intensivere Hilfen. Der äußere Schenkel treibt stärker, deutlichere Zügelhilfen verhindern, daß dein Pferd schneller wird. Die Gewichtshilfe verändert sich nicht. Nach wie vor wird

Spielerischer fliegender Galoppwechsel mit einem jungen Pferd. In unserem Beispiel übertreibt der Reiter bewußt die Hilfen.

Der Reiter hat zwar Kontakt zum Sattel, sitzt aber nicht voll ein. Er bereitet den Wechsel vom Rechts- zum Linksgalopp vor, das Pferd wird allmählich geradegestellt.

Während der Landung des letzten Rechtsgaloppsprungs beginnt der Reiter mit den Wechselhilfen, damit das Pferd genügend Zeit hat, die neue Anforderung zu verstehen.

Der Reiter gibt deutliche Hilfen – teils, um sich seinem jungen Pferd verständlich zu machen, teils zu Demonstrationszwecken für den Fotografen. Er stellt sein Pferd weiter behutsam um und beginnt, sein Gewicht zu verlagern, das noch auf dem rechten Bügel abgestützt ist.

Nach der Landung in den Linksgalopp ist es dem Reiter noch nicht gelungen, sein Gewicht wieder über den Schwerpunkt (Widerrist) des Pferdes zu verlagern. Zudem befinden sich rechte Schulter, Hüfte und Schenkel noch zu weit vorn. Den korrekten Sitz – am Pferd, aber nicht voll einsitzend – wird er erst beim nächsten Galoppsprung wieder einnehmen.

das innere Knie nach unten gedrückt und der innere Bügel betont ausgetreten. Eine übertriebene Gewichtsverlagerung würde dein Pferd nur verunsichern und aus dem Gleichgewicht bringen.

Alle Wechselhilfen werden im fortlaufenden Takt des bereits bestehenden Treibens im Galopp gegeben. Befinden sich im „neuen" Galopp deine Schultern und Hüften wieder parallel zu denen des Pferdes, gibst du Schenkel- und Gewichtshilfen im günstigen Verhältnis, das heißt, die Zügelhilfen müssen stark genug sein, daß die übrigen Hilfen vom Pferd nicht als vorwärtstreibende Hilfen ausgelegt werden. Probiere aus, ob deine Wechselhilfen im leichten Sitz oder in der den Pferderücken stärker belastenden Dressurhaltung wirkungsvoller sind. Vor allem jungen Pferden kommt es entgegen, wenn sich unter dem leichten Sitz des Reiters der Pferderücken bei den ersten fliegenden Galoppwechseln freier bewegen kann und nicht zu sehr belastet wird.

Durch falsches Training des fliegenden Galoppwechsels wird gleich zu Anfang manches verdorben, was sich später kaum mehr beheben läßt. Manche Reiter praktizieren die pferdefeindliche Unart, nach einem völlig mißlungenen oder nachgesprungenen Wechsel unverzüglich übertrieben hart mit Zügel- und Schenkelhilfen zuzufassen, um das Pferd zu korrigieren. Diesen Unsinn kann ein Pferd unmöglich als eine deutlichere Wechselhilfe begreifen. Ein ängstliches Pferd wird zukünftig bei ähnlichen Hilfen sein Heil in der Flucht suchen, fest in der Hand werden und überempfindlich reagieren. Es wäre pferdefreundlicher und gewinnbringender, ruhig weiterzureiten, um beim nächsten Versuch dem Pferd eine verständliche Brücke zu bauen, beispielsweise ein wenig intensiver und insgesamt frischer gegen die durchhaltende Hand zu treiben.

Die häufigsten Fehler:

- Zu früher Beginn: Galoppiert ein Pferd im Innengalopp noch nicht im Gleichgewicht, kann es nicht fliegend wechseln.
- Zu später Beginn: Hat sich bei einem Pferd über Jahre hinaus der Außengalopp als eine Gehorsamsübung festgesetzt, ist es kaum mehr zu überzeugen, „ungehorsam" zu sein und umzuspringen.
- Versuchst du den Wechsel in sehr engen und stark gebogenen Wendungen, wird das Pferd herumgeworfen und aus dem Gleichgewicht gebracht. Es muß im Kreuz- oder Außengalopp bleiben.
- Tempo vor dem Wechsel zu lasch: Der fliegende Galoppwechsel ist eine ausgeprägte Vorwärtslektion. Ein schwungloser, stockender Galopp reicht vor allem bei jungen Pferden für einen fliegenden Wechsel nicht aus. Junge Pferde verfügen weder über genügend Kraft noch Technik, um aus dieser Situation einen Wechsel zu entwickeln.
- Durch betont traversartiges Reiten vor dem Wechsel wird die Hinterhand des Pferdes beim Wechselvorgang mit erheblichem Schwanken von einer Seite zur anderen geworfen. Der Wechsel wird schwieriger, weil sich die Hinterhand nicht nur nach vorn, sondern auch noch stark seitwärts bewegen muß. Wenn überhaupt gewechselt wird, dann unruhig und stark schwankend. Wesentlich vorteilhafter wäre schulterhereinartiges Galoppieren vor dem Wechsel: Der zu überbrückende Weg für die Hinterbeine wird kürzer, der Wechsel einfacher.
- Mit übertriebenem und erzwungenem Umstellen bringst du dein Pferd aus dem Gleichgewicht. Es weicht nach außen und hat keine Möglichkeit zu wechseln.
- Verlagerst du stark dein Gewicht, löst das Pferd zunächst die wichtigste Aufgabe: Es läuft mit Außenstellung abrupt nach innen unter das Gewicht des Reiters, um mit dem veränderten Reitergewicht im Gleichgewicht zu bleiben. Das Pferd verliert sofort an Schwung, ein fliegender Wechsel wäre reiner Zufall.

• Der äußere Schenkel wird nicht weit genug zurückgenommen und nicht deutlich genug ans Pferd gelegt. Treibst du wirkungsvoll mit dem äußeren Schenkel, wird ein Ausweichen der Hinterhand vermieden. Verhalte dich beim fliegenden Galoppwechsel von links nach rechts in etwa so, als wolltest du dein Pferd im Augenblick des Wechselns gleichzeitig zum traversartigen Galoppieren nach rechts anregen. Dann geben Zügel-, Schenkel- und Gewichtshilfen deinem Pferd hilfreiche und deutliche Hinweise.

• Wird beim Wechseln die Zügelanlehnung zu lasch, galoppiert dein Pferd lediglich schneller. Es wechselt nicht, da es den veränderten und verstärkten Schenkeldruck nur als vorwärtstreibende Hilfe versteht.

Gewöhnung an Stangen und Ständer

Bei der Ausbildung eines Dressurpferdes hast du den Vorteil, sämtliche Lektionen zu jeder Stunde reiten zu können. Volten, Schlangenlinien usw. sind in der Halle oder auf dem Außenplatz in deiner Vorstellung vorhanden und werden bei Bedarf abgerufen. Über das tägliche Training der Lektionen werden die Übungen für das Pferd selbstverständlich. Eine Volte oder eine Kurzkehrtwendung regt es nicht mehr auf als bloßes Antraben.

Reite häufig zwischen Stangen, Ständern und kompletten Hindernissen, um dein Springpferd an das Parcoursmaterial zu gewöhnen.

Gewöhnlich verhält sich das bei der Ausbildung von Springpferden anders, falls nicht ein eigener reiner Springstall zur Verfügung steht. Im reinen Springstall sind die Voraussetzungen gleich gut, wenn sich tagaus, tagein Hindernisse auf dem Springplatz und in der Reithalle befinden. In Vereinsanlagen, wo die Interessen mehrerer Reitsparten gewahrt werden, sind vor allem während der Winterzeit in der Halle allenfalls an zwei Wochentagen Hindernisse aufgebaut.

In diesen Ställen ist das Training von Springpferden erschwert, weil Hindernisse, Ständer und Stangen nicht zu Selbstverständlichkeiten werden. Der Abstand von einigen Tagen ist zu lang. Er bewirkt, daß die Springpferde mit großen Augen und auffällig nach vorn gestellten Ohren an jedem Montag oder Donnerstag die Hindernisse betrachten, wenn du sie am Springtag in die Halle führst. Wird nur einmal gesprungen und nur donnerstags ein Parcours aufgebaut, verweigern manche Pferde schon morgens ihr Futter – so aufgeregt sind sie.

Auch hier ähnelt das Verhalten des Pferdes dem des Menschen. Gehst du alle zwei Jahre zur zahnärztlichen Routineuntersuchung, hast du ein Kribbeln in der Magengegend, obwohl du vermutest, daß wahrscheinlich nichts Besonderes passieren wird. Gingst du täglich zum Nachschauen, würde der Zahnarztbesuch dein Nervensystem nicht weiter beeinflussen.

Übe in der Pferdeausbildung so häufig wie möglich die „ersten Momente". Sobald der zeitliche Abstand zwischen Lektionen größer wird, wächst auch die Nervosität des Pferdes. Hierzu ein Beispiel, das du sicher selbst schon beobachten konntest: Dein Pferd reagiert auf Schenkelhilfen besonders empfindsam. Bei einfachen Galoppwechseln geht es vor dem erneuten

Angaloppieren unruhigen Schritt, weil es der Galopphilfe (Schenkeldruck) entgegenfiebert. Du aber läßt dich nicht aus der Ruhe bringen und reitest nach einigen Galoppsprüngen wieder einen einfachen Wechsel. Beim fünften, sechsten Versuch wird dein Pferd schon ruhiger. Dein Pferd wird immer gelassener; der zwanzigste einfache Galoppwechsel entspricht schon fast deinen Vorstellungen. Du bist mit deinem Pferd zufrieden, lobst es und reitest andere Lektionen.

Nach einer halben Stunde kommt dir wieder der einfache Wechsel in den Sinn, und du probierst ihn noch einmal. Der Wechsel ist zwar nicht mehr so gut wie der zwanzigste vor einer halben Stunde, aber du bist insgesamt zufrieden. Scheinbar hat dein Pferd die Hilfen „begriffen“.

Am folgenden Tag erlebst du eine arge Enttäuschung: Der erste einfache Wechsel geht völlig daneben. Dein Pferd zackelt wieder im Schritt an und verhält sich wie gestern. Ein Abstand von vierundzwanzig Stunden hat die Gelassenheit deines Pferdes gelöscht. Die Zeit zwischen den „ersten Momenten“ war zu lang. Mit Geduld und Fleiß bekommst du aber auch den einfachen Wechsel in den Griff, wenn du diese „ersten Momente“ übst. In diesem Fall sieht das so aus: An einem freien Wochenende sattelst du dein Pferd am frühen Samstagmorgen und reitest es nur etwa eine gute halbe Stunde. Reite es nicht naß, übe aber viele einfache Wechsel. Gegen Mittag und am späten Abend wiederholst du das Pensum, ohne dein Pferd zu überanstrengen. Am Samstagabend ist deinem Pferd schon klarer, daß es auf die Galopphilfe nicht vorwärts rennen, sondern lediglich angaloppieren soll. Der Schritt zwischen dem Links- und Rechtsgalopp wird ruhiger. Mit kurzen Zeitabständen verliert für dein Pferd der einfache Wechsel nach und nach seinen außergewöhnlichen Charakter.

Der Sonntag verläuft wie der Samstag. Du reitest dein Pferd dreimal mit vielen

Gelassenes Galoppieren beim täglichen Training auf dem Springplatz

langen Schrittpausen und etlichen einfachen Galoppwechseln. Am Montagmorgen und die ganze folgende Woche reitest du morgens und abends: Dein Pferd geht einen einwandfreien einfachen Galoppwechsel.

Durch die geringen Zeitabstände zwischen den „ersten Momenten“ (jeweiliges Angaloppieren) übersetzt dein Pferd die Schenkelhilfen als reine Angaloppierhilfen. Sobald dein Pferd erst einmal eine Hilfe richtig übersetzt hat, können Wochen und Monate zwischen den „ersten Momenten“ liegen. Mit seinem ausgeprägten Erinnerungsvermögen wird dein Pferd auch dann gelassen bleiben.

Für ein Springpferd verläuft die zwanglose Gewöhnung an Stangen und Ständer auch nur über viele „erste Momente“. Hindernisse sollten grundsätzlich vorhanden sein und auf ein Springpferd so wenig aufregend wirken wie beispielsweise ein Putzkasten. Dabei ist es weder erforderlich noch günstig, wenn täglich gesprungen

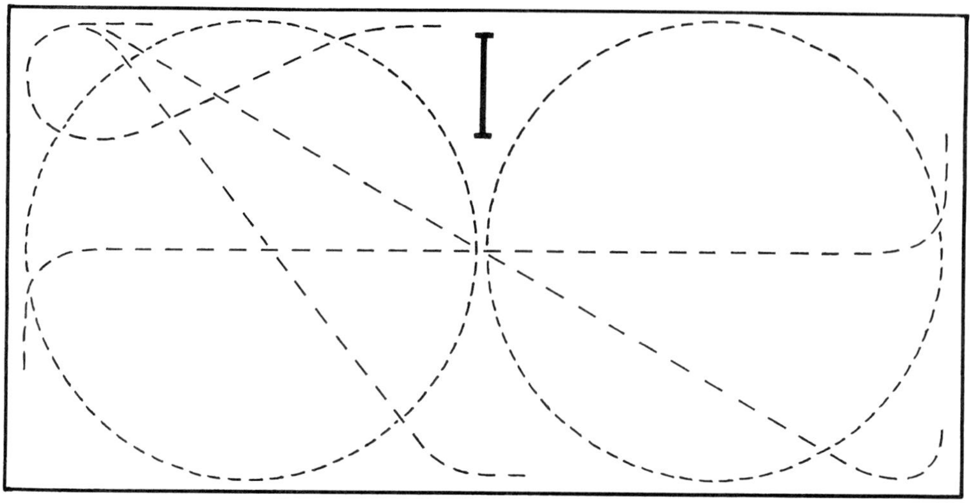

An dieser Stelle stört ein Hindernis in der Halle kaum.

wird, aber es sollte die Möglichkeit gegeben sein, das Pferd hin und wieder zwanglos darüber gehen zu lassen.

Das niedrige Hindernis kann in der Reithalle, Mitte der langen Seite, etwa zwei Meter neben dem Hufschlag, aufgebaut werden. An dieser Stelle befindet es sich lediglich auf der Halben-Bahn-Linie und beeinträchtigt ansonsten keine Hufschlagfigur. Die übrigen Reiter werden durch seine bloße Anwesenheit nicht belästigt oder behindert.

Junge Springpferde reitest du täglich im Schritt über am Boden liegende Stangen, trabst und galoppierst sie dicht an Hindernisständern vorbei, läßt sie sogar gelegentlich an ihnen herumknabbern. Obwohl noch nicht gesprungen wird, sind Stangen, Planken und Ständer ständig vorhanden. Sie gehören zur alltäglichen Umgebung eines Springpferdes.

Das Pferd macht seine Erfahrungen über verschiedene Helligkeitsstufen (Farben) und Gerüche, es lernt Rundungen und Kanten kennen und weiß mit der Zeit Schwere und Härtegrad von Stangen, Planken, Rollen oder anderen Hindernisteilen in etwa einzuschätzen. Es speichert nach und nach Erfahrungswerte, die bei ersten Sprüngen vor einer unwissenden Nachlässigkeit bewahren. Spielt dein Pferd beispielsweise an einer Hindernisstange und fällt diese aus größerer Höhe zu Boden, geben Fallgeschwindigkeit und Lärm der am Boden aufschlagenden Stange dem Pferd Hinweise, wie schwer ungefähr die Stange ist. Aus dieser Erfahrung wird es sein Verhalten beim Überwinden von Stangen ableiten.

Laß dein Pferd aber auch an Stangen knabbern, die fest aufliegen und nicht zu leicht sind. Dein Pferd soll herausfinden, daß Stangen nicht so leicht herunterfallen und daß sie hart und schwer sind. Der aus eigener Erfahrung gewonnene Respekt vor einem Hindernis bewahrt dein Pferd vor Stürzen und Verletzungen.

Der leichte Sitz

Sollte einem Reitlehrer die Aufgabe gestellt werden, einem Filmschauspieler, der in einer Szene über ein weites Feld galoppieren und auf ein Double verzichten muß, binnen weniger Wochen das Reiten beizubringen, würde er wohl am besten ein geeignetes Pferd suchen und ihn den leichten Sitz lehren. Ohne wirklich reiten zu können, ist auch ein Anfänger nach kurzer Zeit in der Lage, sich im leichten Sitz auf einem gutmütigen Pferd im Leichttraben und vor allem im Galopp täuschend „fachmännisch“ zu präsentieren.

Beim gestreckten und tiefen Dressursitz kann man in etwa eine Senkrechte durch Schulter, Hüfte und Absatz fällen. Das Gewicht des Reiters ruht im Sattel. Im leichten Sitz geht die Senkrechte durch Schulter, Knie und Fußballen des Reiters. Seine Hüfte dagegen verlagert sich nach hinten. Bei wesentlich kürzeren Bügeln wird das Gesäß nach hinten deutlich aus dem Sattel geschoben. Denke daran, dein Gesäß *nach hinten* und nicht nach oben zu nehmen!

Beim leichten Sitz geht die lotrechte Linie durch Schulter, Knie und Fußballen. Die Haltung des Oberkörpers richtet sich nach der Bügellänge, die in unserem Beispiel als mittellang bezeichnet würde. Bei kürzeren Bügeln macht sich der Reiter noch kleiner. Er schiebt sein Gesäß weiter nach hinten, bis dicht über den hinteren Sattelkranz. Die Brust senkt sich in dem Maße nach unten in Richtung Widerrist, in dem das Gesäß nach hinten geschoben wurde. So bleibt der Reiter auch dann im Gleichgewicht und dicht über dem Schwerpunkt des Pferdes.

Damit der Reiter in der neuen Haltung nicht nach hinten auf den Sattelkranz kippt und allein mit Knien und Fußballen sein Gleichgewicht halten kann, verlagert er seine Schulter bei weiterhin angespanntem Kreuz nicht nach vorn, sondern lediglich nach unten. Sein Blick bleibt gerade nach vorn gerichtet. Das Reitergewicht ruht nicht mehr im Sattel; es verteilt sich auf den Knieschluß und vor allem auf die Fußballen, mit denen die kurzen Bügel bei tiefen Absätzen elastisch ausgetreten werden. Die Waden finden einen festen, spürbaren Platz am Pferdeleib. Das Fundament für die Balance bildet nun nicht mehr das Gesäß (Dressursitz), sondern es wird von den Innenflächen der Knie und beiden Fußballen gebildet.

Es gibt einleuchtende Gründe, die Bügel nicht vor die Absätze zu nehmen, sondern mit den Fußballen auszutreten. In den Fußballen hast du mehr Gefühl, der Bügel bekommt einen sicheren Halt. Du kannst den Bügel intensiver austreten, deine treibenden Hilfen werden wirkungsvoller. Deine Wade verlagert sich um einige Zentimeter nach hinten und findet dort am Pferdeleib einen besseren Halt, was wiederum dem Treiben zugute kommt. In der gemeinsamen Bewegung von Pferd und Reiter ist es eher ein Vorteil, wenn das Fundament (Knie und Fuß) ein wenig federt. Ein festes, starres Fundament kann und soll es beim Reiten nicht geben, weder beim Dressur- noch beim Springreiten.

Der leichte Sitz ist in Wirklichkeit kein Sitz mehr, er ähnelt vielmehr einer tiefen Hocke.

Im Gegensatz zum Dressursitz kannst du den leichten Sitz auch ohne Pferd ein wenig trainieren. Stelle deine Füße etwa einen halben Meter auseinander und gehe so tief in die Hocke, daß deine Ellenbogen leicht die Oberschenkel direkt über den Knien berühren. Stütze die Ellenbogen aber nicht auf, sonst würde dein Kreuz

Kreuz- und Oberschenkelmuskulatur werden im leichten Sitz stark beansprucht. Ähnlich wie die Abfahrtsläufer im Skirennsport kannst du ein kräftigendes Trockentraining durchführen. Aus der dargestellten Haltung wippt das Gesäß ständig etwa 20 cm nach unten und wieder hoch. Kniegelenke, Oberschenkel- und Rückenmuskulatur geben dir schon ein Zeichen, wann eine Pause angebracht ist!

seine Spannung verlieren. Sieh nach vorn und halte die Fäuste so, als säßest du auf einem Pferd. Nun verlagerst du dein Gewicht auf beide Fußballen und wippst mit deinem Gesäß ein wenig auf und ab. Es gilt, das Gleichgewicht zu halten. Du steigerst den Trainingseffekt, wenn du das Wippen mit dem Gesäß ein wenig übertreibst und das Gewicht einmal auf den linken, einmal auf den rechten Fußballen verlagerst. Mit der Zeit spürst du die beanspruchten Muskeln, und es beginnt im Kreuz, in Waden und Oberschenkeln zu ziehen. Das bedeutet, daß du richtig trainierst.

Selbstverständlich ist es mit diesem „Filmschauspielertraining" nicht getan. In dieser Form lernst du zwar einen schön anzusehenden, aber wirkungslosen, passiven leichten Sitz. Wie im Springsitz gelenkt, getrieben und zusammengestellt wird, lehrt dich allein die Praxis auf verschiedenen Pferderücken.

Bei trägen Pferden bist du gezwungen, dich auch mit kurzen Bügeln hin und wieder in den Sattel zu setzen, um wirkungsvoll zu treiben. Nur sehr fleißige Pferde können allein mit den treibenden Hilfen von Knie, Wade und Fuß im reinen leichten Sitz über einen Parcours geritten werden. Im allgemeinen reicht das nicht aus, weil es etliche Situationen gibt, in denen das Gesäß im Sattel die treibenden Hilfen unterstützen sollte. Im nächsten Kapitel werden diese Momente näher erklärt.

Du wirst bald erkennen, daß es schon einer guten körperlichen Verfassung bedarf, möchtest du über längere Zeit im leichten Sitz bei gleichmäßiger Zügelanlehnung galoppieren, ohne mit dem Gesäß den Sattel zu berühren und unter dem Verzicht auf abstützende Hände. Mit den beschriebenen Trockenübungen kommst du jedoch ein gutes Stück weiter. Was den Ski-Abfahrtsläufern hilft, sollte auch die Kondition des Springreiters verbessern.

Der Sitz des Springreiters

Zwischen den Sprüngen reitest du in der im Kapitel über den leichten Sitz aufgeführten Form. Finde aber deinen eigenen Spring- und Reitstil, in dem du wirkungsvoll reitest. Die Richtlinien in Wort und Bild sind allenfalls Anleitungen, nach denen du das herausfinden mußt, was deiner körperlichen Veranlagung und deinem Temperament entgegenkommt.

Die Erfahrung von zahllosen Sprüngen auf verschiedenen Pferden sagt dir, welche Bügellänge und welche Art zu reiten für dich geeignet ist. So wirst du auf einem eher faulen Pferd ohnehin die Bügel ein Loch länger schnallen, damit du über den treibenden Schenkel mehr Wirkung erzielst. Daß du mit einem sehr kurzen Bügel phlegmatische Pferde allein über Knie, Wade und Fuß ebensogut vorwärts reitest, gehört in den Bereich der Reitermärchen.

Werden die Sprünge erst einmal höher und weiter, zeigen dir „Pferdegewerkschaftler" schon, wieviel Respekt sie vor deinem luftigen Sitz und den daraus resultierenden treibenden Hilfen haben. Setzt du dich nämlich mit extrem kurzen Bügeln zum Treiben in den Sattel, gleiten deine Knie nach vorn-oben und verlieren ihren Halt. Mit haltlosen Knien läßt sich auf die Unterschenkel nur wenig Kraft übertragen. Diese Kraft reicht längst nicht aus, um unschlüssige Pferde zum Springen zu bewegen.

Die Bügellänge richtet sich also nach Temperament und Rittigkeit deines Pferdes sowie nach deinen körperlichen Voraussetzungen. Liegen dir besonders fleißige, hoch im Blut stehende Pferde mehr, wirst du lieber mit normal kurzen Bügeln reiten. Liegt deine Begabung eher beim „Anschieben" phlegmatischer Pferde, wirst du den leichten Sitz mit ein oder zwei Loch längeren Bügeln bevorzugen. Lege dich diesbezüglich jedoch nicht fest, sei stets offen für neue Erfahrungen. Im allgemeinen gilt: Je sicherer du beim Anreiten und Springen wirst, um so mehr wirst du den kurzen Bügel schätzen lernen.

In der Leichtathletik werden die Hochsprungschüler von ihren Trainern immer wieder ermahnt, während der letzten Tritte vor dem eigentlichen Absprung die Spannung im Körper zu erhöhen. Die steigende Spannung ermöglicht eine optimale Ausführung bei Übungen, die zu einem großen Teil von der Schnellkraft leben. Ausgereifte Schnellkraft ist ohne Körperspannung nicht möglich.

Beim Springreiten, das auch zu den Schnellkraftsportarten gehört, wird die Spannung für den Absprung ebenfalls auf den letzten Galoppsprüngen so gut wie möglich gesteigert. Möchtest du im Reitsport Spannung erhöhen, mußt du für Augenblicke stärker gegen die durchhaltenden Hände treiben. Im leichten Sitz gelingt dir das, wenn du während der letzten drei bis vier Galoppsprünge mit deinem Gesäß zur Sattelfläche einen allmählich deutlicher werdenden Kontakt aufnimmst. Beim viertletzten Galoppsprung berührt das Gesäß soeben die Sattelfläche, beim zweitletzten schon stärker, und beim Absprung sitzt du für einen Moment bewußt im Sattel.

Mit zunehmendem Kontakt zur Sitzfläche erhöht sich auch der Schenkeldruck. Die Zügelanlehnung bleibt fast gleich, wird aber gewöhnlich ein wenig leichter. Sie sollte in jedem Fall gewährleisten, daß dein Pferd seinen Hals dehnen, den Sprung „antauchen" kann. Kommt dein Pferd zu dicht an den Sprung, kann im Einzelfall die Anlehnung auch ein wenig stärker werden.

Im Idealfall nimmt in der Phase der Schwung- und Spannkraftentfaltung die Geschwindigkeit etwas zu, die Galoppsprünge werden bei gleichbleibendem Rhythmus länger. Das Pferd dehnt sich insgesamt, um sich für den Augenblick des Absprungs wieder zusammenzuschieben. Aus diesem stetigen Wechsel von Dehnung und Zusammenschieben entwickeln Dressur- und Springpferde ihre Kraft. Solange sich beim Absprung die Vorderbeine des Pferdes noch auf dem Boden befinden, sitzt du weich im Sattel, den Pferderücken sanft belastend. Dein Pferd wird deutlich auf dein Gewicht aufmerksam gemacht und springt mit der Kraft ab, die notwendig ist, damit es sich selbst samt dem Reitergewicht sicher über das Hindernis bringen kann. Im gleichen Augenblick, in dem die Vorderhufe den Boden verlassen, entlastest du jedoch mit der gleichen Geschwindigkeit den Pferderücken, mit der sich auch das Pferd vom Boden abhebt – nicht schneller und nicht langsamer. Dein Gesäß gleitet nach hinten aus dem Sattel, dein Oberkörper senkt sich nach unten und nicht nach vorn.

Neigt sich dein Brustbein in Richtung Widerrist, bleibst du über dem Schwerpunkt des Pferdes, und es kann dich gut

Der Reiter erkennt, daß der Absprung ein wenig „groß“ wird, und reitet beherzt nach vorn. Dennoch behält er eine Verbindung zum Pferdemaul.

Im Moment des Absprungs entlastet er den Pferderücken. Er neigt seinen Oberkörper so weit nach vorn, daß er mit seinem Schwerpunkt über dem des Pferdes (Widerrist) bleibt.

Über dem Sprung „versteckt“ sich der relativ große Reiter, er macht sich klein. Je tiefer sein Schwerpunkt liegt, um so leichter balanciert ihn der Schimmel aus. Die Anlehnung bleibt vor, über und nach dem Sprung bestehen.

ausbalancieren. Stehst du jedoch übertrieben auf und lehnst deinen Oberkörper nach vorn auf den Pferdehals, belastest du unnötig die Vorhand, und es wird für dein Pferd schwierig, während der Flugphase und vor allem bei der Landung das Gleichgewicht zu halten. Im letzteren, ungünstigen Fall wird sich dein Pferd hauptsächlich auf die Landung konzentrieren, möglicherweise während der Flugphase seine Beinhaltung verändern und vielleicht deshalb einen Springfehler machen.

Für dein Pferd ist eine sichere Landung vorrangig, nicht fehlerfreies Springen.

Mit deinen Händen gibst du im Augenblick des Absprungs in etwa um soviel nach, wie du deinen Oberkörper nach unten neigst. Das Nachgeben erfolgt mit der gleichen Ruhe, mit der sich die Haltung des Oberkörpers verändert. Versuche auch über dem Sprung eine sanfte Anlehnung aufrechtzuerhalten, damit du beim Landen eine günstige Ausgangsposition hast. Schließlich darfst du dein Pferd bei der Landung nicht allein lassen. Du solltest es vielmehr mit sanften Zügel- und deutlichen Schenkelhilfen unterstützen.

Bedenke, daß die Spannung zum Sprung zwar zunimmt und während der Flugphase schwindet, jedoch während des

Guter, tiefer Sitz der Reiterin. Das Pferd springt mit einer vorteilhaften Technik und zeigt über dem Sprung eine deutliche Bascule (Rückenwölbung).

gesamten Parcours mehr oder weniger bestehen bleibt. Die Spannung geht aber gänzlich verloren, wenn du über dem Sprung und vor allem bei der Landung die Zügel durchhängen läßt. Es dauert etliche Galoppsprünge, dein Pferd wieder in eine Haltung zu reiten, die ein sicheres Überwinden des folgenden Sprungs gewährleistet. Steht der nächste Sprung gar in kurzer Entfernung, verschlechtern sich die Erfolgsaussichten entsprechend. Fußen die Hinterhufe des Pferdes bei der Landung auf, schmiegt sich auch dein Gesäß wieder sanft an die Sitzfläche des Sattels, um mit treibenden Hilfen dein Pferd in dieser Phase zu unterstützen. Während der antriebslosen Flugphase ging die Geschwindigkeit ein wenig zurück, die schwungvolle Galoppbewegung verebbte währenddessen ganz. Nach der Landung sollte beides so schnell, aber auch so behutsam wie möglich wiederhergestellt werden. Je nach Temperament des Pferdes erfordert das vielleicht, für ein oder zwei Galoppsprünge den Kontakt des Gesäßes mit der Sitzfläche des Sattels aufrechtzuerhalten. In der Haltung des gemäßigten leichten Sitzes fällt es dir leichter, Rhythmus und Zügelanlehnung auf das gewünschte Maß zu bringen. Danach wird allmählich der eigentliche leichte Sitz eingenommen, bis der nächste Absprung wieder ein intensiveres Reiten erfordert.

Während sich das Pferd auf die Landung vorbereitet, visiert der Reiter schon das folgende Hindernis an.

Das beste Lehrbuch kann die Praxis und vor allem den praktischen Anschauungsunterricht nicht ersetzen. Mit einem Lehrbuch kannst du dich aber vorbereiten. Du weißt, worauf du zu achten hast.

Schau dir so oft wie möglich auf Turnieren bessere Springprüfungen an. Videofilme sind weniger geeignet, da sie im allgemeinen nur das Gespann Reiter-Pferd in Großaufnahme zeigen, also lediglich einen kleinen Ausschnitt der gesamten Handlung aufnehmen. Dem Betrachter, der die Distanzen zu den Sprüngen nicht beurteilen kann, wird hierbei nicht deutlich, warum sich Pferd und Reiter in einer bestimmten Situation so und nicht anders verhalten haben. Beobachte während der Springprüfungen das Verhalten der Pferde und das erfolgreicher Reiter. **Gib dir Unterricht mit den Augen!** Sieh dir das Springen allein an und laß dich von niemandem in deiner Konzentration stören. Wähle einen Platz, von dem du den gesamten Parcours gut überblickst. Nach Hunderten von beobachteten Ritten – also schon nach wenigen Turnieren – beginnst du zu erkennen, warum der Reiter sich zwischendurch für einige Galoppsprünge vermehrt hingesetzt und getrieben hat: dann, wenn der Sprung ein wenig groß zu werden drohte. Oder dir wird klar, warum sich der Reiter vor einem Sprung kaum noch gerührt hat und bis zum Absprung völlig still, fast passiv saß. Du erkennst, daß er sich beim Anreiten ein wenig verguckt hatte und nun mit Stillsitzen und guter Zügelanlehnung zu retten versuchte, was noch zu retten war.

Nach und nach wird dir bewußt, daß Pferde sich aus bedrohlichen Situationen helfen können, wenn der Reiter sie gewähren läßt und mit seinem ruhigen Sitz einen außergewöhnlichen Sprung ermöglicht. Weiterhin fällt dir auf, daß Springfehler immer dann gemacht werden, wenn Anlehnung, Tempo oder die Absprungdistanz nicht zur Höhe des Sprungs passen.

Allmählich beginnst du von deinem Beobachtungspunkt aus „mitzureiten". Arm- oder Beinmuskeln zucken während deiner Beobachtungen. Du „treibst" schon zwanzig Meter vor dem Sprung, wenn du es für erforderlich hältst, oder nimmst in Gedanken die Zügel bei sanft treibenden Schenkeln deutlich auf, droht das Pferd zu dicht an den Sprung zu galoppieren. Reitest du tatsächlich in Gedanken mit, ist das ein sehr gutes Zeichen. Bedingung für das „Mitreiten" ist nämlich die Fähigkeit, günstige und weniger vorteilhafte Situationen einschätzen und beurteilen zu können.

Schule dein Auge

Nutze jede Minute, die du auf dem Pferd sitzt, um dich und dein Pferd zu trainieren. Zeitverschwendung und unnötige Kraftvergeudung wäre es beispielsweise, wenn du Kilometer um Kilometer galoppieren würdest, nur um den leichten Sitz zu üben. Genausogut könntest du in dieser Übung dein Pferd mit geringen Gewichtsverlagerungen außerdem auf richtungsändernde Hilfen sensibilisieren. Auf diese Weise würden Pferd und Reiter gleichzeitig geschult, sich im ständigen Gleichgewicht zu bewegen. Beim allmählichen Zulegen und Zurückführen förderst du die Schnellkraft deines Pferdes, es wird insgesamt geschmeidig und athletisch.

Hinzu kommt der wohl gewinnträchtigste Trainingsaspekt, der von Springreitern während der Galopparbeit wahrgenommen werden sollte: das Schulen des eigenen Auges im Parcoursgalopptempo.

Der Schulung des Springreiterauges wird im allgemeinen nicht die erforderliche Bedeutung beigemessen. Manche Reiter lehnen sie sogar regelrecht ab, weil sie finden, daß sich Springpferde ihren Absprung selbst einteilen sollten. Der Einfluß des Reiters würde diesbezüglich nur stören. Zu dieser Auffassung kann man tatsächlich kommen, weil bei erfolgreichen Reitern im Parcours kaum Korrekturen zu bemerken sind. Das bedeutet jedoch, den wahren Sachverhalt zu übersehen. In Wirklichkeit werden Korrekturen während der Anreitphase auch von routinierten, talentierten Springreitern vorgenommen, allerdings so früh und fein abgestuft, daß sie Beobachtern kaum mehr auffallen.

Je früher eine Korrektur gegeben wird, um so feiner und unsichtbarer fällt sie aus, im Dressur- wie im Springsport.

Erfolgreiche Springreiter – von H.G. Winkler bis Franke Sloothaak – haben schon immer ihren Pferden den Absprung mit passendem Anreiten vorbereitet und somit dem Springreiten Gefahrenmomente genommen und die häufigste Fehlerquelle ausgeschaltet. Pferde machen Fehler, wenn sie in Situationen geraten, die außergewöhnlich sind. Außergewöhnliche Situationen treten bei Mißverständnissen oder körperlicher Überforderung auf. Beim Springreiten bedeutet das: wenn unvorteilhaft angeritten wird oder die Abmessungen der Sprünge zu groß werden. Beide Faktoren schaltest du aus, wenn du vor allem im Training die Sprunghöhe grundsätzlich ein wenig unter dem derzeitigen Vermögen des Pferdes hältst und dein Auge schulst, um das Pferd in einen günstigen Absprungbereich zu reiten. Im allgemeinen wird das Auge eines Springreiters ohne besonderes Zusatztraining geschult, wenn er als Jugendlicher mit diesem Sport beginnt. Über etliche E- und A-Springen bekommt der Reiter im Lauf von Jahren einen Blick für die Situation beim Anreiten. Dadurch eignet er sich die Fähigkeit an, sein Pferd passend anzureiten, wenn er in M- oder S-Springen startet und auf ein gutes Auge angewiesen ist. In Anfängerklassen können und sollen sich Pferde hin und wieder selbst helfen. Das fördert neben der Aufmerksamkeit die Geschicklichkeit des Pferdes.

Bei Springreitern, die zehn Springpferde und mehr im Stall haben, wird das Auge ebenfalls fast von allein geschult. Sie springen täglich und sehen daher Hunderte von Sprüngen wöchentlich im Galopptempo auf sich zukommen. Allmählich und zwangsläufig erkennen sie immer früher, wann, wie und ob sie den bestehenden Galoppsprung ein wenig verändern müssen.

Aber auch für den Normalreiter, dem nur ein Springpferd zur Verfügung steht, gibt es eine Möglichkeit, sein Auge häufig zu trainieren, ohne sein Pferd mit einer Unzahl von Sprüngen zu überfordern.

So reitest du beispielsweise im Training Hunderte von imaginären Sprüngen an. Anstatt einen Sprung wirklich zu überwinden, galoppierst du dein Pferd im Parcourstempo dicht daran vorbei und machst dir danach ein Bild von der Qualität deines Anreitens. Hättest du im Ernstfall dein Pferd zu dicht an den „Sprung" geritten, oder wäre der „Sprung" zu groß geworden? Prüfe bei jedem scheinbaren Sprung, ob dein Pferd in einen günstigen Absprungbereich gekommen wäre.

Allmählich bekommst du ein Auge fürs Anreiten. Reite ebenso wie bei tatsächlichen Sprüngen, lege zu und führe zurück. Reite eine Wendung ein wenig enger, um dichter an einen Sprung zu gelangen, oder gestalte den Bogen weiter, wenn du den Eindruck gewinnst, daß du zu dicht an den Sprung galoppierst. Nach und nach nutzt du sogar die Linienführung für dein Anreiten. Du veränderst den Bogen in Wendungen, um bei gleichbleibendem Tempo und gleicher Galoppsprunglänge rhythmisch weiterzureiten und dennoch die Distanz zu korrigieren.

Stelle dir anfangs niedrige, etwa einen Meter hohe Sprünge vor, dann fällt es dir leichter, gutes und weniger vorteilhaftes Anreiten auseinanderzuhalten. Falls die Möglichkeit gegeben ist, solltest du dir an den Orientierungspunkten in der gedachten Sprunghöhe eine Markierung mit einem hellen Klebeband machen, um eine deutlichere Vorstellung von dem „Sprung" zu bekommen.

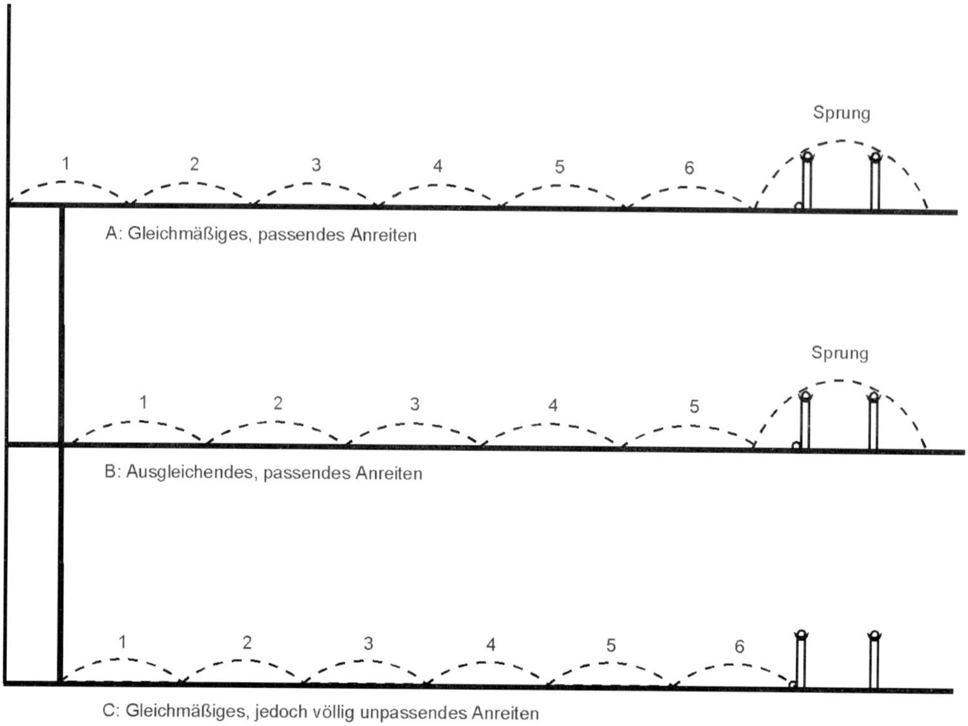

Nimmt man bei den gewählten Beispielen jeweils eine weite Galoppsprunglänge von 4 m an, ist der günstige Bereich des Absprungs beim Beispiel A bereits gut 25 Meter vor dem Oxer festgelegt. Diese angenehme Situation findet der Reiter zufällig vor, oder er verfügt über die beneidenswerte Begabung, schon während der vorherigen Galoppsprünge den Absprungbereich vorzubereiten. Bemerkt er erst 5 oder 6 Galoppsprünge vor dem Absprung, daß er in einen ungünstigen Absprungbereich kommt, ist es für eine harmonische Korrektur schon zu spät.
Der Reiter des Beispiels B bemerkt etwa 6 Galoppsprünge vor dem Oxer sein ungenaues Anreiten und korrigiert, indem er bis zum Absprung mit energischem Vorwärtsreiten einen Galoppsprung einspart und dadurch noch in einen günstigen Absprungbereich gelangt.
Der Reiter im Beispiel C, der sich noch 6 Galoppsprünge vor dem Oxer in gleicher Situation befindet, erkennt das Mißgeschick nicht und reitet sein Pferd in einen unlösbaren Absprungbereich.

Der imaginäre Sprung kann neben einem Baum, einer Hecke, einem Mast, einem Sprungständer, einem dunklen Fleck an der Bande oder neben einem Zirkelpunkt liegen. Eben überall dort, wo auch ein wirklicher Sprung im Parcourstempo angeritten werden kann und wo du einen gut sichtbaren Anhaltspunkt hast. Peile den „Sprung" frühzeitig an und behalte ihn ständig im Auge. Du erhältst ein Gefühl für passendes Anreiten, wenn du den Sprung fortwährend auf dich zukommen siehst, der Sprung vor deinen Augen immer größer wird.

Es ist schwieriger, einen Sprung aus einem flotten Tempo passend anzureiten, als aus einem ruhigen. Im starken Galopp sind die einzelnen Galoppsprünge wesent-

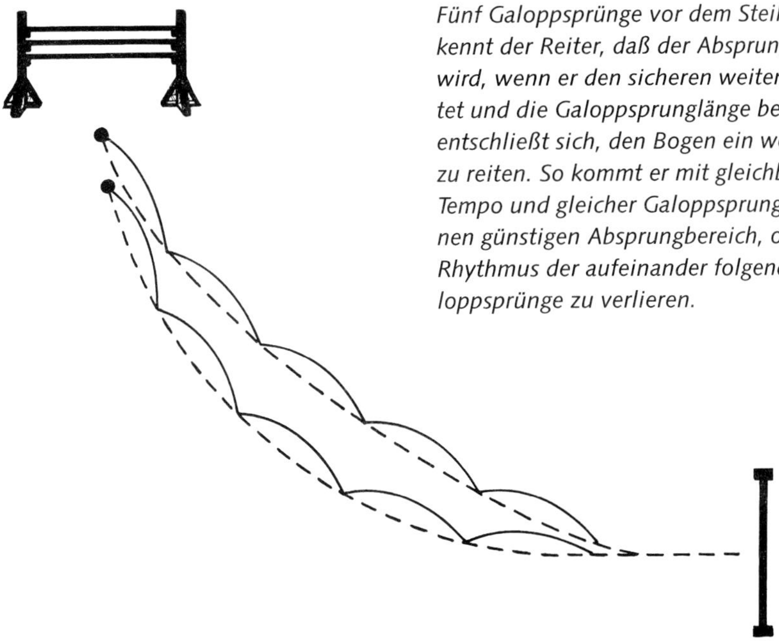

Fünf Galoppsprünge vor dem Steilsprung erkennt der Reiter, daß der Absprung zu „groß" wird, wenn er den sicheren weiten Bogen reitet und die Galoppsprunglänge beibehält. Er entschließt sich, den Bogen ein wenig enger zu reiten. So kommt er mit gleichbleibendem Tempo und gleicher Galoppsprunglänge in einen günstigen Absprungbereich, ohne den Rhythmus der aufeinander folgenden Galoppsprünge zu verlieren.

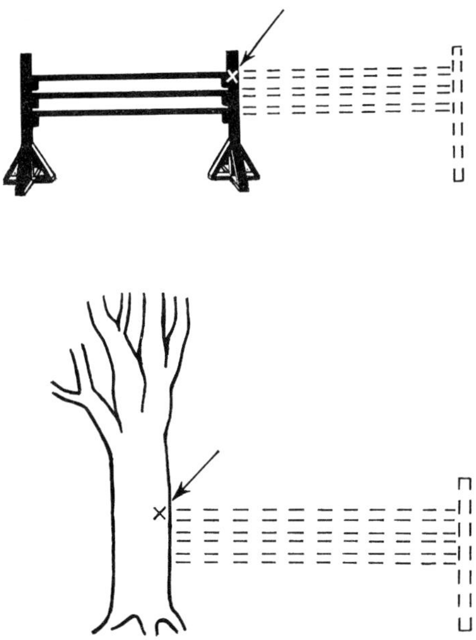

Das Anreiten eines gedachten Sprungs Markiere dir an verschiedenen Stellen Orientierungspunkte. In Gedanken galoppierst du während des einfachen Galopptrainings immer wieder gegen die imaginären Sprünge, um dein Auge zu schulen und trotzdem dein Pferd zu schonen.

lich länger als im Arbeitsgalopp. Auf eine Entfernung von fünfzig Metern entfallen im starken Galopp etwa zehn Galoppsprünge, im ruhigeren Arbeitsgalopp sind es vielleicht schon siebzehn. Demnach fußt das Pferd bei höherem Tempo auf einer bestimmten Distanz weniger oft auf. Die Wahrscheinlichkeit, im hohen Tempo mit großen Galoppsprüngen den geeigneten Absprung zu finden, ist geringer als im ruhigen Tempo, in dem du mehr Chancen zum Abschätzen erhältst.

Selbstverständlich erkennst du anfangs eher eine Unstimmigkeit, wenn sich dir mehr Gelegenheiten (Landestellen) bieten und ein ruhiges Tempo längere Reaktionszeiten einräumt. Übe daher das Anreiten der imaginären Sprünge zunächst im ruhigen Arbeitsgalopp. Schon nach einigen hundert „Sprüngen" gewinnst du an Sicherheit. Du bemerkst, ob du ein wenig zu dicht herangeritten bist oder ob der Absprung zu weit vom „Hindernis" entfernt lag. Das Gefühl, dein Pferd in einen günstigen Absprungbereich reiten zu können, stärkt Zuversicht und Selbstvertrauen. Das erhöhte Selbstbewußtsein überträgt sich auf das Verhalten deines Pferdes.

Während dieses Trainings gewinnst du außerdem ein klares Bild, wie prompt dein Pferd auf zulegende und zurückführende Hilfen reagiert. Gibt es diesbezüglich noch Mängel, wird dir klar, wie wichtig die Dressurarbeit für ein Springpferd ist. Was nützt ein geschultes Auge, wenn ein mangelhaft ausgebildetes Pferd deine Vorstellungen nicht unverzüglich umsetzt? Möchtest du beispielsweise sechs Galoppsprünge vor dem Hindernis die letzten Sprünge um je zehn Zentimeter verlängern, um den Absprung einen guten halben Meter näher an das Hindernis zu verlagern, kann dein Vorhaben sogar eine gefährliche Situation heraufbeschwören, wenn dein Pferd bei deinen Hilfen übertrieben davonstürmt und die Galoppsprünge um jeweils dreißig Zentimeter verlängert. Dein Pferd kommt nicht wie vorgesehen einen halben, sondern um fast zwei Meter dichter ans Hindernis; es läuft fast unter den Sprung. Die außergewöhnliche, gefährliche Situation würde nicht durch die richtige Absicht des passenden Anreitens heraufbeschworen, sondern durch die ungenügende Ausbildung deines Pferdes.

Aus einem ruhigen Arbeitsgalopp mit etwa 3,50 m langen Galoppsprüngen können auch weniger geschulte Springreiter einen niedrigen Sprung in vielleicht neun von zehn Fällen einigermaßen passend anreiten. Kommen die Pferde einmal nicht so ideal hin, fällt das auch nicht weiter ins Gewicht, da bei kleineren Hindernissen der Toleranzbereich des Absprungs noch weit bemessen ist. Hier können sich die Pferde noch helfen, wenn sie „unter" dem Hindernis stehen oder ein gutes Stück vor dem Idealpunkt abspringen.

Müssen die Reiter jedoch denselben Sprung aus einem frischen Galopp überwinden, verschlechtert sich das Ergebnis. Sie versehen sich nicht nur einmal, sondern bereits drei- oder viermal bei zehn Anreitversuchen. Das Anreiten fällt jetzt schwerer, weil das Auge Tempo und Länge der schnelleren Galoppsprünge noch nicht exakt einzuschätzen weiß. Was dir im Arbeitsgalopp beim Anreiten auffällt, bemerkst du noch lange nicht bei länger werdenden Galoppsprüngen. Hier muß das Augentraining weiterbetrieben werden, damit es in sämtlichen Tempi die Situation einschätzen lernt.

Gib dich also nicht damit zufrieden, wenn du aus dem Arbeitsgalopp recht genau anreitest. Das ist zwar ein erfolgversprechender Anfang, er hat aber auf dein Springreiten noch keinen direkten Einfluß. Ziel deines Augentrainings sollte es sein, einen Parcours ohne auffällige Veränderungen in einem frischen Tempo von Sprung zu Sprung mit gleichbleibendem Galopprhythmus zu springen. Für Pferde mit durchschnittlich gutem Sprungvermögen ist bis zu L-Springen passendes Anreiten in der beschriebenen Form nicht erforderlich, es sei denn, dein Pferd kann nicht mehr als allenfalls 1,20 Meter hoch springen. Problematisch wird es auch, wenn du dein Pferd so dicht vors Hindernis reitest, daß sich ein Vorhandfehler zwangsläufig einstellt oder bei zu weitem Absprung ein Hinterhandfehler nicht zu vermeiden ist. Es ist auch möglich, daß in dieser Situation dein Pferd verweigert, um seine Beine zu schonen.

Wirklich unpassendes Anreiten ist bei unsicheren Reitern zu beobachten, die ihre Pferde grundsätzlich bis zum Absprung durchtreiben. Ständig treibende Reiter nehmen selbst routinierten Pferden die Chance, die letzten drei bis vier Sprünge vor dem Hindernis bei Bedarf ein wenig zu verkürzen, wenn sie bemerken, daß sie bei gleichbleibender Geschwindigkeit und Galoppsprunglänge zu dicht an das Hindernis herangaloppieren. Man sagt von routinierten Pferden, die eine ungünstige Situation auf den letzten Galoppsprüngen erkennen, daß sie von allein „zurückkommen".

Gewöhne dir daher auf keinen Fall an,

dein Pferd auf den letzten drei, vier Sprüngen mit übertrieben starkem Treiben überfallartig abzuschießen. Diese Methode ist schon deshalb unsinnig, weil sie voraussetzt, daß sich dein Pferd bei jedem Anreiten in einer Entfernung von drei bis vier Galoppsprüngen vor dem Hindernis immer am gleichen Punkt – angenommen exakt dreizehn Meter vor dem Hindernis – befindet. Selbstverständlich trifft das nicht zu. Einmal wird dieser Punkt elf Meter, einmal vierzehn Meter vor dem Hindernis liegen, je nachdem wie das Pferd gerade hinkommt.

Ein geschultes Auge ist notwendig, damit es nicht zu dem unschönen und unvorteilhaften Abschießen der Springpferde kommt. Reite die imaginären Sprünge aus einem flüssigen, gleichmäßigen Tempo an und schule dein Auge, um aus größerer Entfernung eine ungünstige Distanz zu erkennen. Ist deine Fertigkeit diesbezüglich nahezu ausgereift, bist du in der Lage, bereits weit vor einem Hindernis leichte, unauffällige Korrekturen vorzunehmen. Erkennst du spät, müssen die Korrekturen bei angenommen vier Galoppsprüngen jeweils 30 Zentimeter betragen; erkennst du früh, verteilt sich die gleiche Korrektur bei angenommen zehn Galoppsprüngen auf jeweils gut zehn Zentimeter. Die Hilfen guter Springreiter werden früh, weich und unauffällig gegeben. Dazu sind ein sorgfältig ausgebildetes Pferd sowie ein geschultes Auge erforderlich.

Die Springgymnastik

Mit der Heilgymnastik möchte man körperliche Mängel beseitigen oder verhüten. Die körperliche Leistungsfähigkeit soll ohne Leistungsanforderung angehoben werden. Sportlern dient die Zweckgymnastik als Vorbereitung zu späteren Höchstleistungen. Im Pferdesport verschmelzen beide Gymnastikarten miteinander, sie werden beide in den Ausbildungsplan eingebunden.

Selbst international erfolgreiche Springreiter lassen ihre Pferde im Schritt über Stangen treten. Jedoch dürfen die Stangen nicht höher gehängt werden, um einen „Barr-Effekt" auszuschließen.

Erste gymnastizierende Schritte macht dein Pferd, wenn es über eine am Boden liegende Stange geht. Werden es mehrere Stangen, sieht das Pferd schon genauer hin. Liegen sie gar in unregelmäßigen Abständen, wird die Aufmerksamkeit des Pferdes gesteigert; es beginnt zu lernen, seine Hufe vor den Stangen in acht zu nehmen. Tritt dein Pferd auf oder gegen eine Stange, macht es schlechte Erfahrungen – und gute, wenn es sie nicht berührt. Laß es zu, daß dein Pferd seine Erfahrungen macht.

Die nächste Gymnastikstufe bildet die Cavaletti-Arbeit im Trab. Mehrere flach liegende Cavaletti stehen im Abstand von etwa 1,50 m hintereinander. Probiere aus, ob dein Pferd mit einer kürzeren oder längeren Distanz zwischen den Cavaletti besser zurechtkommt.

Einhundert verschiedenen Pferden kannst du denselben niedrigen Einzelsprung anbieten, ohne auch nur eines zu überfordern. Die Springgymnastik jedoch sollte auf die jeweilige Veranlagung einzelner Pferde zugeschnitten sein. Womöglich

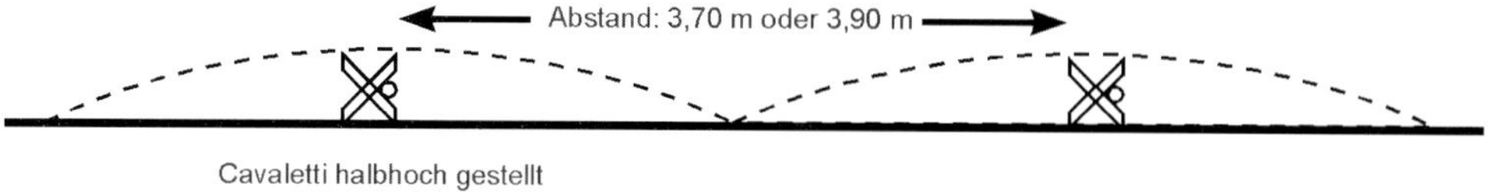

In-and-Out-Übungen aus dem ruhigen Galopp (350 m/Min.)

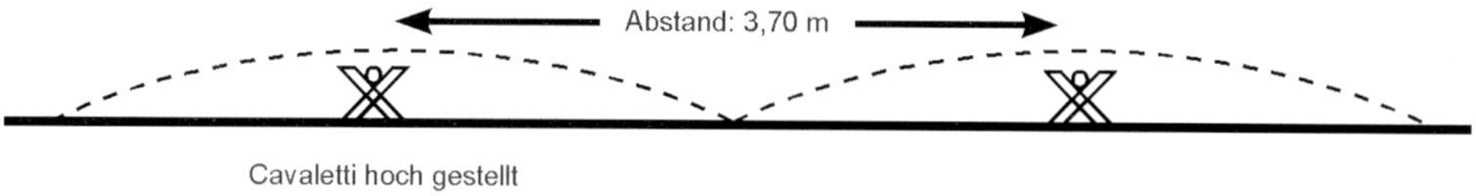

Sollte der Abstand von 3,70 m zu eng sein, stellst du die Cavaletti weiter auseinander (3,90 m), oder du stellst sie mit gleichem Abstand auf hoch.

mußt du dreimal umbauen, wenn du drei Pferde über die gleiche Gymnastikreihe trainieren willst. Der Aufbau der Hindernisse und die Distanzen zwischen ihnen sollten nämlich den speziellen Trainingserfordernissen des jeweiligen Pferdes entsprechen.

Zwei wesentliche Faktoren sollte dein Pferd während der Springgymnastik beibehalten:

- einen ruhigen und gleichmäßigen Rhythmus,
- eine deutliche Dehnungshaltung.

Für dich als Aufbauer bedeutet das: Du bist gezwungen, fortwährend die Distanzen zu verändern, möchtest du diese Faktoren aufrechterhalten.

Beobachte dein Pferd genau, wenn es beispielsweise über halbhoch gestellte Cavaletti galoppiert, die angenommen 3,70 m auseinanderstehen. Wirft es seinen Kopf hoch und erhöht die Galoppsprungfrequenz, stehen die Cavaletti zu eng. Dann hast du zwei Möglichkeiten, deinem Pferd die Anforderungen passend zu machen: Entweder du stellst die Cavaletti weiter auseinander, oder du stellst sie auf hoch. Probiere aus, welche Lösung für das Pferd besser ist.

Nimmt dagegen die Sprungfrequenz bereits am zweiten der hoch gestellten Cavaletti ab und „hechtet" sich dein Pferd mühsam von Sprung zu Sprung, stehen die Cavaletti zu weit auseinander. Wieder bieten sich zwei Möglichkeiten, das Ergebnis zu verbessern: Entweder du stellst die Cavaletti auf halbhoch, oder du baust sie mit größerem Abstand auf – eventuell auch beides.

Besonders anfangs solltest du deinem

Traben über tief gestellte Cavaletti – Abstand ca. 1,50 m

Trabst du über hoch gestellte Cavaletti, solltest du auf flüssiges Traben achten. Es dürfen keine Schwebetritte entstehen.

Pferd die einleitende Gymnastikarbeit mundgerecht servieren. Scheue dich nicht, notfalls viermal hintereinander umzubauen (falls du nicht das Glück hast, daß ein Freund oder eine Freundin das nach deinen Angaben übernimmt), bis alles genau paßt. Ein Trainingseffekt stellt sich nur dann ein, wenn Höhe und Distanzen gezielt bestimmte Muskelpartien deines Pferdes ansprechen.

Sobald dein Pferd diesbezüglich ein wenig Routine besitzt, bildest du mit der Springgymnastik dein Pferd weiter aus, teilweise therapierst du es sogar, denn du kannst damit die Manier deines Pferdes verbessern, es „schneller im Vorderbein" oder vorsichtiger machen – je nach Notwendigkeit.

Eine besonders effektive Schnellkraftschulung erreichst du mit den folgenden Sprungreihen.

Steil- und Hochweitsprünge

Auf den ersten Blick scheint es beim Anreiten eines Steil- oder eines Hochweitsprungs keine gravierenden Unterschiede zu geben. Die Flugkurven und Kulminationspunkte von Steil- und Hochweitsprüngen unterscheiden sich jedoch deutlich voneinander, besonders dann, wenn es sich bei dem Hochweitsprung um einen Karree-Oxer handelt, dessen vordere und hintere Stangen gleich hoch sind. So ist ein 1,20 m hoher und 1,50 m breiter Karree-Oxer in Wirklichkeit wesentlich höher als ein ebenfalls 1,20 m hoher Steilsprung. Die tatsächliche Höhe eines Oxers verändert sich durch seine Tiefe. Je tiefer er wird, um so höher liegt sein Kulminationspunkt (höchster Punkt der Flugkurve).

Mit zunehmender Höhe wird der Toleranzbereich für einen geeigneten Ab-

Hier nimmt dein Pferd sich auf

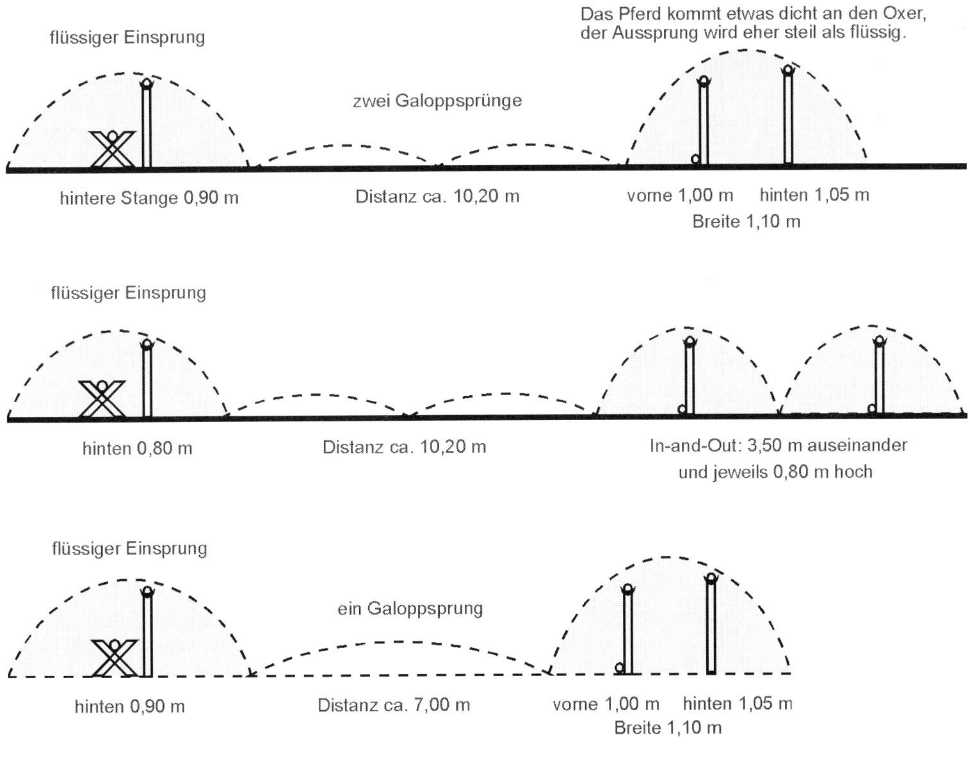

Sprungentwicklung über einem Oxer: Über dem Hindernis sitzt der Reiter mit seinem Schwerpunkt dicht über dem Schwerpunkt (Widerrist) des Pferdes.

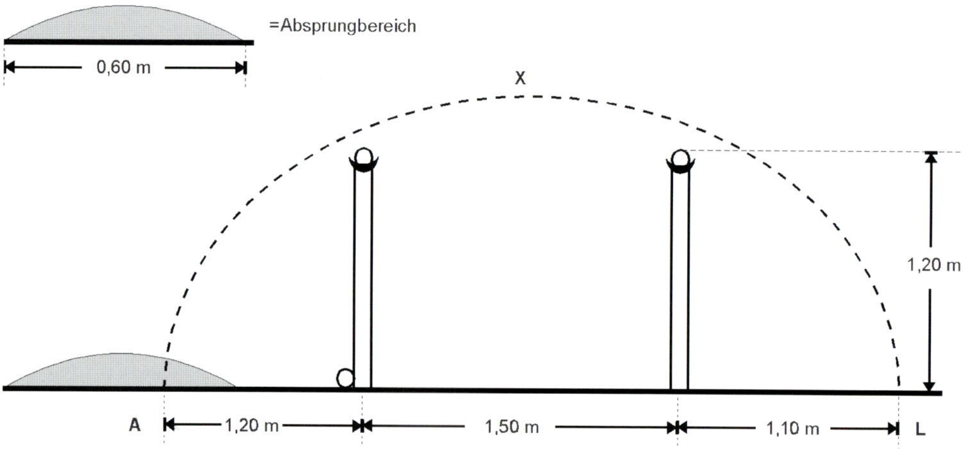

Die ideale Flugkurve (A–L) über einen 1,20 m hohen und 1,50 m breiten Karree-Oxer. Die Sprungweite beträgt annähernd 4 m.
Der ungefähr 60 cm breite Absprung-Toleranzbereich gestattet einem geschickten Pferd auch dann noch ein fehlerfreies Überwinden des Oxers, wenn es den idealen Absprung (A), der etwa 1,20 m vor dem Sprung liegt, nicht exakt trifft. Selbst wenn der Absprung bis zu 20 cm nach vorn oder bis zu 40 cm nach hinten (größeres Wegspringen) verlegt wird, ist noch ein guter Sprung möglich.
A = Der ideale Absprungbereich, der etwa so weit vom Sprung entfernt liegt, wie er hoch ist. Jedoch ist je nach Gestaltung des Hindernisses auch noch ein wenig weiter vom Sprung entfernt ein vorteilhafter Absprungbereich denkbar.
X = Der höchste Punkt der Flugkurve, der bei dem aufgeführten Beispiel etwa bei 1,35 m liegt.
L = Die Landestelle liegt gewöhnlich ein wenig näher zum Sprung als die Absprungstelle, weil die Geschwindigkeit während der antriebslosen Flugphase etwas abnimmt und das Pferd steiler herunterkommt.

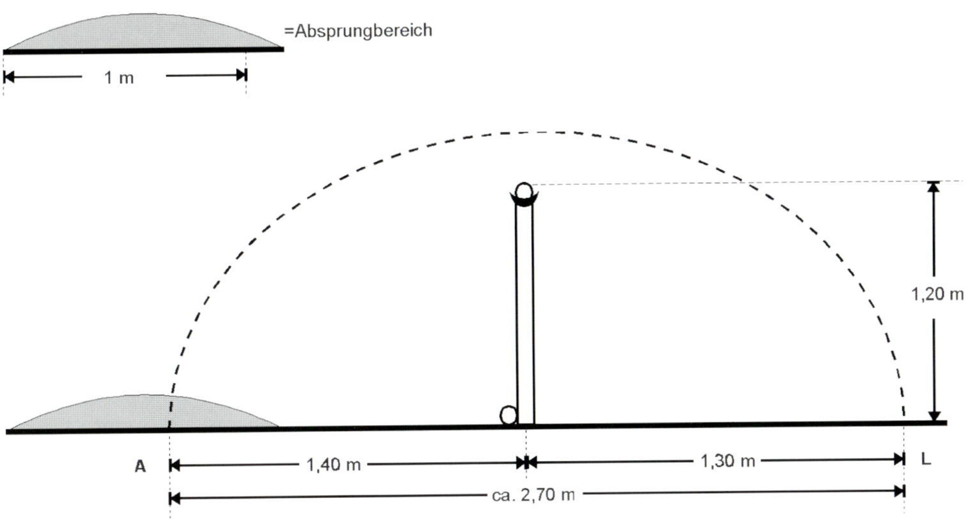

Der mögliche Absprungbereich und die ideale Flugkurve (A–L) eines 1,20 m hohen Steilsprungs
Als Faustregel für den idealen Absprungbereich eines Steilsprungs kann gelten, daß die Entfernung zum Sprung seiner Höhe zuzüglich 20 cm entspricht. Diese Entfernung kann sich um ungefähr 30 cm verkürzen oder aber um bis zu 70 cm erweitern, wenn der ideale Absprungbereich nicht getroffen wird. Bei noch stärkeren Abweichungen vom idealen Absprungbereich ist ein fehlerfreies Überwinden des Sprungs nicht mehr möglich. Springt dein Pferd bei einem Steilsprung etwas zu früh ab, ist das immer noch besser, als wenn es zu dicht ans Hindernis heranläuft.
Der Absprung-Toleranzbereich wird kleiner, sobald der Sprung höher wird. Bei gleich hohen Steilsprüngen und Hochweitsprüngen ist er jedoch bei den Steilsprüngen stets ein wenig größer, weil der höchste Punkt einer Oxer-Flugkurve erheblich über seiner angegebenen Höhe liegt. Das gilt besonders für breite Karree-Oxer.

Spielerisch und zwanglos durch eine zweifache Kombination mit einem Zwischengaloppsprung. Distanz: 7,60 m.

sprung kleiner. Reite dein Pferd besonders exakt an einen Karree-Oxer, weil dessen günstiger Absprungbereich im Vergleich zum gleich hoch gebauten Steilsprung kleiner ist. Aus diesem Grund haben Reiter, die ihre Pferde nicht so gut passend an

einen Absprung heranreiten können, vor breiten Karree-Oxern auch gehörigen Respekt. Ihnen passieren hier die meisten Mißgeschicke.

Wegen der höheren und länger andauernden Flugphase verliert das Springpferd über einem Karree-Oxer merklich mehr an Geschwindigkeit als über einem „gleich hohen" Steilsprung. Solange der Oxer allein steht, ist das weiter nicht beunruhigend. Bedenklich wird es, wenn er ein Kombinationselement darstellt oder in einer geringen Distanz noch ein weiterer Sprung folgt.

Beobachte, wie routinierte Reiter Oxer, Steilsprünge und Wassergräben anreiten. Du wirst feststellen, daß sie an alleinstehende Karree-Oxer ein wenig dichter (kleiner Absprungbereich) reiten als an Steilsprünge. Bei weit auseinander stehenden, breiten Oxerkombinationen entscheiden sie sich jedoch beim ersten Oxer für ein zügiges Tempo und einen eher weiten Absprung, um noch mit genügend Schwung und dicht genug an den zweiten Oxer zu gelangen. Ein Parcours dagegen ist mehr als die Summe seiner Teile. Ungeübte Reiter begehen gern den Fehler, jeden Sprung einzeln anzureiten, und wundern sich, wenn sie irgendwann den Überblick und die Kontrolle über das Pferd verlieren. Die Abstände zwischen den Hindernissen sind für Ablauf und Tempo deines Rittes sehr wichtig. Während du einen Sprung anreitest, muß dir schon bewußt sein, ob der nächste dicht darauf folgt, ob du sofort abwenden mußt oder den nächsten Sprung auf einer langen, geraden Linie anreiten kannst.

Steht der nächste Sprung in einer weiten Distanz, solltest du bei gleichbleibend leichter Zügelanlehnung zügig springen und ebenso weitergaloppieren. Befindet sich der folgende Sprung in einer engen Distanz, galoppiere verhalten weiter, halte jedoch dein Pferd unter fortwährender Spannung.

Grundsätzlich richtet sich die Sprunggestaltung eines jeden Hindernisses nach den Anforderungen des folgenden Sprungs: In welcher Entfernung steht der nächste Sprung und wie schwierig ist er zu meistern?

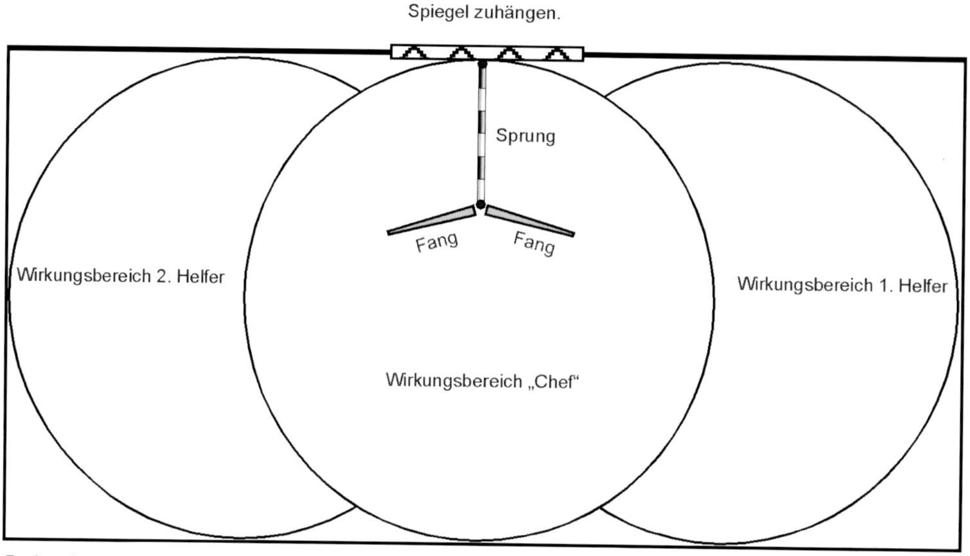

Freispringen

Das Freispringen (Springen an der Hand)

Die Erfahrungen, die Pferde beim Freispringen machen, führen sie zwangsläufig hauptsächlich auf ihr eigenes Verhalten zurück, während sie sich unter dem Reiter auch einmal durch eine verhaltende Zügeleinwirkung, eine ungeschickte Gewichtsverlagerung gestört fühlen können. Daher gehört das Freispringen – besonders am Anfang der Springpferdeausbildung – zu den lehrreichsten Trainingsmethoden.

Als Springreitanfänger solltest du jedoch mit dem Freispringen sehr zurückhaltend umgehen. Viel Erfahrung, Verständnis für das tatsächliche Sprungvermögen des jeweiligen Pferdes und – dieser Punkt mag manche Reiter verwundern – ein geschultes Auge für das vorteilhafte Heranbringen an höhere Sprünge sind notwendig, um Pferde zu schulen, ohne daß sie Schäden und Rückschläge erleiden. Das Freispringen soll ohne jede Lautstärke und Hast vonstatten gehen. Drei fachkundige Personen sind hierzu in einer 20×40 m großen Reithalle schon erforderlich: je ein Helfer auf Höhe der Zirkelmittelpunkte und in der Hallenmitte der „Chef“ mit dem geschulten Auge.

Selbstverständlich müssen sich Pferde auch vor dem Freispringen ausreichend bewegt und gelöst haben. Sollte dein Pferd beim Freilaufen zu sehr herumtoben, reite es lieber, bevor es ans Springen geht.

Ein angemessener Trainingsaufbau und ruhiger Verlauf können bewirken, daß Pferde das Springen an der Hand sogar gern ausführen, wozu vor allem anfangs das gereichte „Zuckerbrot“ nicht unwesentlich beiträgt, das die Springanforderungen erst einmal zur Nebensache werden läßt.

Achte darauf, alle Spiegel zuzuhängen, in die dein Pferd springen könnte!

Spiegel haben schon viele tragische Unfälle verursacht. Besonders junge Pferde sehen sich im Spiegel und springen hinein. Sie möchten zu dem „anderen Pferd“, das in der „anderen“ Halle galoppiert und zu ihnen „herübersieht“.

Einem Hund oder einer Katze würde so ein Mißgeschick nicht passieren. Das zeigt dir einmal mehr, mit welch geduldiger Nachsicht du jedem Pferd deine Anforderungen mundgerecht und unmißverständlich nahebringen mußt. Lege anfangs Mitte der langen Seite eine Stange auf den

Boden, über die dein Pferd von beiden Seiten trabt, galoppiert oder einfach hinweggeht. Der „Chef" sorgt mit seinen beiden Helfern dafür, daß das Pferd außen bleibt und nicht eigenmächtig zur Mitte läuft. Alle drei sind mit langen Longierpeitschen ausgerüstet, damit die richtungweisenden Hilfen deutlich, aber ohne Hast gegeben werden können. Ab und zu wird das Pferd an der Seite, die dem späteren Sprung gegenüberliegt, angehalten und mit einem besonderen Leckerbissen (Apfel) belohnt.

Nun baust du anstelle der Stange einen etwa 0,60 m hohen Steilsprung. Fülle den niedrigen Sprung gut mit Cavaletti oder Stangenkreuzen, damit dein Pferd den Sprung nicht auf die leichte Schulter nimmt, womöglich mit den Vorderbeinen hineingerät und sich verletzt.

Dein Pferd trabt oder galoppiert von beiden Seiten über den Sprung. Der in Sprungnähe stehende Peitschenführer nimmt bei niedrigen Sprüngen auf den Absprungbereich noch keinen Einfluß. Schließlich soll das Pferd beim Freispringen lernen, selbst aufzupassen, um mit zufällig kurzen oder weiten Absprüngen klarzukommen. Solange kein Reiter auf seinem Rücken sitzt und es vom mittleren Peitschenführer nicht zu sehr getrieben wird, bezieht das Pferd gemachte Fehler allein auf sein eigenes Verhalten.

Es wird nach einem Fehler verweigern oder sich beim Sprung von selbst anders verhalten, damit ihm das Malheur nicht noch einmal passiert. Bald fürchtet es sich nicht mehr vor dem Sprung, sondern lernt aus gemachten Fehlern. Es gewinnt an Selbstbewußtsein und Vertrauen. Wir wissen, daß dieser Lernprozeß besonders wirkungsvoll ist, da selbstgesammelte Erfahrungen lange haften bleiben. Biete deinem Pferd einen tatsächlichen Anreiz zum Springen, indem du es für besonders gelungene Sprünge lauthals lobst, und belohne es hin und wieder mit Leckerbissen. Beim Treiben arbeiten die beiden Helfer, die sich jeweils etwa in der Zirkelmitte befinden, und der Peitschenführer in der Hallenmitte Hand in Hand. Ein Peitschenführer „übergibt" das Pferd ruhig und nahtlos an den nächsten. Jeder achtet darauf, daß er dem Pferd nicht den Weg abschneidet, sondern sich immer ein wenig hinter ihm befindet. Das geschieht im ruhigen Schritt, ohne zu laufen. Der Peitschenführer in der Mitte sollte in dieser Hinsicht die größte Erfahrung besitzen. Er hat mit dem Pferd den meisten Kontakt, und er ist es auch, der das Pferd an den Sprung bringt.

Je nach Veranlagung und Sprungvermögen des Pferdes werden die Anforde-

Ein Springtalent aus Holstein: Noch runder und vorsichtiger geht's nicht!

Freispringen

Übungsdistanzen für Kombinationen – (zwei Galoppsprünge)
Stangenbreite: 4 m, alle Sprünge mit Fängen

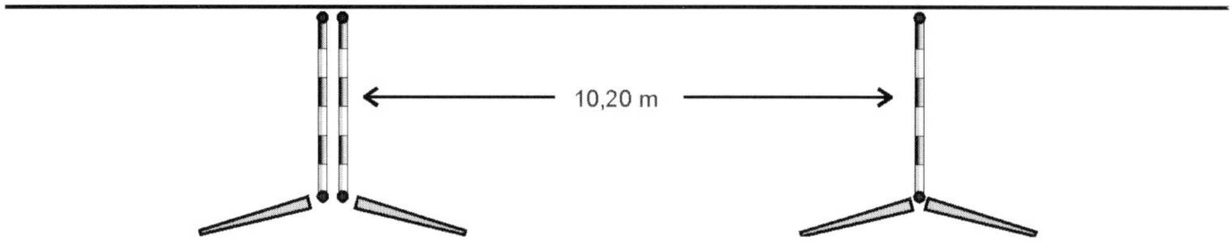

Beim Springen von der linken Hand sollte der Steilsprung mit einer angenehmen Absprungerleichterung einen leichten Einsprung in die zweifache Kombination mit zwei Galoppsprüngen gewährleisten. Prüfe grundsätzlich bei allen aufgeführten Distanzen, ob sie dem Galoppsprung deines Pferdes entgegenkommen. Von der rechten Hand ist die Kombination etwas schwieriger zu springen, da zum Anvisieren des Oxers nicht viel Platz zur Verfügung steht. Im Gegensatz zum niedrigen Steilsprung, über den sich ein Pferd bei einer ungünstigen Absprungdistanz notfalls noch mogeln kann, verkleinert sich bei einem Oxer der günstige Absprungbereich. Das Pferd muß schon genauer hinkommen. Denke daran, den Oxer und eventuell auch die Distanz umzubauen, wenn von der rechten Hand gesprungen wird.

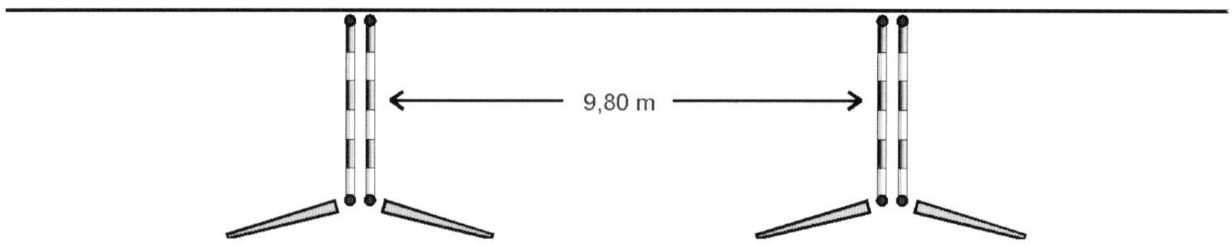

Biete deinem Pferd erst eine Oxer-Kombination an, wenn es schon über ein wenig Routine beim Handspringen verfügt.

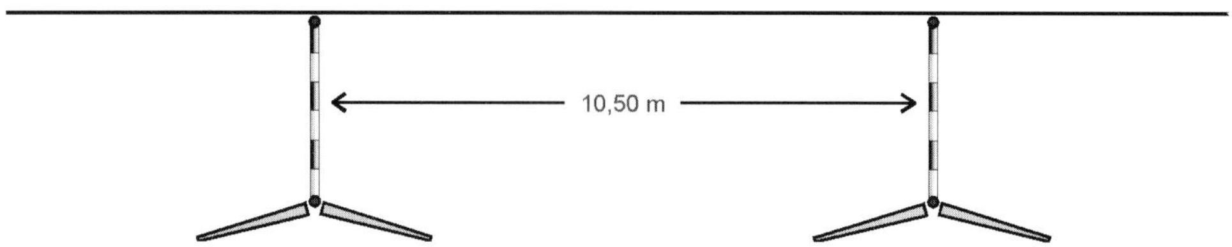

Im allgemeinen stellen zwei einladend gebaute Steilsprünge keine Schwierigkeit dar.

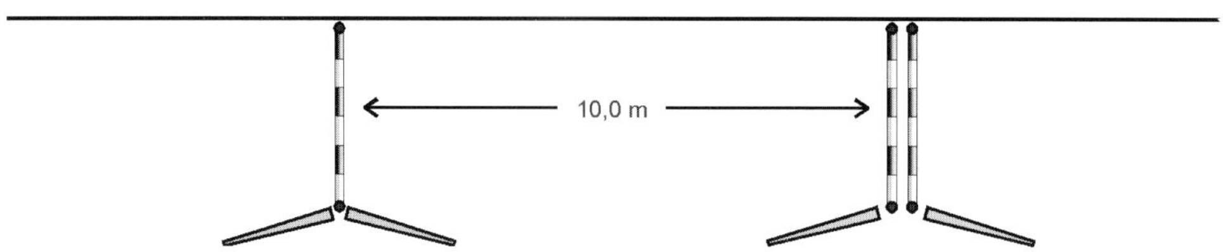

Steht ein Oxer zu Beginn einer Kombination, solltest du vor allem bei jungen Pferden die Distanz ein wenig verkürzen.

Freispringen

Übungsdistanzen für Kombinationen (ein Galoppsprung)
Stangenbreite: 4 m, alle Sprünge mit Fängen – aus beiden Richtungen zu springen.

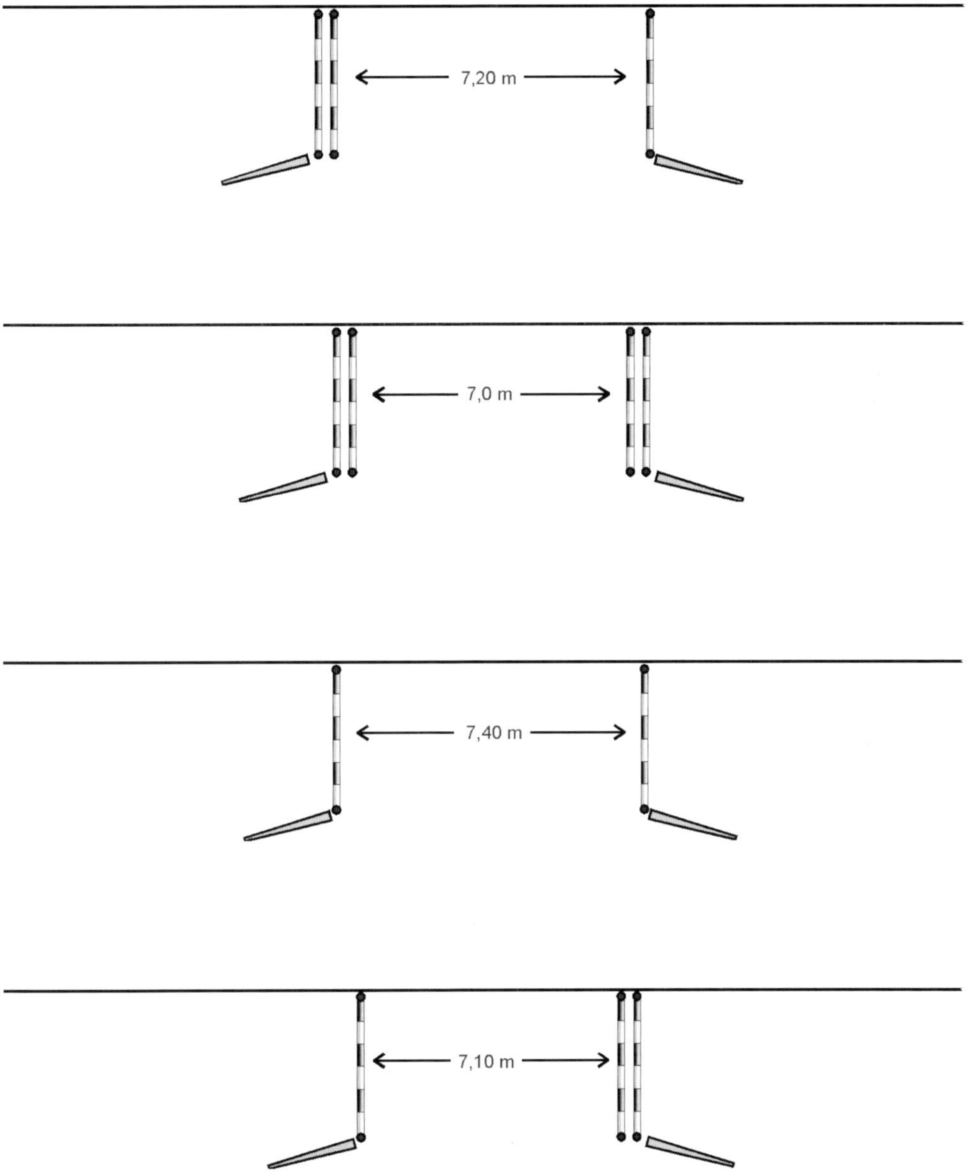

In einer zweifachen Kombination mit nur einem Zwischengaloppsprung steigen die Anforderungen. Deinem Pferd steht nur wenig Zeit und Raum zur Verfügung, bis zum Aussprung einen Fehler auszubügeln, der ihm beim Einsprung (zu groß oder zu klein) unterlaufen ist. Solltest du wegen der Fänge in der Kombination Schwierigkeiten mit deiner treibenden Unterstützung bekommen, kann zumindest einer der Fänge entfernt werden. Ansonsten beachtest du die Punkte, die bereits bei der Kombination mit zwei Zwischengaloppsprüngen erwähnt wurden.

rungen allmählich gesteigert. Schmale, leicht ansteigende Oxer (vordere Stange 0,60 m, hintere Stange 0,80 m, 1,00 m tief) oder ähnlich gebaute Triplebarren verlangen zwar kein Sprungvermögen, doch schon einiges Geschick vom Pferd. Obwohl es bei niedrigen Hindernissen noch nicht sinnvoll ist, das Pferd mit nach vorn ausgleichenden Peitschenhilfen in einen günstigen Absprungbereich zu dirigieren, solltest du dennoch dein Auge diesbezüglich schulen.

Beobachte dein Pferd genau, wenn es sich dem Sprung nähert, und versuche festzustellen, ob es bei gleichbleibendem Galoppsprung dicht, normal oder weit abspringen wird. Halte zum Hindernis genügend Abstand, damit du Pferd und Sprung gleichzeitig aus den Augenwinkeln schemenhaft wahrnehmen kannst. Schule dein Auge bei jeder Gelegenheit. Sobald die Sprünge an Höhe und Weite zunehmen, werden Pferd und Reiter davon profitieren.

Grundsätzlich sollte sich ein Reiter nur an Sprünge wagen, die er mit einem geschulten Auge sicher anreiten kann.

Bedenke, daß ein hoher und tiefer Sprung nicht einfach anzugehen ist. Der ideale Absprungbereich wird mit zunehmender Höhe und Tiefe analog kleiner und ist dementsprechend schwerer zu treffen, unter dem Sattel wie beim Freispringen.

In-and-Out

Mit In-and-Out-Übungen sowie zweifachen Kombinationen werden Kraft und Geschick des Pferdes gefördert. Besonders In-and-Out-Sprünge haben diesbezüglich einen hohen Trainingseffekt. Die Distanz richtet sich nach der jeweiligen Galoppsprunglänge eines Pferdes. Bei nur zwei Hindernisteilen: Einsprung – Landung – Aussprung, liegt die Distanz zwischen 3,5 m und 4 m. Bei mehreren Sprüngen kann die Distanz – wegen des zunehmenden Schwung- und Geschwindigkeitsverlustes – bis auf 3,20 m schrumpfen.

In-and-Out-Übungen bieten sich für das Freispringen an, da Pferde bei diesen Sprüngen völlige Bewegungsfreiheit benötigen. In-and-Outs werden in etwa mit der Technik ausgeführt, die du selbst bei Schlußsprüngen verwendest. Dabei gehst du tief in beide Knie und holst mit beiden Armen von hinten nach vorn Schwung, um dann gleichzeitig mit der Streckung beider Beine einen möglichst weiten Schlußsprung durchzuführen.

Selbstverständlich kann dein Pferd mit seinen Vorderbeinen (Armen) keinen Schwung holen. Aber auch dein Pferd geht „in die Knie" und benötigt ersatzweise seinen Hals als Balance- und Schwungelement. Ebenso frei wie Kopf und Hals sollte während des gesamten Sprungablaufs der Pferderücken arbeiten. Beim Freispringen darf sich das Pferd mit der Technik bewegen, die seiner Veranlagung entgegenkommt. Gegebenenfalls verbessert es seine Technik, weil eventuelle Behinderungen durch den Reiter entfallen.

Du erhöhst Sprung- und Schnellkraft des Pferdes, wenn du ein In-and-Out (Abstand: 3,50 m) mit einem Oxer (Abstand: 6,80 m) zu einer einfachen Kombination verbindest. Auf der anderen Hand – in umgekehrter Reihenfolge: Oxer – In-and-Out – lernt dein Pferd, sich beim In-and-Out aufzunehmen.

Baue einzelne Sprünge oder Kombinationen so, daß sie gleich gut von beiden Seiten zu springen sind. Das erleichtert dir die Arbeit und beschleunigt den Ablauf.

Höchstleistungen

Grundsätzlich solltest du beim Freispringen von deinem Pferd keine Höchstleistungen verlangen. Die Verletzungsgefahr ist einfach zu groß. Dein Pferd ist auf sich allein gestellt und galoppiert nach ei-

Freispringen

Beim Freispringen bieten sich In-and-Out-Übungen besonders an (Stangenbreite: 4 m). Ohne das Reitergewicht kann das Pferd sich leicht ausbalancieren und in schwierigen Situationen helfen. Sei zunächst mit den Anforderungen aber sehr zurückhaltend. Die Höhe der einzelnen Sprünge sollte sich zwischen 0,60 und 0,80 m bewegen.
Finde beim einfachen In-and-Out zunächst heraus, mit welcher Distanz und welcher Höhe dein Pferd keine Schwierigkeiten hat. Bei den aufgeführten Beispielen wurde beim Springen auf der linken Hand berücksichtigt, daß der Schwungverlust bei In-and-Outs beträchtlich ist. Daher nehmen die Abstände bei mehreren Sprüngen ständig ab, um das Pferd nicht zu überfordern.

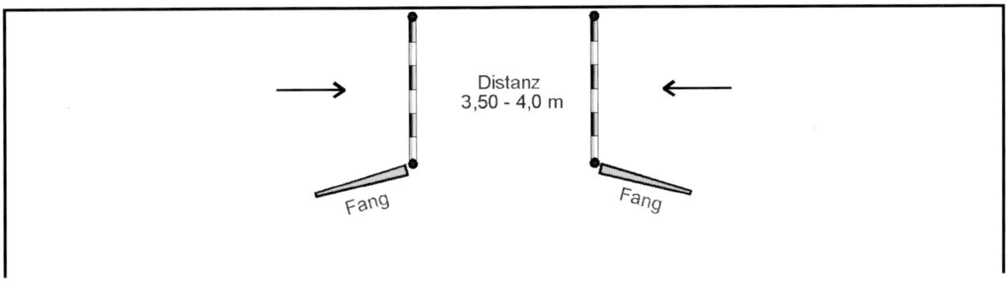

Hier ist es gleichgültig, von welcher Seite gesprungen wird.

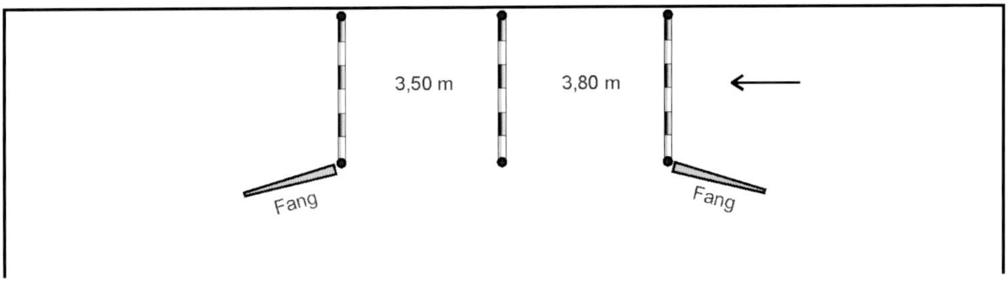

Besonders junge Pferde sollten diese Übung nur auf der linken Hand springen. Beim Springen auf der rechten Hand könnte die weitere Distanz zum letzten Sprung problematisch werden. Baue die Distanzen um, wenn dein Pferd auch von der rechten Hand springen soll.

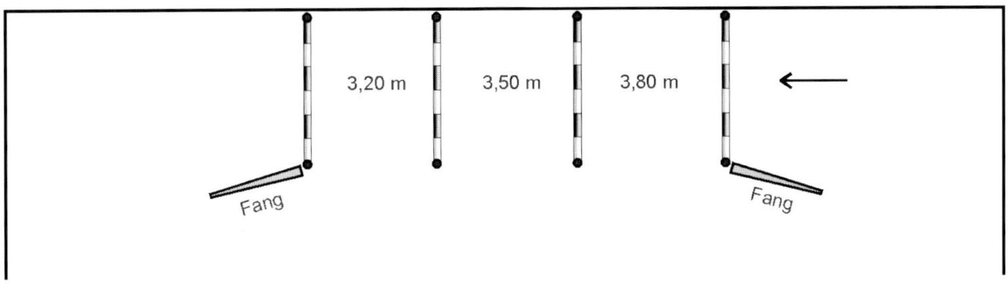

Drei In-and-Outs verlangen schon einiges Geschick vom Pferd. Biete deinem Pferd zunächst kleiner werdende Distanzen an, bis es an Kraft und Geschick gewonnen hat. Besitzt dein Pferd genügend Erfahrung, können In-and-Outs auch mit gleichen Abständen angeboten werden. Routinierte Pferde springen die aufgeführten Beispiele auch auf der rechten Hand. Sie kommen mit größer werdenden Distanzen zurecht, weil sie in der Lage sind, mit erheblichen Kraftreserven aus der Ruhe zu beschleunigen, ohne die Rückenwölbung zu verlieren. Beobachte dein Pferd genau. Geht die Technik verloren, werden die Anforderungen sofort zurückgeschraubt.

Ein veranlagtes Oldenburger Springpferd auf der Auktion in Vechta

genem Ermessen gegen den Sprung. Allenfalls sehr routinierte Pferde können sich auf den letzten Galoppsprüngen eine prekäre Situation noch so „zurechtbiegen", daß ein folgenschweres Malheur vermieden wird. Aber solche Pferde sind ebenso rar wie die Reiter, die ein Pferd beim Freispringen mit beruhigenden und treibenden Hilfen in einen optimalen Absprungbereich dirigieren können, was jedoch bei Höchstanforderungen notwendig ist.

Die „Hohe Schule" des Freispringens beginnt bei Sprüngen im oberen Bereich des Sprungvermögens eines Pferdes. Bei einem L-Springpferd (Parcourshöhe bis 1,20 m) liegt die Grenze etwa bei 1,30 m; ein S-Springpferd (Parcourshöhe ab 1,40 m) mobilisiert ab 1,50 m alle Kräfte. Für ein ausgereiftes A-Springpferd dagegen ist ein 1,20 m hoher Sprung bereits gewaltig.

Hinterläßt dein Pferd nach etlichen Trainingseinheiten beim Freispringen einen selbstsicheren Eindruck, kann selbstverständlich hin und wieder im Rahmen seiner Möglichkeiten auch ein höherer Sprung verlangt werden.

Vermeide aber, daß dein Pferd einen respektablen Sprung als alleinstehendes Hindernis angehen und ohne distanzregulierende Absprungerleichterung bewältigen muß. Baue beispielsweise vor einen breiten Oxer in einer Entfernung von etwa 10,20 m einen leicht zu springenden, niedrigen „Regulierungssprung". Nach diesem „Sprüngchen" haben Pferd und Peitschenführer während der darauffolgenden zwei Galoppsprünge noch bis zum Oxer die Möglichkeit, eine weniger günstige Situation zu verbessern. So bietet sich dir noch die Chance, dein Pferd nach der ersten Landung in Richtung Oxer zu längeren Galoppsprüngen anzuregen, wenn es den Einsprung in die einfache Kombination stark unterlaufen hat.

Sollte dagegen dein Pferd mit großem Tempo und einem mächtigen, flachen Satz über den Einsprung galoppieren, setzt du beruhigend deine Stimme ein. Dein Pferd nimmt sich ein wenig auf und galoppiert nicht zu dicht an den Oxer. Springt es in einem fleißigen Mittelgalopp flüssig in die Kombination, hast du keine Veranlassung, die Galoppade zu verändern: Der Einsprung regelt die Distanz zum Oxer.

Lege häufig Pausen ein und vergiß nicht, dein Pferd in diesen Pausen mit Lekkerbissen zu belohnen. Der Tag des Freispringens soll für das Pferd erholsam und ein Feiertag sein. Es arbeitet nicht, sondern bewegt sich vielmehr spielerisch über Sprünge.

Selbstverständlich kannst du auch die gegenüberliegende lange Seite in das Sprungtraining einbeziehen, sobald Peitschenführer und Pferd mit den Anforderungen vertrauter sind. Allerdings solltest du nur bei den Pferden an beiden langen Seiten Sprünge aufbauen, die bisher ruhig und gelassen gestellte Aufgaben bewältigen. Solange du deinem Pferd noch bei einem Einzelsprung sehr deutlich die Richtung geben mußt, wäre eine Steigerung der Anforderungen nicht sinnvoll. Hektik und übertriebenes Gerenne, die dein Pferd nur verunsichern würden, ließen sich dann kaum vermeiden.

So reitest du einen L-Parcours

Im Sport hat nicht immer der Teilnehmer mit dem größten Talent die Nase vorn. Oft übertrifft ihn derjenige, der möglichst viele Gelegenheiten gewissenhaft ausnutzt, die sich ihm während des Trainings und der direkten Prüfungsvorbereitung bieten.

Springreiter treffen bei der Vorbereitung andere Voraussetzungen an als Dressurreiter. Ihnen sind während der Vorbereitungszeit lediglich Klasse und Richtverfahren der genannten Springprüfung bekannt. Allenfalls wissen sie einiges über Lage, Größe und Geläuf des Parcours. Wie der Parcours wirklich aussieht, erfahren sie erst am Turniertag. Daher ist für Springreiter die Vorbereitungsphase unmittelbar vor dem Start besonders wichtig: das Abgehen des Parcours und das Abreiten.

Abgehen und Abreiten

Es kann gar nicht genug betont werden, wie wichtig bewußtes Abgehen des Parcours ist. Die hier gewonnenen Erkenntnisse über eventuelle Klippen – und seien es nur solche für das eigene Pferd – haben großen Einfluß auf das spätere Abreiten und den Parcoursritt. So weckst du beispielsweise für eine sehr weit stehende Kombination bereits auf dem Abreiteplatz die Spritzigkeit deines Pferdes, indem du es hin und wieder energisch vorwärts galoppierst. „Die Zündung muß funktionieren", würde man im Automobilrennsport sagen.

Bei einer vom Ein- und Ausgang wegführenden Kombination oder auch bei einer breiten Triplebarre ist ähnliches Training auf dem Abreiteplatz angebracht. Selbst bei einer Kombination mit normalen Distanzen und Abmessungen frischst du die Lebensgeister deines Pferdes ein wenig auf, sollte es über einen kleinen Galoppsprung verfügen.

Oder du sensibilisierst das Maul deines Pferdes auf zurückführende Hilfen, wenn aus einem frischen, starken Galopp betonte Übergänge zum Arbeits- und vielleicht sogar zum versammelten Galopp geritten werden: Dein Pferd wird auf enge Kombinationen vorbereitet. Schon bei einer eng stehenden Sprungfolge wie Wassergraben – Steilsprung (21 m), aber bestimmt bei engen Kombinationen, achtest du besonders gewissenhaft auf die Durchlässigkeit deines Pferdes. Obwohl Parcoursaufbauer auf Lehrgängen fortwährend dazu angehalten werden, zumindest bis zu L-Niveau auf außergewöhnliche Distanzen zu verzichten, solltest du dennoch mit „krummen" Distanzen rechnen. Nicht jeder Parcoursaufbauer ist ein-

Der Weltklassereiter Franke Sloothaak überläßt seinem Schimmel die Gestaltung des Sprungs. Nach etwas verhaltenem Anreiten und sanfter Zügelführung findet das Pferd genügend Freiheit, den Steilsprung „anzutauchen" und im Gleichgewicht zu bleiben. Da staunen selbst die Experten.

sichtig genug, und einige unerfahrene bauen vielleicht unbewußt Klippen ein. Oder sie berücksichtigen die besonderen Voraussetzungen unterschiedlicher Plätze (Gras oder Sand) nicht genügend.

Ob das Abreiten vom täglichen Training abweichen sollte, erfährst du durch bewußtes Abgehen des Parcours. Über deine genaue Schrittlänge und die Galoppsprunglänge deines Pferdes solltest du dir im klaren sein. Trainiere das Gefühl für deine Schrittlänge, bis du sicher sein kannst, exakt 1 m lange Schritte zu machen. Übe auf Sand und auf Gras: Auf Gras läuft es sich leichter, und die Schritte werden hier länger.

Nimm beispielsweise ein genau ausgemessenes Richtmaß von 10 m und gehe die Distanz hin und zurück so lange ab, bis du jede beliebige Marke mit geschlossenen Augen triffst. Das ist nicht so schwierig, wie es sich vielleicht anfangs anhört. Schon nach einer Übungsstunde hast du erstaunliche Fortschritte erzielt. Verwendest du eine Woche lang täglich eine halbe Stunde für diese Übung, erkennst du danach bereits, ob eine Kombination auf 7,20 m oder 7,50 m steht. Für einen Springreiter, der nicht ständig mit einem Maßband herumlaufen kann, ist diese Fertigkeit enorm wichtig. Eine noch so gute Ausbildung deines Pferdes wird dir wenig nützen, solange du es in ungünstiger Anlehnung und Geschwindigkeit gegen ein Hindernis reitest, weil du die Distanzen nicht richtig einschätzen kannst.

Länge der Galoppsprünge auf Gras

Im langsamen Trainingsgalopp oder im Tempo eines Sb-Springens (300 m/Min.):
Auf der Flachen zwischen den Hindernissen: 3,45 m–3,65 m
Nach der Landung in einer Kombination: 3,35 m–3,55 m
Im Normalparcours (350 m/Min.):
Auf der Flachen zwischen den Hindernissen: 3,80 m–4,20 m
Nach der Landung in einer Kombination: 3,50 m–3,90 m
Zeitspringen oder Geländeritte (450–550 m/Min.): Auf der Flachen zwischen den Hindernissen: 4,50 m–5,50 m, nach der Landung in einer Kombination: 4,30 m–5,20 m.
Rennbahngalopp einer Vielseitigkeitsprüfung (600 m/Min.):
5,70 m–7,00 m
Galopprennpferd (900 m/Min.):
6,80 m–7,80 m.

Auf **Sand** verringern sich die Maße um ca. 5 Prozent.

In deinen Plan, wie du den Parcours reiten wirst, fließt dein Wissen von den Eigenschaften deines Pferdes ein: die Länge seines Galoppsprungs, zu welcher Seite es beim Anreiten eines Sprungs tendiert und wie es sich auf die linke oder rechte Hand wenden läßt.

Beim Anreiten eines Sprungs gleicht kein Pferd dem anderen. Die unterschiedliche Veranlagung solltest du berücksichtigen, wenn du vor dem Start in Gedanken den Parcours möglichst genau, Galoppsprung für Galoppsprung, von Hindernis zu Hindernis, „abreitest".

Versuche, den Parcours exakt vor deinem inneren Auge ablaufen zu lassen. Beträgt die Mindestzeit 70 Sekunden, benötigst du für deinen Gedankenritt etwa die gleiche Zeit. Reite in Gedanken ruhig und rhythmisch jeden Bogen weit genug aus, vom Start bis zum Ziel. Bei deinen ersten Gedankenritten wirst du bemerken, wie schwierig es ist, sich eine Minute lang auf den Parcours zu konzentrieren, besonders dann, wenn man aufgeregt ist und zudem durch die Turnieratmosphäre ständig abgelenkt wird. Auch hier macht aber Übung den Meister, und die Mühe lohnt sich. Diese Fähigkeit zum mentalen Training, denn um nichts anderes handelt es sich, bringt dir auch im täglichen Leben ungeheure Vorteile.

Solltest du vor deinem Start genügend Zeit haben, dir einige Ritte anzusehen, nimm diese Gelegenheit auf jeden Fall wahr. Beim aufmerksamen Betrachten möglichst vieler Ritte gewinnst du sehr wichtige Erkenntnisse darüber, wie sich der Parcours tatsächlich reiten läßt. Manches, was beim Parcoursabgehen noch eine weite Distanz zu sein scheint, erweist sich nun als normal oder sogar ein wenig eng. Vielleicht hast du beim Abgehen nicht berücksichtigt, daß der Boden gerade in diesem Bereich eine leichte Mulde aufweist, oder der Ausgang „zieht" die Pferde offenbar doch nicht so stark, wie du es vorher für deinen Reitplan einkalkuliert hattest.

Die wertvollsten Hinweise darauf, wie ein Parcours zu reiten ist, geben dir die Ritte deiner Konkurrenten. Noch so genaues Abgehen kann den Augenschein nicht ersetzen.

Einreiten und Grüßen

Spielen wir zur Übung also einmal einen ganzen Parcours im Geiste durch.

Bei unserem Musterparcours nehmen wir an, daß die Hindernisse auf einem gut geeigneten Sandplatz stehen. Die trockene Sandauflage auf dem 70×40 m großen Rechteck ist etwa 10 bis 12 Zentimeter dick. Auf Höchstabmessungen wurde bei fast allen Sprüngen verzichtet. Der recht tiefe Sandboden mindert ohnehin das Sprungvermögen der Pferde.

Der Parcours besteht aus 11 Hindernissen mit 13 Sprüngen und ist 450 m lang. Das Springen, das gegen 15 Uhr bei sonnigem Wetter stattfindet, wird nach Fehlerpunkten und Zeit bewertet.

Generell wird beim Einreiten nach Möglichkeit der Weg gewählt, der Pferd und Reiter Gelegenheit verschafft, sich im fremden Parcours bereits ein wenig zu orientieren, bevor die Startlinie durchritten wird. Da die Richter in unserem Beispiel aber nah an Einlaß und Startlinie sitzen, ist dies nur eingeschränkt möglich. Es ist dir laut LPO nämlich nicht erlaubt, zum Gruß bis in die hinterste Ecke des Parcours zu reiten.

Beim Betreten des Parcours hältst du dich rechts und reitest im Trab oder im Galopp im weiten Bogen auf die Richter zu. Zum Gruß hältst du zwischen den Sprüngen 4a und 4b an. Blickkontakt und ein Lächeln können nicht schaden. Danach galoppierst du im Rechtsgalopp an und zwischen den in der Skizze aufgeführten Hindernissen zur Startlinie.

Treibe dein Pferd ein wenig mit dem linken Schenkel gegen die durchhaltenden Hände, sobald du in die Nähe des Eingangs kommst. Manche Pferde verringern hier selbständig das Tempo. Sie wollen wieder zu den anderen Pferden auf dem Abreiteplatz.

Die Startlinie wird so passiert, daß du den ersten Sprung gerade und in seiner Mitte angehst.

Parcoursskizze: Springprüfung der Klasse L

Richtverfahren: nach Fehlerpunkten und Zeit; Tempo: 350 m/Min., 11 Hindernisse mit 13 Sprüngen

Parcourslänge: 450 m; erlaubte Zeit: 78 Sekunden; Höchstzeit: 156 Sekunden

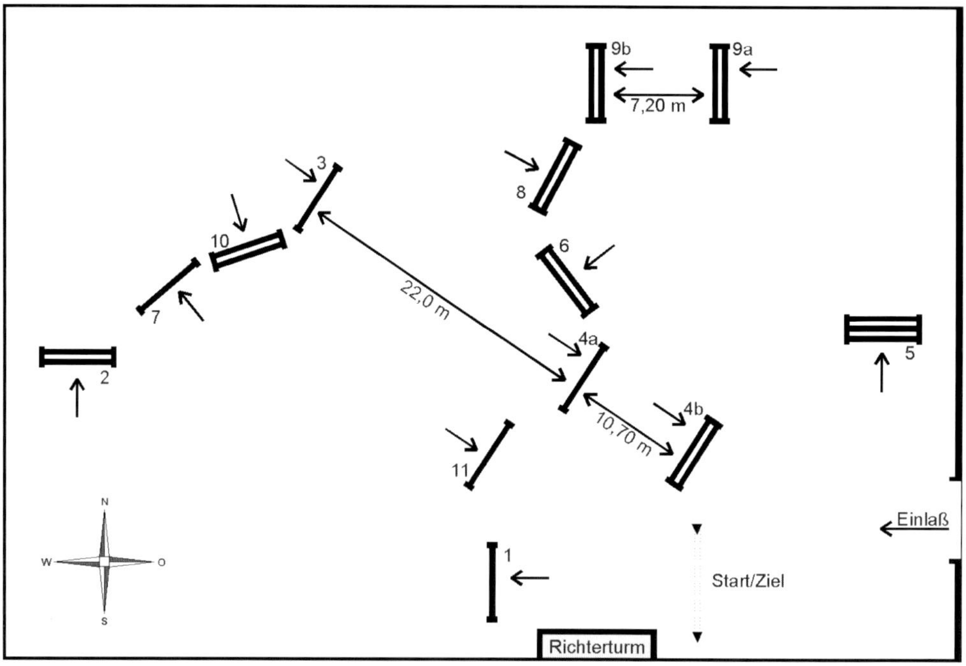

Die Hindernisse und ihre Abmessungen:
1 Steilsprung (1,05 m)
2 Oxer (vorn 1,05 m, hinten 1,10 m, 1,30 m tief)
3 Steilsprung (1,10 m)
4a Steilsprung (1,10 m)
4b Karree-Oxer (vorn und hinten 1,10 m, 1,30 m tief)
5 Triplebarre (vorn 0,80 m, Mitte 1,00 m, hinten 1,20 m, 1,40 m tief)
6 Mauer (1,15 m)
7 Steilsprung (1,15 m)
8 Karree-Oxer (vorn und hinten 1,10 m, 1,30 m tief)
9a Karree-Oxer (wie Nr. 8)
9b Karree-Oxer (wie Nr. 8 und 9a)
10 Oxer (vorn 1,05 m, hinten 1,10 m, 1,30 m tief)
11 Steilsprung (1,15 m)

Im Parcours

Obwohl das erste Hindernis nicht zu hoch und mit einer Absprungerleichterung freundlich und einladend gebaut ist, solltest du es nicht unterschätzen. Den ersten Sprung im Parcours betrachtet dein Pferd besonders aufmerksam. Diese wachsame Skepsis reicht aus, um den Vorwärtsdrang deines Pferdes und das gerade, flüssige Galoppieren zu beeinflussen. Führt der Sprung dann noch vom Parcourseingang weg, wird die Vorwärtsbewegung zusätzlich gebremst.

Halte dein Pferd darum jetzt besonders gut an den Hilfen und reite mit einer deutlichen Zügelanlehnung gegen den ersten Sprung. Vielleicht gelingt es dir, während der Landephase des ersten Sprungs den günstigen Innengalopp vorzubereiten, indem du den inneren Bügel betont austrittst und deinem Pferd mit einer sanften, angedeuteten Innenstellung einen Hinweis gibst. Diese Hilfen sollen aber nur sanft und nicht übertrieben ausfallen, sonst würdest du dein Pferd schnell aus Rhythmus und Gleichgewicht bringen. Eine zu deutliche Innenstellung würde sogar eine Landung in den ungünstigen Außengalopp unterstützen.

Der Weg zum Hindernis Nr. 2 ist weit und leicht genug. Du wählst eine Linienführung, die auch dem Anreiten des dritten Sprungs entgegenkommt. Damit du einen angenehm weichen Bogen zum Hindernis Nr. 3 reiten kannst, sollte die Sprungrichtung über den Oxer (Nr. 2) einen Hauch nach links weisen. Diese Sprungrichtung hat noch den Vorteil, ein mögliches Ausbrechen des Pferdes nach rechts zu unterbinden. Du rechnest mit dieser Möglichkeit, da der Oxer am weitesten von allen Sprüngen vom Eingang entfernt steht und zudem auf der rechten Seite keine fangähnliche Anlehnung hat wie andere Sprünge.

Für die nun folgende Hindernisfolge 3, 4a und 4b auf der Diagonalen hast du dir beim Abgehen ein Konzept zurechtgelegt. Reite den Bogen auf den Steilsprung Nr. 3 nicht zu eng, um nicht ein Ausbrechen nach links zu provozieren – auf der linken Seite befindet sich kein Fang. Eine geringfügige Tendenz nach rechts käme beim Anreiten der Sicherheit entgegen.

Der dritte Sprung ist der erste in Richtung Ausgang und der Beginn einer Sprungfolge auf gerader Linie. Halte dein Pferd beim Anreiten und auch bei der Landung nach Sprung Nr. 3 gut am Kopf. Wird dein Pferd nicht schon vor diesem Steilsprung von selbst eiliger, nach der Landung legt es bestimmt auf gerader Linie zu in Richtung Ausgang, auf den Sprung Nr. 4a. Die Distanz von Hindernis 3 zu Nr. 4a (22 m) ist mit sechs ruhigen Galoppsprüngen auf einem Sandboden gut zu reiten. Voraussetzung ist allerdings, daß dein Pferd an den Hilfen bleibt und nicht davonstürmt. Entzieht es sich deinen Hilfen, kommt es entweder zu dicht an den vierten Sprung (Vorhandfehler), oder es kann am Steilsprung der zweifachen Kombination vorbeilaufen.

Die zweifache Kombination (4a–4b) scheint mit 10,70 m etwas zu weit gebaut zu sein. Die Entfernung zum Oxer (4b) trügt zunächst, wenn man bei seinen Überlegungen die unmittelbare Nähe des Ausgangs nicht berücksichtigt. Halte dein Pferd dennoch sicher an der Hand, damit es – trotz der 10,70 m-Distanz – nicht zu dicht an den Oxer läuft. Der Ausgang wirkt wie ein starker Sog. Er verlängert oder verkürzt die Galoppsprunglänge bis zu 10%, je nachdem, ob der Sprung in Richtung Ausgang zeigt oder von ihm wegführt. Sollte sich hinter dem Ausgang der Parkplatz der Pferdetransporter befin-

So kommt ein Springpferd aus dem Gleichgewicht. Schon beim Absprung tritt der Reiter den linken Bügel stark aus. Sein Gewicht verlagert sich auf die linke Seite, das Pferd springt schräg.

Dieser Oxer führte vom Parcourseingang weg. Noch über dem Sprung ist zu erkennen, mit welcher Energie der Reiter das Hindernis angeritten hat. Obwohl der Reiter seinen Kopf nach rechts nimmt, tendiert sein Gewicht nach links. Auch hier springt das Pferd so, wie das Reitergewicht plaziert ist: Beide hängen ein wenig nach links.

den, nimmt die Sogwirkung weiter zu. Pferde haben einen ausgeprägten Orientierungssinn. Stünde dein Transporter hinter der gegenüberliegenden Parcoursseite, würde die Wirkung des Ausgangs abnehmen. Der Oxer (4b) ist vorn und hinten gleich hoch gebaut (Karree-Oxer). Daraus ergibt sich ein weiterer Grund, dein Pferd in einen günstigen Absprungbereich zu bringen. Bei einer Weite von 1,30 m wird auch der Kulminationspunkt des Oxers etwa bei 1,30 m liegen, obwohl er insgesamt nur 1,10 m hoch ist. Weil es ein Karree-Oxer ist, wird dein Pferd 1,30 m hoch springen müssen, um den Sprung fehlerfrei zu überwinden. Bedenke, daß die Flugkurve steigt, je breiter ein Karree-Oxer gebaut wird.

So ist die Flugkurve der folgenden Triplebarre (Nr. 5) niedriger als die des Karree-Oxers, obwohl sie 10 cm höher ist. Sie ist aber in einer gleichmäßig ansteigenden Linie gebaut und auch so zu springen.

Bei der Triplebarre, die nur wenige Meter *hinter* dem Ausgang steht, macht sich dessen Sogwirkung in bremsender Form bemerkbar. Nun mußt du dein Pferd energisch in Schwung bringen, um sicher über den 1,40 m breiten Hochweitsprung zu kommen, zumal du dein Pferd für den Karree-Oxer (4b) noch betont an der Hand hattest. Bei einer angenehmen ansteigenden Triplebarre sind Vorhandfehler unwahrscheinlich, selbst wenn ein Pferd zu dicht herankommt. Daher kannst du guten Mutes energisch auf diesen Sprung zureiten.

Reite vor der Mauer (Nr. 6) den Linksbogen nicht zu eng: Bei sonnigem Wetter springt dein Pferd gegen die blendende Sonne. Hinzu kommt, daß Mauern auf Pferde eine bremsende Wirkung ausüben. Treibe energisch genug, um deinem Pferd Mut zu machen. Eine besondere Lieblingsseite, an diesem Sprung auszubrechen, wird dein Pferd nicht haben. Nach links kann es vorbeilaufen, weil der Ausgang und der Abreiteplatz „ziehen", nach rechts besteht die gleiche hohe Wahrscheinlichkeit, da dein Pferd in einer Linkswendung leichter nach rechts „wegschwimmt".

Beim folgenden Steilsprung (Nr. 7) verhält es sich schon anders. Hier gibt es zwei Gründe für dein Pferd, die linke Seite für ein Ausbrechen zu bevorzugen: Links befindet sich kein Fang, und nach einer

Rechtswendung bietet sich der Weg nach links an. Halte dein Pferd gut an der Hand und treibe genügend; der Steilsprung führt dein Pferd in die entlegenste Ecke des Parcours. Denke wieder daran, die Landung vorzubereiten. Lande möglichst im Innengalopp (Rechtsgalopp). Vor dem Oxer (Nr. 8) wird sich der Vorwärtsdrang deines Pferdes wieder stärker bemerkbar machen. Galoppiere schnurgerade und mit einer deutlichen Anlehnung gegen den Sprung. Sollte dein Pferd etwas dicht an den Karree-Oxer heranlaufen, steigt die Gefahr eines Vorhandfehlers. Treibe nicht noch zusätzlich und bleibe still sitzen. Dein Pferd findet aus solchen Situationen am besten allein heraus.

Mit der Oxer-Kombination (9a–9b) folgt ein schwieriger Parcoursteil. Du hast aber alle Möglichkeiten, dein Pferd auf diese Kombination vorzubereiten. Es steht genügend Platz zur Verfügung. Mit einem unerfahrenen Pferd reitest du einen weiten Linksbogen, routinierte Pferde kommen auch mit einem engeren Bogen zurecht. Im Vergleich zur Kombination 4a–4b, die mit zwei Galoppsprüngen geritten wird, ist die Oxer-Kombination auf *einen* Zwischengaloppsprung ausgerichtet.

Während die erste Kombination anfangs weit erschien, so vermittelt auch die „enge" Distanz von 7,20 m bei der Oxer-Kombination zunächst ein trügerisches Bild: Eine Oxer-Kombination mit einer Distanz von 7,20 m, die zudem noch vom Ausgang weg geritten wird, ist eher weit als eng, besonders dann, wenn beide Sprünge Karree-Oxer sind, bei denen die Weiten der Flugkurven ein wenig an Höhe und Geschwindigkeit abgeben. Je länger sich dein Pferd ohne Antrieb in einer Flugphase befindet, um so mehr verliert es an Geschwindigkeit.

Ein Leichtathlet, der beim Weitsprung mit 38 km/h den Absprungbalken verläßt, hat bei seiner Landung nur noch eine Geschwindigkeit von 32 km/h. In einer Oxer-Kombination fällt es deinem Pferd schwer, den Geschwindigkeitsverlust nach dem ersten Oxer in nur einem Galoppsprung wieder auszugleichen und den Schwung herzustellen, der für das Überfliegen des zweiten Oxers notwendig ist. Daher ist es erforderlich, dein Pferd mit ausreichendem Schwung und einer beständigen, leichten Zügelanlehnung in einen günstigen Absprungbereich für den ersten Oxer zu bringen. Die Voraussetzungen für ein fehlerfreies Überwinden der Kombination sind gegeben, wenn der Einsprung flüssig und gerade überwunden wird. Springst du schräg, wird die Distanz noch weiter. Beim ersten Landen setzt du dich etwas bestimmter hin, um dein Pferd bei der erneuten Schwungentfaltung zu unterstützen.

Nach der Oxer-Kombination bleiben dir etwa 30 m, um dein Pferd auf den Oxer (Nr. 10) einzustellen. Dieser Oxer ist mindestens so schwierig zu überwinden wie die vorherige Kombination. Hier treffen einige Faktoren zusammen, die dein Geschick verlangen: Nach der Kombination nimmst du dein Pferd zunächst deutlich auf. In der folgenden engen Linkswendung entfachst du den Schwung, der für das Überwinden des Oxers notwendig ist. Der Sprung ist ein wenig entschärft: Die vordere Stange hängt etwas niedriger als die hintere. Achte beim Zulegen auf die rechte Seite! Wenn dein Pferd vorbeihuscht, dann nach rechts. Stellst du dein Pferd zudem noch übertrieben nach links, begünstigst du ein Ausbrechen zur kritischen rechten Seite.

Die Distanz zwischen Sprung Nr. 10 und Nr. 11 beträgt etwa 23 Meter. Beim Abgehen des Parcours hast du dir bereits ein Bild davon gemacht, wie du diesen weichen Linksbogen reiten wirst. Es ist aber nicht notwendig, sich hier auf eine bestimmte Galoppsprungzahl festzulegen. Lasse dich nicht dazu verleiten, gegen den letzten Sprung zu jagen. Gegen Ende des Parcours haben Kraft und Konzentration von Pferd und Reiter erheblich nachgelassen. Dein Pferd neigt zu Flüchtigkeits-

Noch drei Galoppsprünge bis zum letzten Sprung (Steilsprung) des Parcours in Richtung Ausgang. Der Reiter sucht Kontakt zur Sattelfläche, um sein Pferd besonders deutlich an die Hilfen zu bekommen. Pferd und Reiter haben das Hindernis konzentriert im Visier.

fehlern, es sieht den Ausgang und möchte zu den anderen Pferden. Reite lieber zwischen Nr. 10 und Nr. 11 einen Galoppsprung mehr, als es möglich wäre, und nimm dein Pferd vor dem letzten Steilsprung (Nr. 11) noch einmal deutlich auf.

Nach dem Ziel lobst du dein Pferd ausgiebig und galoppierst es in einem weiten Bogen am Einlaß vorbei. Allmählich führst du das Tempo bis zum Trab zurück. Ohne Hast suchst du dir beim Leichttraben einen Weg zwischen den Hindernissen zum Ausgang. Vor dem Ausgang reitest du ruhigen Schritt und verläßt den Parcours.

In unserem Parcoursbeispiel ist kein Wassergraben vorhanden. Dennoch dazu ein Hinweis: Reite einen Wassergraben ähnlich an wie eine Triplebarre. Nicht dagegen jagen, sondern lediglich das Tempo bei guter Anlehnung genügend forcieren, um die Weite des Grabens aus dem Schwung zu schaffen. Versuche, einen Wassergraben eher ein wenig „dichter“ zu reiten als „auf groß“: Fehler werden dir nur bei der Landung angekreidet.

Reite einen Wassergraben nicht wesentlich forscher an als eine breite Triplebarre. Präzises Anreiten ist wichtig, nicht das Tempo.

Probleme, Ursachen, Lösungen

Ob du dein Pferd nur im Rahmen der Ausbildung ab und zu springst oder ob es dein Hauptziel ist, mit deinem Pferd bei Springprüfungen zu starten – natürlich treten auch beim Springen spezielle Probleme auf. In den folgenden Kapiteln werden die häufigsten Schwierigkeiten erörtert, die Springreitern Sorgen bereiten. Wie schon im Dressurteil folgt auf das Problem der Versuch, den Ursachen auf die Spur zu kommen und von diesem Ansatz aus Lösungen anzubieten.

Kleben am Eingang

URSACHE: *Du hast dein Pferd überfordert oder nicht energisch genug aufgefordert. Es möchte sich vor dem Springen oder überhaupt vor dem Gerittenwerden drücken, es flößt ihm Unbehagen oder sogar Furcht ein.*

Es darf als Tatsache gelten, daß Pferde im Überwinden von Hindernissen oder in der Ausübung anderer Lektionen keinen Sinn erkennen. Es entspricht nicht ihrem Naturell und bringt ihnen keine Vorteile. Wir können gut nachvollziehen, daß sie sich vor etwas drücken möchten, das ihnen aus ihrem eigenen, ganz persönlichen Blickwinkel nur Nachteile verschafft. Menschen verhalten sich schließlich kaum anders, läßt man bei dieser Betrachtung die Erfüllung ethischer und moralischer Pflichten einmal außer acht.

Ist das Kleben überhaupt ein Problem, geht dein Pferd generell nicht gern vom Stall weg, strebt im Gelände immer wieder in Richtung Heimat oder in der Bahn zum Ausgang und in Richtung Stall, dann fühlt sich dein Pferd ganz allgemein unsicher und überfordert. Die Gesellschaft anderer Pferde gibt ihm etwas mehr Sicherheit, aber allein wird es geradezu von Panik ergriffen. Pferde sind vom Naturell her so unterschiedlich wie Menschen. Es gibt den „Mir-kann-keiner"-Typ, der seinen Reiter immer wieder testet und dessen Dominanz in Frage stellt, es gibt den „Blümchen"-Typ, der sich nach einem einzigen scharfen Wort stundenlang nicht mehr aus der Ecke traut, und tausend Abstufungen zwischen den Extremen. Wenn du dein Pferd noch nicht lange kennst, bist du vielleicht auf Vermutungen angewiesen, was in der bisherigen Entwicklung schiefgelaufen sein könnte. Das Pferd kann zu früh mit Aufgaben konfrontiert worden sein, die es nicht richtig verstand und denen es nicht gewachsen war. Es hatte keine Gelegenheit, Selbstvertrauen oder wenigstens Vertrauen zum Reiter zu entwickeln, und ist nun verstört und überängstlich.

Wenn diese Möglichkeit auch nur in Betracht kommt, versteht sich von selbst, daß Prügel die falsche Methode wären, das Selbstwertgefühl deines Pferdes zu heben. Besseren Erfolg verspricht da schon der geduldige Aufbau von Kraft und Fähigkeiten mit viel Lob und kleinen Erfolgserlebnissen. Ein langwieriger Weg, und vielleicht mußt du dich mit der Tatsache abfinden, daß dieses von Natur aus schüchterne Pferd einfach nicht der Typ ist, mit dem du rasant über Sprünge und von Sieg zu Sieg galoppieren kannst. Dem richtigen Reiter kann es aber ein treuer Freund werden, um so anhänglicher, je mehr es ihm vertraut.

Treten die Schwierigkeiten hauptsächlich im Zusammenhang mit Hindernissen auf und solltest du selbst mit sehr energischen und nachdrücklichen Aufforderungen dein Pferd nicht in den Parcours oder vom Stall weg reiten können, hast du deinem Pferd irgendwann zuvor das Springen verleidet. Das kann gerade heute auf dem Abreiteplatz oder auch schon vor Wochen zu Hause im Training geschehen sein, es kann natürlich auch die Schuld des Vorbesitzers gewesen sein, falls dieses Problem von Anfang an auftrat.

Um fehlerlos über den Parcours zu kommen, reiten leider manche Teilnehmer ihre Pferde auf dem Abreiteplatz – kurz vor dem Start – absichtlich zu dicht an eine Stange: Die Pferde *sollen* sich an der Stange stoßen und schmerzempfindlich werden.

Daß dieses Verhalten im höchsten Maße unreiterlich (und auch verboten!) ist, versteht sich von selbst. Wenn du dein Pferd sorgfältig und verantwortungsbewußt geschult und ans Springen herangeführt hast, hast du solche Methoden für sportlichen Erfolg gar nicht nötig. Dennoch kann es vorkommen, daß du dein Pferd aus Versehen denkbar ungünstig gegen eine Stange reitest. Hat sich dein Pferd dabei sehr weh getan, wird es natürlich den nächsten Sprung lieber vermeiden wollen. Es wägt zwischen dem Nachdruck deiner treibenden Hilfe und seiner Schmerzerfahrung ab. Treibst du nicht energisch genug, bleibt es stehen.

Überwiegt dagegen dein Treiben, läuft es widerwillig weiter. Du wirst dich aber nicht gleich darauf verlassen können, daß es zuverlässig weiterspringt.

Hat ein Pferd vor einem Parcours mehr als nur Respekt, macht es bereits auf dem Abreiteplatz um den Parcourseingang einen Bogen. Den Vorbereitungssprung in Richtung Parcourseingang führt es zurückhaltend aus; springst du jedoch vom Eingang weg, ist es kaum zu halten.

Insgesamt reagiert es auf treibende und zurückführende Hilfen nicht so prompt wie zu Hause. Es legt die Ohren mißmutig zurück oder schlägt übertrieben mit dem Schweif. Die Laune verbessert sich, sobald du dich vom Parcourseingang entfernst; dann läuft dein Pferd fleißiger und stellt die Ohren nach vorn. Es ist nicht zu übersehen, daß deinem Pferd der Parcoursplatz nicht geheuer ist. Entweder ist es noch unerfahren und deshalb zurückhaltend, oder es hat schlechte Erfahrungen gemacht und ist aus diesem Grund ängstlich.

Es kommt ziemlich oft vor, daß das Pferd den Probesprung auf dem Abreiteplatz noch einwandfrei springt. Du reitest hier wesentlich konsequenter und konzentrierter als im Parcours. Im Parcours setzt es dagegen schon eher seinen Kopf durch; du reitest zurückhaltender, und etliche fremde Hindernisse bremsen zusätzlich die Springfreudigkeit deines Pferdes.

LÖSUNG: Sollte dir auf dem Abreiteplatz aus Versehen ein Mißgeschick beim Anreiten eines Probesprungs passieren, ist es nicht so, daß gleich das gesamte Vertrauen des Pferdes in deine reiterlichen Führungsqualitäten verlorengeht. Zunächst einmal hat es sich weh getan, und es weiß auch, wo. Trabe oder galoppiere es gleich weiter, wenn es nicht lahmt. So lenkst du es ab, und zudem schwindet schnell der Schmerz. Nach einigen Minuten springst du noch einmal den gleichen Sprung, den du aber wesentlich niedriger bauen läßt.

Du solltest unbedingt vermeiden, daß dein Pferd bis zum Start noch einmal mit einer Stange in Berührung kommt. Es soll den Rumpler vergessen oder ihn vielleicht sogar im nachhinein als eigene Schusseligkeit betrachten, wenn es den gleichen niedrigen Sprung spielerisch überwindet. Es darf allerdings bezweifelt werden, ob Pferde überhaupt im nachhinein etwas betrachten können.

Vermeide auch im anschließenden Springen so gut es geht jedes Risiko. Reite den Parcours nicht auf Sieg, reite ihn auf fehlerfrei. Sollte sich dein Pferd im Parcours noch einmal empfindlich stoßen, wirst du die angesprochenen Schwierigkeiten beim folgenden Sprung, spätestens beim nächsten Turnier bekommen. Nur ist es fraglich, ob du dich dann an die auslösende Situation noch ebensogut erinnerst wie dein Pferd. Für dein Pferd war es ein unverständliches, schmerzendes Erlebnis, das es nie mehr vergessen wird, ebensowenig wie du beispielsweise vor Hunden je deine Zurückhaltung verlierst, wenn du als Kind einmal böse gebissen wurdest. Überfordere dein Pferd nicht und versuche, Situationen auszuschalten, die deinem Pferd Schmerzen zufügen könnten. Es ist nicht mehr reiterlich, wenn sehr energische treibende Reiterhilfen ständig eine ängstliche Abneigung von Pferden überdecken müssen.

Nimm dir viel Zeit beim Abreiten und reite zwischendurch häufig genug Schritt. Trabe und galoppiere dein Pferd auf beiden Händen ausgiebig und prüfe, ob es deine treibenden und zurückführenden Hilfen prompt und willig übersetzt, ehe du den ersten kleinen Sprung machst. Beobachte das Springverhalten deines Pferdes, um darauf zu reagieren. Verhält es sich beim Springen, legst du mehrmals kurz hintereinander auf beiden Händen energisch zu, damit dein Pferd schenkelempfindsamer wird und auf deine treibenden Hilfen spritziger reagiert. Stürmt es vor dem Sprung davon, trainierst du im frischen Vorwärtsgalopp die Zügelhilfen und machst dein Pferd sensibel im Maul.

Weicht dein Pferd zum Sprung hin beispielsweise ein wenig nach links, reitest du beim nächsten Versuch den Sprung mit einer leichten Linksstellung ein wenig schräg in Richtung rechte Sprungseite an. Weicht dein Pferd erst beim Absprung nach links, bittest du einen Helfer, in die oberste Auflage des linken Sprungständers eine Stange zu legen, deren Ende vor dem Sprung auf dem Boden liegt. Die sehr schräg hängende Stange macht die linke Sprungseite optisch ein wenig zu und dient als Fang im Sprung.

Reite nicht gleich einen L-Parcours, wenn dein Pferd 1,20 m hoch springen kann. Bedenke, wie es dir geht, wenn dein Hochsprungrekord bei 1,40 m liegt und von dir verlangt wird, zehnmal kurz hintereinander 1,30 m zu springen. Spätestens beim sechsten Sprung läufst du unter der Hochsprunglatte durch. Ein L-Springpferd sollte im Einzelfall wesentlich höher (etwa 1,50 m) springen können, als es das zulässige Höchstmaß von 1,20 m verlangt. Hat es zudem eine schlechte Springtechnik, sollte sein Sprungvermögen noch größer sein.

Vor allem im Kapitel über das Freispringen werden Übungen erläutert, mit denen dein Pferd vor Sprungstangen den erforderlichen Respekt bekommt und eventuelle Fehler auf die eigene Unaufmerksamkeit zurückführt.

Suche dir Turniere aus, deren Veranstalter über festes, solides Parcoursmaterial verfügen. Auf dem Turnierplatz sollte ein Parcours mit weichen und weiten Linien stehen, besonders dann, wenn du mit einem „grünen" Pferd startest. Es ist nicht günstig, wenn der Abreiteplatz unmittelbar neben dem Parcours liegt. Das Verlangen des Pferdes, wieder zu den vielen anderen auf dem Abreiteplatz zu dürfen, nimmt durch den direkten Geräusch- und Sichtkontakt zu.

Reite nach einer stundenlangen Anreise am gleichen Tag allenfalls *ein* Springen. Günstiger wäre es, das Pferd am Reisetag mit leichtem Reiten an die Turnierumgebung zu gewöhnen und erst am folgenden Tag in einer Prüfung zu starten.

Beanspruche dein Pferd auf Turnieren nicht mehr als zu Hause. Reite möglichst nur ein Springen am Tag. Ideal wäre es, ein Turnier zu finden, das über drei Tage geht, so daß du Freitag, Samstag und Sonntag jeweils eine Springprüfung melden kannst. Bei dieser vernünftigen Beanspruchung wird dein Pferd von Tag zu Tag besser springen. Aber auch ein Turnier über Samstag und Sonntag bietet mit täglich jeweils einer Springprüfung gute Bedingungen. Bei einem Turnier in deiner Nähe kann es sich durchaus auch lohnen, nur für ein einziges Springen hinzufahren.

Hat dein Pferd aus Überforderung erst einmal die Lust am Springen verloren, ist es nur sehr schwer wieder zu motivieren.

Mein Pferd zieht den Sprung nicht an

URSACHE: *Entweder „versteht" dein Pferd die treibenden Hilfen nicht, oder es ist körperlich nicht in der Lage, deine Forderungen umzusetzen.*

Beobachte, wie dein Pferd bei zwei verschiedenen Situationen auf deine treibenden Hilfen reagiert. Wie verhält es sich, wenn du es gegen einen Sprung treibst, und wie reagiert es bei gleich stark treibenden Hilfen fürs Zulegen an einer beliebigen Stelle ohne Sprungeinfluß? Bleibt das Verhalten in beiden Situationen gleich, hast du zumindest die Gewißheit, daß die „zurückhaltende" Einstellung deines Pferdes nicht auf den Sprung zurückzuführen ist.

Sollte dein Pferd jedoch beim Zulegen ohne Sprungeinfluß wesentlich spritziger antworten, ist es eindeutig das Springen, das ihm unbehaglich ist. Mögliche Gründe hierfür sind im vorigen Kapitel aufgeführt.

Beim Anreiten eines Sprungs gewinnst du den Eindruck, daß dein Pferd nicht „zieht", du hast kaum etwas in der Hand. Obwohl du energisch treibst, schwindet die Zügelanlehnung. Damit hast du als Springreiter nahezu jeglichen Einfluß auf dein Pferd verloren. Manche Pferde galoppieren gleichmäßig langsam gegen den Sprung und überwinden ihn mühsam, solange die verlangte Höhe aus diesem Tempo gesprungen werden kann. Bei höheren Sprüngen werden weniger gehfreudige Pferde zum Sprung hin zunehmend langsamer, bis sie schließlich stehenbleiben. Besonders dann, wenn sie zudem noch Kopf und Hals nach unten drücken, kommst du dir hilflos und verloren vor. Weniger gutmütige Pferde nehmen die durchhängenden Zügel schon vorher als willkommene Gelegenheit wahr, zu einer Seite auszubrechen.

Für einen Reiter ist es schon ein sehr unbehagliches Gefühl, wenn er ständig intensiv treiben muß, um allein die für den Sprung notwendige Geschwindigkeit aufrechtzuerhalten.

LÖSUNG: Reagiert dein Pferd auf energisch vorwärtstreibende Galopphilfen nur beim Anreiten eines Sprungs verhalten, widerstrebt ihm aus irgendeinem Grund der Sprung. Reite beispielsweise mehrmals hintereinander eine niedrige, einladend gebaute zweifache Kombination mit einer Distanz von etwa 10,30 m in Richtung Hallen- oder Platzausgang. Beide Sprünge sollten aus triplebarre-artig gebauten, nicht zu breiten Oxern bestehen:

1. Sprung:
vordere Stange 0,30 m, hintere Stange 0,60 m;
2. Sprung:
vordere Stange 0,40 m, hintere Stange 0,70 m.
Beide Oxer sind lediglich 0,80 m tief.

Galoppiere mit einem möglichst frischen Tempo über den ersten Sprung und beobachte, wie dicht dein Pferd zum Absprung an den zweiten Oxer herangaloppiert. Wahrscheinlich wird es zu dicht herankommen und das tun, was seiner Behäbigkeit entgegenkommt: Es unterläuft den zweiten Sprung. Trotzdem hat die eng gestellte Kombination einen Sinn. Dein Pferd spürt, daß es beide Sprünge leicht überwindet, und um anschließend eine erforderliche Distanzkorrektur vorzunehmen, konntest du feststellen, wie dicht dein Pferd an den zweiten Sprung galoppierte.

Unterlief es stark, versetzt du den zweiten Sprung erst einmal um dreißig Zentimeter. Die Kombination steht jetzt auf 10,60 m. Kommt es immer noch ziemlich dicht an den zweiten Sprung, nur noch um einen Hauch, hast du eine geeignete Distanz gefunden, mit der du das Selbstvertrauen deines Pferdes in sein Sprungvermögen steigern wirst. Laß die Kombination einige Tage oder womöglich sogar Wochen stehen. Galoppiere etwa an jedem

Das Selbstvertrauen des Pferdes steigern

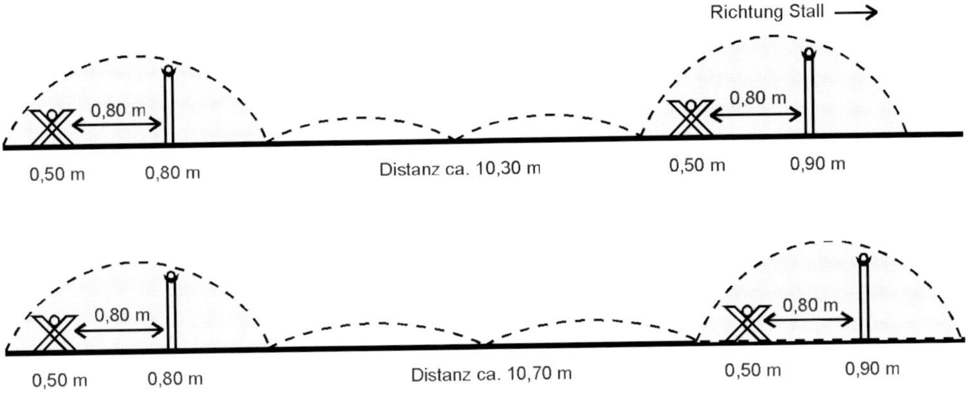

Der leichte, flüssige Einsprung mindert die Gefahr, daß am zweiten Sprung der Kombination ein Malheur passiert.

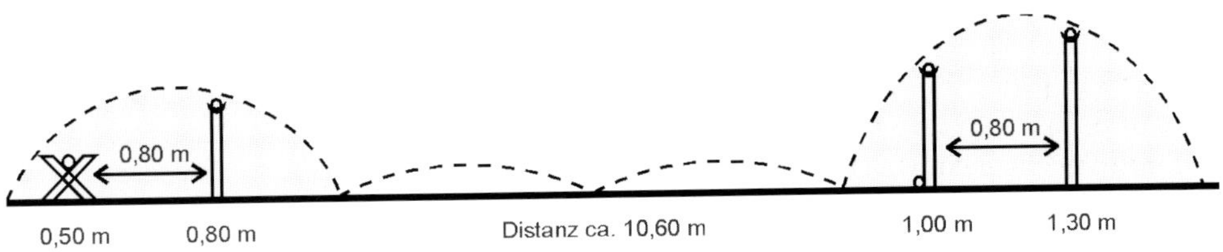

Hast du erst einmal für dein Pferd die ideale Distanz – hier angenommen mit 10,60 m – herausgefunden, wird es bei einem triplebarre-artigen Oxer seinen Mut nicht verlieren und sich auch an größere Höhen wagen. Verändere nicht die Breite, lediglich die Höhe des Oxers. Bei einem schmalen Oxer kann sich dein Pferd noch helfen, sollte es dennoch einmal ungünstig hinkommen.

zweiten Tag zwei- oder dreimal darüber und steigere allmählich die Anforderungen des zweiten Oxers in Höhe und Tiefe. Dabei behält der Oxer stets ein triplebarreartiges Aussehen, damit die hintere Stange der höchste Punkt der Flugkurve bleibt. Die einfach abzuschätzende, angenehme Flugkurve erleichtert dem Pferd das Springen.

Harke öfter die Absprungbereiche vor beiden Sprüngen, damit dort keine Mulden entstehen. Mit steigendem Selbstbewußtsein und Vertrauen in die eigene Leistungsfähigkeit wird dein Pferd bald frischer gegen Sprünge galoppieren. Legst du während der Arbeit weniger Wert auf das Hochsprungtraining als auf die Spritzigkeit deines Pferdes, erzielst du ebenfalls mit einer zweifachen Kombination gute Ergebnisse. Anfangs gleicht die Kombination der oben erwähnten. Nur wird die Distanz zum zweiten Oxer nicht so bemessen, daß dein Pferd diesen Sprung leicht unterläuft. Ohne die Höhe zu verändern, wird der zweite Oxer nach und nach um etwa 10 cm nach hinten versetzt. Die Distanz wird weiter und kann später bei zwei Zwischengaloppsprüngen durchaus bis zu 11,50 m betragen. Steigere mit zunehmender Distanz die Geschwindigkeit, damit dein Pferd mit längeren Galoppsprüngen beim zweiten Sprung noch in

Hier springt dein Pferd mehr zu

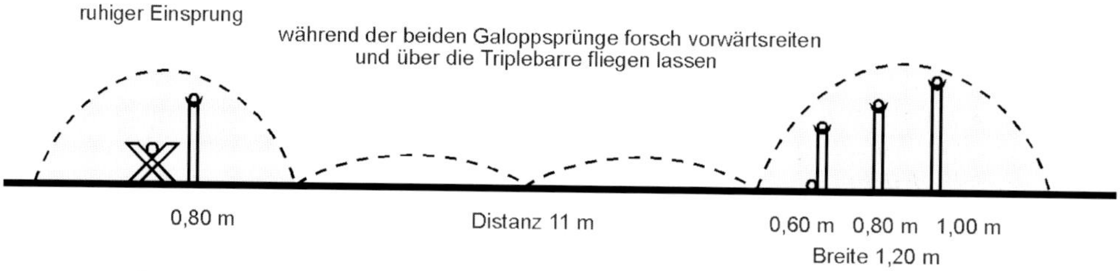

Mit dieser Übung wird die Spritzigkeit des Pferdes angeregt. Nach dem ruhigen Einsprung muß es beherzt vorwärts galoppieren, um heil über die Triplebarre zu kommen. Das Pferd lernt, prompt auf treibende Hilfen zu reagieren. Halte trotz des energischen Vorwärtsreitens eine deutliche Verbindung zum Pferdemaul aufrecht.

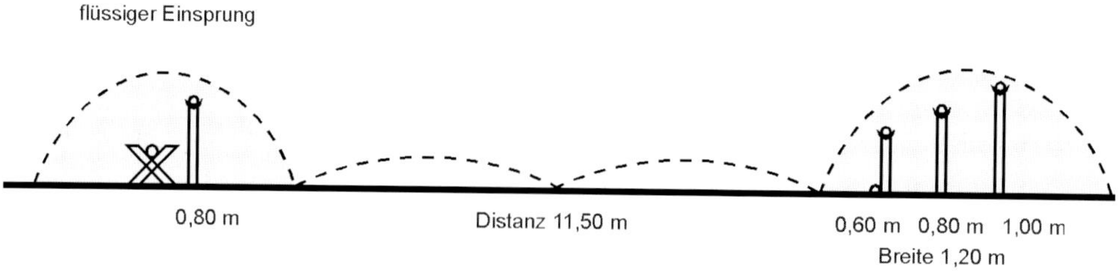

Ein phlegmatisches Pferd wird zum frischen Galoppieren und Springen angeregt. Über den leichten Einsprung galoppiert es flüssig in die Kombination.

einen zumutbaren Absprungbereich gelangt.

Achte darauf, daß der Ablauf der Kombination leicht und flüssig bleibt. Gehe mit dieser Trainingsmethode aber besonders behutsam um. Fällt dir dein Pferd in den zweiten Oxer, hast du alles verdorben.

Stürmen

URSACHEN:

1. *Prüfe zunächst sehr kritisch, ob dein Pferd genügend Talent fürs Springen mitbringt. Laß dich von erfahrenen Reitern beraten, die keinen Grund haben, dir „Märchen" über das wahre Sprungvermögen deines Pferdes aufzutischen.*

2. *Vergewissere dich genauso kritisch, daß es nicht Schmerz sein kann, was dein Pferd zum Stürmen bringt.*

Pferde denken nicht in unserem Sinn „logisch" und versuchen deshalb oft, einem Schmerz davonzulaufen. Das können allgemeine Rückenprobleme sein, die sich beim Springen – wenn es den Rücken aufwölben soll – verschlimmern, ein schlecht passender Sattel, Zahnhaken oder eine abgenutzte scharfkantige Trense. Läßt es sich ruhig aufsatteln, oder zappelt es unwillig umher? Sind die Maulwinkel in Ordnung? Die Zähne? Erst wenn du all diese möglichen Gründe ruhigen Gewissens verneinen kannst, solltest du dich anderen Erklärungen zuwenden.

3. *Eine weitere naheliegende Erklärung für das Verhalten deines Pferdes ist, daß es nicht sorgfältig genug ausgebildet worden ist.*

Es versteht deine zurückführenden Hilfen nicht oder ignoriert sie, weil deine Hilfen wirkungslos bleiben. Ob das zutrifft, stellst du leicht fest, wenn du auf freier

Strecke ohne Sprungeinfluß aus starkem Galopp konsequent zurückführst. Nimmt dein Pferd dort deine Hilfen willig an, weißt du, daß der Sprung und nicht die allgemeine Rittigkeit die Ursache für das Fortstürmen darstellt.

4. *Dein Pferd ist unsicher oder hat sogar Angst, deshalb drückt es vor einem Sprung aufs Tempo: Es versucht quasi, sich selbst Mut zu machen.*

So unangenehm und gefährlich das unkontrollierte Fortstürmen auch ist, dennoch solltest du es positiv betrachten: Dein Pferd verweigert nicht schon von weitem. Es möchte dir gehorchen, obwohl es sich seiner Sache überhaupt nicht sicher ist. Du hast eine „ehrliche Haut" unter dem Sattel.

Sobald deinem Pferd klar wird, daß es springen soll, geht ein Vorwärtsruck durch seinen gesamten Körper. Es achtet nicht mehr auf deine Hilfen: Je näher der Sprung kommt, desto schneller galoppiert es. Seinen Kopf nach vorn stoßend nimmt es dir die Hand, du kannst vielleicht allenfalls noch ein wenig die Richtung bestimmen. Siegt die Unsicherheit deines Pferdes letztendlich doch über den ursprünglichen Willen zu gehorchen, bricht es vor dem Sprung aus oder verweigert abrupt, besonders dann, wenn es zudem noch zufällig in einen ungünstigen Absprungbereich galoppiert ist. Das „Anreiten" auf davonstürmenden Pferden besteht aus einem einzigen fortwährenden Zufall und birgt daher etliche Gefahrenquellen in sich.

LÖSUNG: Stärke das Selbstbewußtsein deines Pferdes und arbeite es so, daß ein Sprung nicht aufregender ist als das Aufsatteln. Einem gesunden Pferd – und nur solche sind für den Sport geeignet – macht es nichts aus, wenn es fast täglich über ein halbes Dutzend niedrige Sprünge geritten wird.

- Die Übungshindernisse sollten anfangs mindestens 4 m breit sein.
- An beiden Seiten stehen Fänge, die dem Aussehen nach stabil und groß genug sind, um auf dein Pferd auch als „Fang" zu wirken.
- Möchtest du einen Sprung von beiden Seiten springen, sollte er an jeder Seite mit jeweils zwei Fängen ausgestattet sein. Außerdem wird der Sprung von beiden Seiten mit wirkungsvollen Absprungerleichterungen versehen.
- Grundsätzlich eignet sich nur ein Steilsprung für Trainingssprünge von zwei Seiten.

Reite etliche Male dicht an beiden Seiten des Hindernisses vorbei, ohne es zu springen. Entscheide dich für einen einladend gebauten Steilsprung: Er verzeiht als Übungssprung vor allem bezüglich des Anreitens eher Fehler als ein Oxer.

Gewöhne dein Pferd zunächst an die Nähe der Hindernisse. Galoppiere im Arbeitstempo gerade auf das Hindernis zu und wende zwanzig Meter davor zur Seite des bestehenden Innengalopps ruhig und allmählich ab. Mal reitest du im Linksgalopp, mal im Rechtsgalopp gegen den Steilsprung. Tag für Tag wendest du um etwa einen Meter später ab. Verzichtest du zunächst auf jeglichen Sprung, wird dein Pferd gelassen bleiben und nach einigen Tagen im gleichen Tempo bis dicht vor das Hindernis galoppieren. Es rechnet ja mit dem Abwenden.

Lege um einen niedrigen Steilsprung, der innerhalb des Zirkels im rechten Winkel zur Zirkellinie steht, einen Zirkel mit einem Durchmesser von zwanzig Metern an. Der vier Meter breite Sprung steht zwar innerhalb, aber nicht in der Mitte des Zirkels. Galoppiere linke Hand fünfmal dicht am Steilsprung vorbei – Schrittpause – und dann fünfmal rechte Hand.

Abwechselnd reitest du wie oben beschrieben gerade gegen den Sprung und wendest dann ab, um gleich anschließend den Sprung in den erwähnten Zirkel einzubinden. Reite an dem Zirkelsprung einmal innen, einmal außen vorbei. Lenke fortwährend dicht an das Hindernis heran, aber springe noch nicht. Nimm dir nicht

Das Springpferd beruhigen

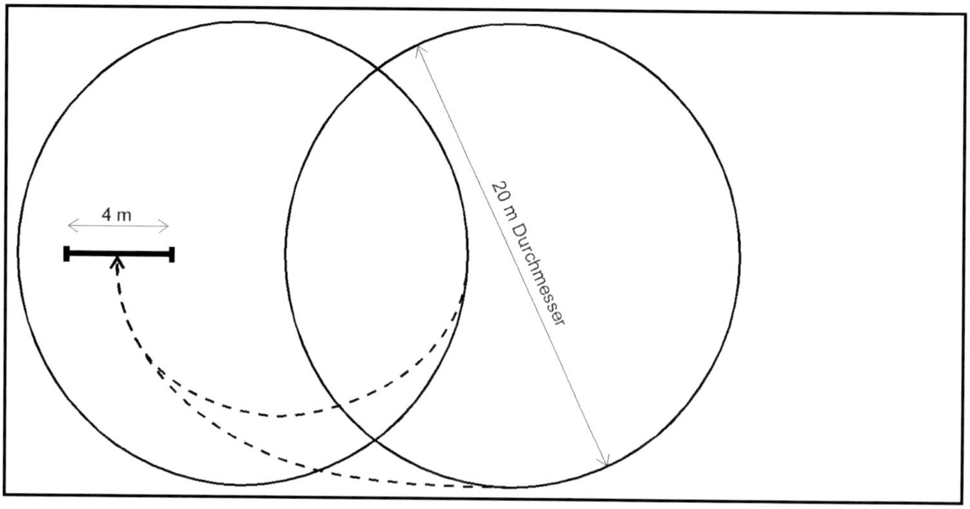

So kannst du vom inneren und äußeren Zirkel auf den Sprung zureiten. Halte dein Pferd sicher an beiden Zügeln und den linken (äußeren) Schenkel gut angelegt. Möchtest du die scharfe Wendung nach dem Sprung vermeiden, baust du den Sprung Mitte der langen Seite auf und richtest entsprechende Zirkel ein.

Das Springpferd beruhigen

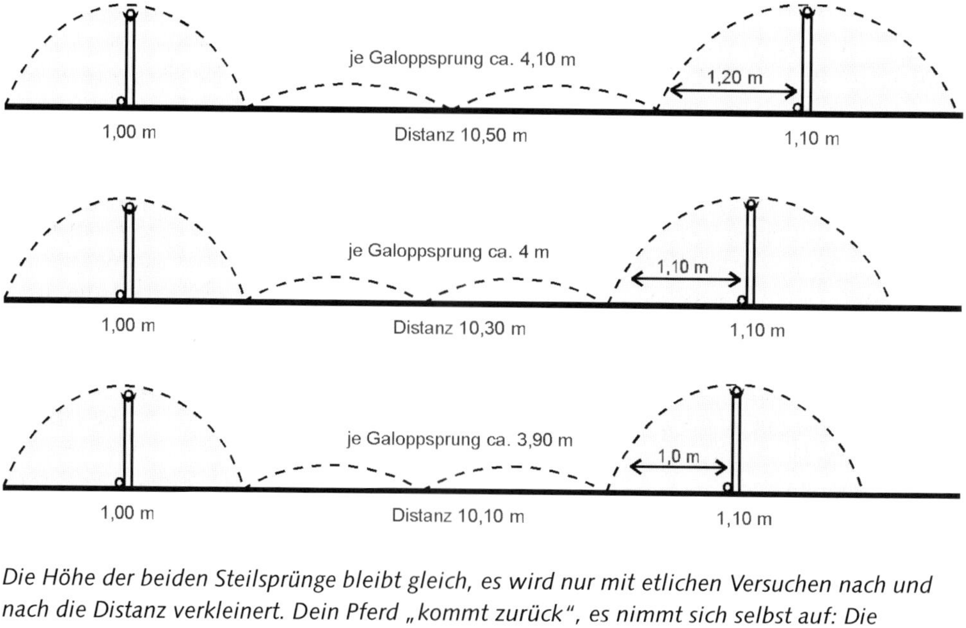

Die Höhe der beiden Steilsprünge bleibt gleich, es wird nur mit etlichen Versuchen nach und nach die Distanz verkleinert. Dein Pferd „kommt zurück", es nimmt sich selbst auf: Die Galoppsprünge in der Kombination werden kleiner. Zudem galoppiert das Pferd ein wenig dichter an den zweiten Sprung.

Die Vorderbeintechnik verbessern

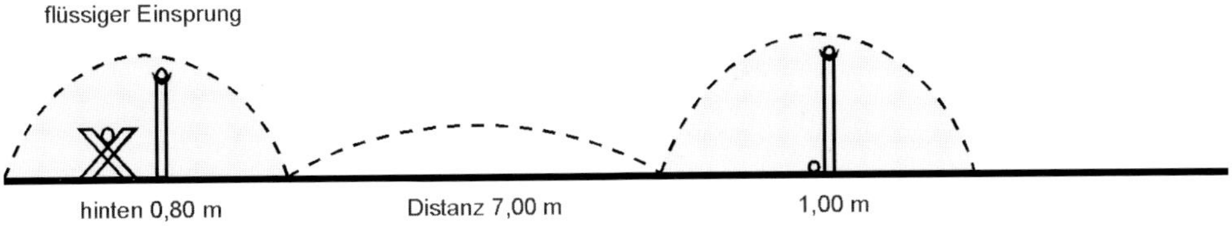

Das Pferd galoppiert in flüssigem Tempo in die Kombination und gelangt ein wenig dichter als üblich an den Steilsprung. Nach und nach wird die Distanz bis auf 6,50 m verkürzt. Sitze beim Steilsprung besonders still. Störe dein Pferd nicht und treibe verhalten. Räume deinem Pferd Zeit und Ruhe ein: Es muß schnell mit den Vorderbeinen reagieren.

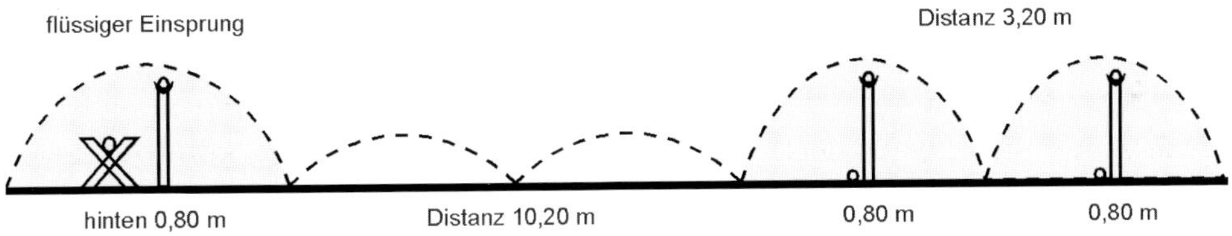

Nach dem flüssigen Einsprung kommt dein Pferd schon an den ersten Steilsprung der In-and-Out-Kombination etwas dicht heran. Es muß seine Vorderbeine deutlich und schnell heben. Das wiederholt sich am Aussprung, da auch der bei einer Distanz von 3,20 m ein wenig eng steht. Treibe verhalten, bleibe ruhig sitzen und behalte eine sanfte Anlehnung bei.

vor, morgen oder übermorgen springen zu wollen. Warte ab, bis sich eine günstige Situation ergibt. Dein Pferd wird immer gelassener, und eines Tages wirst du während des Reitens den untrüglichen Eindruck gewinnen, daß du nun den Sprung überwinden kannst, ohne daß dein Pferd wie von Furien gehetzt davonrasen wird. Beispielsweise galoppierst du dann auf dem Zirkel und wendest nach der dritten Runde an der sprungabgewandten Seite etwas schärfer, damit die Zirkellinie mit nunmehr achtzehn Metern Durchmesser mitten über den Steilsprung führt. Nach dem Sprung und auch am nächsten Tag reitest du wieder dicht an den Ständern vorbei und machst keinen weiteren Sprung. Vielleicht springst du am übernächsten Tag oder erst drei Tage später wieder – vertraue deinem Gefühl und beobachte die Gelassenheit deines Pferdes.

Nach wenigen Wochen ist ein Sprung für dein Pferd so alltäglich wie das Angaloppieren. Dennoch wird es, besonders nach einer längeren Springpause, immer noch mehr als gewöhnlich gegen die Hand galoppieren, wenn es einen Sprung in Augenschein genommen hat. Das ist aber natürlich und soll dich nicht beunruhigen.

Um das Verhalten deines Pferdes weiterhin zu verbessern, erinnerst du dich wieder der zweifachen Kombination, die bereits im vorigen Kapitel als Therapie diente. Nur stellst du für ein übereifriges Pferd den zweiten Sprung nicht weiter oder höher, sondern rückst ihn ein wenig näher an den ersten Sprung. Die Kombination steht nicht auf 10,50 m, sondern beispielsweise auf 10,20 m. Gehe mit dem Verkleinern der Distanz in der zweifachen Kombination sehr behutsam und überlegt um. Es darf nicht dazu kommen, daß sich dein Pferd nach nur einem Zwischengaloppsprung über den zweiten Sprung hechtet. Verkürzt du die Distanz allmählich, jeweils um einige Zentimeter, wird sich dein Pferd vor dem zweiten Sprung von selbst etwas aufnehmen. Nach und nach galoppiert es ruhiger. Achte darauf, daß du während des gesamten Sprungvorgangs eine deutliche Verbindung zum Pferdemaul beibehältst. Vor allem bei der Landung sollte dein Pferd ein wenig in die Hand springen. So bleibt es an den Hilfen und hat nicht alle Möglichkeiten, gleich wieder übertrieben zuzulegen. Laß dein Pferd nicht allein und gib ihm mit einer deutlichen Zügelanlehnung eine Hilfestellung. Jedoch sollte die Anlehnung zu jeder Zeit elastisch bleiben, damit die aufwölbende und dehnende Rückentätigkeit (Bascule) deines Pferdes nicht behindert wird.

Verweigern

URSACHE: *Etliche Gründe, die bereits im Kapitel über das Kleben am Eingang aufgeführt wurden, sind auch für verweigernde Pferde Anlaß genug, ihre Abneigung gegen Sprünge zu zeigen. Irgend etwas ist ihnen nicht geheuer.*

Vielleicht war das Tempo zu schnell oder zu langsam; vielleicht bist du zu lasch geritten, oder du hast dein Pferd mit deinen treibenden Hilfen überfallen und verunsichert. Auch möglich, daß du es zum Absprung fast unter den Sprung geritten hast.

Dein Pferd hat verweigert, weil es aus dieser Situation seine Beine nicht schnell genug anheben konnte, um eine schmerzhafte Berührung mit einer Stange zu vermeiden. Unbewußt hat es mit dieser vernünftigen Reaktion auch deine Gesundheit geschützt.

Das Verhalten verweigernder Pferde ähnelt dem der oben erwähnten Kleber, jedoch zeigen sie ihre Abneigung nicht gleich so offensichtlich und kraß. Während klebende Pferde überhaupt „die Nase voll" haben und das auch oft mit riskantem Steigen und heftigem Ausschlagen zum Ausdruck bringen, beginnt der Ungehorsam verweigernder Pferde zumeist an einem Sprung, der ihnen besonders unsympathisch ist. Bei Pferden, die direkt vor dem Sprung verweigern, befindet sich die Abneigung im „Anfangsstadium" des Ungehorsams. Schließlich laufen die Pferde immer wieder bis zum Sprung. Erst im letzten, entscheidenden Moment verläßt sie der Mut, und sie verweigern. Im allgemeinen läßt sich diese Art von Verweigern beheben, wenn das Sprungvermögen des Pferdes über den Anforderungen der Sprünge liegt.

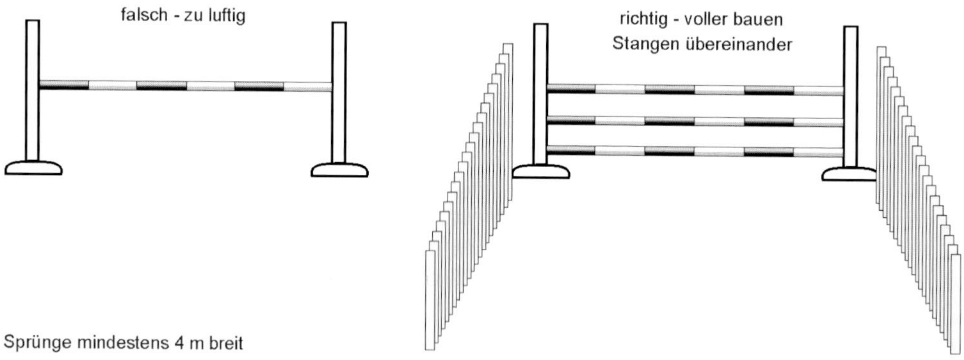

Niedrige Sprünge nicht zu luftig bauen! Junge Pferde möglichst mit Fängen trainieren. Arbeite aber nicht immer nur mit Fängen: Fehlt dann einmal der Fang, huscht dein Pferd vorbei.

Von so luftig gebauten Sprüngen sollten sich nicht nur Richter, wie hier im Bild, sondern auch Reiter abwenden.
Baue Sprünge mit Absprungerleichterungen, die am Boden liegen oder sich zumindest dicht darüber befinden.
Beobachte dich selbst, wenn du ein Hindernis überspringst. Beim Anlauf schaust du dicht vor das Hindernis, um dir auf dem Boden einen sicheren Absprung zu suchen. Hast du ihn gefunden, richtet sich dein Blick auf die obere Begrenzung des Hindernisses. Pferde verhalten sich ebenso.

Bleiben Pferde bereits weit vor dem Sprung konsequent stehen, kennzeichnet dieses Verhalten schon eine deutlichere Abneigung des Pferdes. Hier fällt eine Korrektur wesentlich schwerer. Das Pferd muß erst einmal zum Sprung geritten werden und dann noch darüber.

Grob betrachtet kann man das Verhalten verweigernder Pferde in zwei Kategorien teilen:
Manche Pferde legen vor dem Sprung, sich Mut machend, im Tempo zu. Sie wollen Anlehnung, Geschwindigkeit und Richtung allein bestimmen und verweigern dennoch vor dem Sprung, wenn sie der Mut verläßt oder beim Absprung nicht alles genau paßt. Auf den Zentimeter genau paßt es bei solchem „Anreiten" selten.

Andere Pferde legen zwar nicht sofort den Rückwärtsgang ein, werden aber schon von weitem deutlich langsamer. Von Sprung zu Sprung werden sie träger, obwohl du energisch treibst. Du kommst dir hilflos vor und hast das Gefühl, dein Pferd hätte im Moment des direkten Anreitens einen riesigen Bremsfallschirm hinter sich geöffnet. Bis zum Sprung ist die Geschwindigkeit stark gesunken; deinem Pferd fällt es leicht zu verweigern.

LÖSUNG:

- Kräftige dein Pferd mit ausgiebiger Galopparbeit auf beiden Händen. Lege zu, führe zurück, reite Wendungen mit fliegenden Galoppwechseln – alles im leichten Sitz. Sobald dein Pferd beginnt, am Hals zu schwitzen, legst du eine Schrittpause ein. Ist der Hals abgetrocknet, wiederholst du die Galopparbeit.
- Reite in frischem Tempo viele nied-

rige Hindernisse. Sie sollten nicht zu luftig (nur mit einer Stange) gebaut sein. Verlieren Pferde vor Hindernissen den Respekt, kommt es leicht zu Stürzen, weil sie nachlässig werden und zwischen die Stangen treten. Lege auch bei niedrigen Sprüngen drei oder vier Stangen dicht übereinander oder baue ein Kreuz unter die oberste Stange, damit der Sprung voller wirkt.

Einem gesunden Pferd macht es nichts aus, beinahe täglich einige kleine Sprünge zu überwinden. Schließlich wird dein Pferd von einem „Sprüngchen" nicht wesentlich mehr beansprucht als von einem größeren Galoppsprung. Bekommt dein Pferd bereits bei dieser geringen Belastung, die selbstverständlich allmählich gesteigert werden sollte, gesundheitliche Probleme, ist es für den Springsport ohnehin nicht geeignet.

Ausbrechen, Vorbeilaufen

URSACHE: *Der häufigste Grund: Dein Pferd ist mangelhaft ausgebildet.*

Es gibt aber noch viele weitere Gründe:

- Es galoppiert zu schnell gegen den Sprung;
- es zieht dir die Zügel aus der Hand;
- es scheut vor einem an der Seite stehenden „Hindernis" (aufgespannter Regenschirm, flatternde Plane oder Fahne usw.), das mit dem Sprung direkt nichts zu tun hat;
- deine Zügelanlehnung ist zu lasch;

Links: Das Pferd spingt ein wenig schräg. Es kann den nach links hängenden Reiter schlecht ausbalancieren.
Rechts: Dieses Pferd hat mit der Balance keine Schwierigkeiten. Die Reiterin sitzt tief und beinahe in der Mitte über dem Pferd.

• du sitzt schief auf dem Pferd und ziehst es mit deinem Gewicht zur Seite;

• du stellst beispielsweise im Rechtsgalopp dein Pferd übertrieben nach rechts – es galoppiert über seine linke Schulter nach links, es „bricht nach links aus";

• du berührst beim Rechtseinstellen dein Pferd mit der Springpeitsche an seiner rechten Seite – ein schenkel- und peitschenempfindliches Pferd weicht zur linken Seite. Auch in diesem Fall bricht das Pferd nicht aus, es gehorcht lediglich deinen Hilfen.

Pferde, die gern zur Seite weichen, haben ihre Ohren stets nach vorn gerichtet. Sie achten nicht auf ihren Reiter, sondern kundschaften aus, wo sich eine günstige Gelegenheit zum Ausbrechen bietet. Gewöhnlich springen sie, kurz bevor sie ausbrechen, mit einem größeren Galoppsprung gegen die Hand des Reiters, um sich der Zügeleinwirkung zu entziehen. Mit erhobenem Kopf drängen sie eigensinnig zur Seite. Oft ist die Abneigung gegen einen Sprung so groß, daß sie beim Ausbrechen sogar gegen andere feste oder bewegliche Gegenstände laufen und sich in ernsthafte Gefahr begeben.

LÖSUNG: Sobald dein Pferd ausbricht, versuchst du es erst einmal anzuhalten. Solange es deinem Pferd gelingt, am Sprung vorbeizulaufen, wird es sein Verhalten nicht ändern, auch wenn du hundertmal gegen den Sprung galoppierst.

Schaffst du es, dein Pferd am Vorbeilaufen zu hindern, hast du einen wesentlichen Schritt zur Korrektur getan. Selbstverständlich steigen deine Chancen, wenn du einen niedrigen Sprung ruhig anreitest. Daher ist es nicht von Vorteil, in dieser Situation beispielsweise einen respektablen Hochweitsprung auszuwählen, der mit einem forschem Grundtempo angegangen werden muß. An derartige Sprünge wagst du dich wieder, wenn dein Pferd ruhig und schnurgerade über kleine Sprünge galoppiert.

Gewöhnlich haben Pferde beim Ausbrechen auch eine „Schokoladenseite", zu der sie galoppieren. Zieht ein Pferd gern nach links, stellst du es beim Anreiten einen Hauch nach links, wobei beide Zügel deutlich und beständig anstehen. Mit einem betont treibenden linken Schenkel und einer andauernden angedeuteten Linksstellung sollte es dir gelingen, ein Ausbrechen nach links zu verhindern. Allerdings steigen für das Pferd damit leider auch die Chancen, nach rechts auszuweichen. Das kommt jedoch glücklicherweise seltener vor, weil Pferde im allgemeinen bei ihrer Lieblingsseite bleiben.

Korrektur eines schräg springenden Pferdes

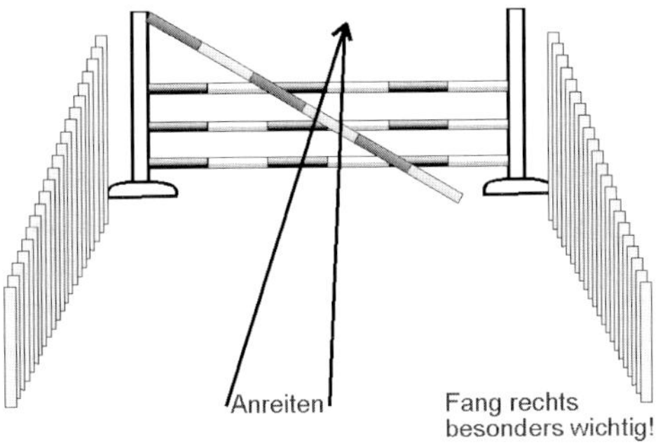

Neigt dein Pferd dazu, beim Absprung nach links zu weichen, baue die linke Seite zu. Reite einen Hauch nach rechts an. Der Fang auf der rechten Seite sollte anfangs Hilfestellung leisten.

Auch wenn dein Pferd noch nicht springt und vor dem Hindernis anhält, erzielst du dennoch einen ersten Erfolg, indem du das Ausbrechen verhinderst.

Bricht dein Pferd ständig nach links weg, vereitelst du den Ungehorsam, indem du neben der leichten Linksstellung ein wenig schräg, von links nach rechts anreitest. Jedoch aufpassen! Reitest du so an, lädst du dein Pferd geradezu ein, rechts vorbeizulaufen.

Selbstverständlich helfen auch breite Fänge, ein Ausbrechen zu verhindern. Eine wirklich reiterliche Lösung sind sie aber

Am Ausbrechen hindern

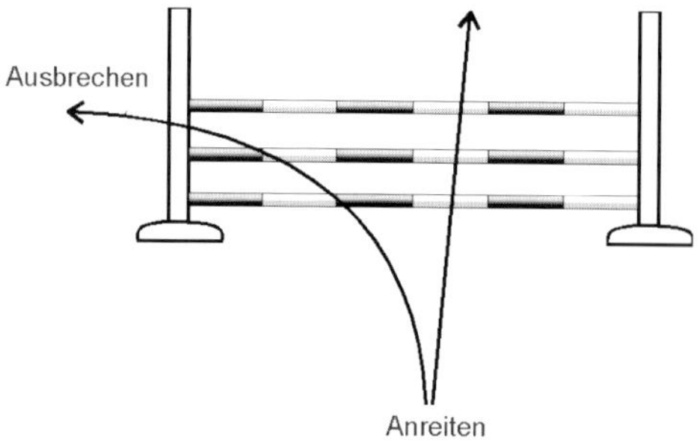

Pferde haben eine Schokoladenseite, zu der sie gern ausbrechen. Reite den Sprung in entgegengesetzter Richtung ein wenig schräg an. So schwinden die Chancen deines Pferdes, vorbeilaufen zu können.
Bricht dein Pferd gewöhnlich nach links aus, reite ein wenig schräg nach rechts an. Eine leichte Linksstellung würde sich zusätzlich günstig auswirken.

nicht. Fehlen auf Turnieren die Fänge, wird dein Pferd wieder wie der Blitz an irgendeinem Hindernis vorbeihuschen. Besonders willkommen sind Hindernisse in Ausgangsnähe oder solche, die vom Ausgang weg geritten werden. An diesen Hindernissen geht ein wenig der Schwung verloren, und die Anlehnung wird entsprechend schwächer. Die Chancen für dein Pferd steigen.

Mein Pferd springt zu flach

URSACHEN:

1. *Das Sprungvermögen des Pferdes reicht nicht aus.*
2. *Die Springtechnik (Bascule) und insbesondere die Beintechnik sind unvorteilhaft.*
3. *Der Sprung wird mit zu hoher Geschwindigkeit angegangen.*
4. *Du hältst dein Pferd zu fest; es drückt während des gesamten Sprungvorgangs stark gegen das Trensengebiß.*

Dein Pferd hechtet sich über den Sprung, der gesamte Ablauf wirkt überhastet. Du hast nicht das Gefühl, daß sich der Pferderücken über dem Sprung wölbt. Obwohl du deinen Oberkörper deutlich senkst, kommt dir der Widerrist nicht entgegen. Der Pferdehals taucht nicht wie bei einem vorteilhaft springenden Pferd über dem Sprung nach unten. Vielmehr wird er verkrampft nach vorn-oben gestreckt. Während der Flugphase erkennst du nicht den Halsrücken des Pferdes, sondern sein Genick als höchsten Punkt. Ein fester, gerader Hals baut sich vor dir auf. Du siehst nicht über die Pferdeohren hinweg, sondern gegen sie. Dein Pferd springt so unvorteilhaft wie ein Reh, das mit erhobenem Kopf, geradem Hals und hängenden Beinen über einen Busch „segelt".

Die Landung fühlt sich schwerfällig und hölzern an. Vorder- und Hinderbeine erreichen fast gleichzeitig den Boden. Während dein Pferd landet, bekommst du einen Stoß, den du beim „rund" springenden Pferd nicht wahrnimmst. Hier federn die zuerst landenden Vorderbeine nacheinander das aufkommende „Sprunggewicht" elastisch ab.

Je tiefer ein Pferd während der Schlußphase eines Sprunges fällt, um so mehr Druck müssen vor allem die Vorderbeine abfedern und an die Vorwärtsbewegung weitergeben. Das „Sprunggewicht" steigt demnach mit der Sprunghöhe.

Sobald dir das klar wird, senkst du dein Gewicht auch nur nach unten in Richtung Widerrist. Neigst du dich dagegen während des Sprungs übertrieben nach vorn, belastest du unnötig die ohnehin schon arg beanspruchten Vorderbeine. Außerdem würde dein Pferd seinen Hals aufwärts richten müssen, um im Gleichgewicht zu bleiben. Ein harmonischer, runder Sprung wäre nicht mehr möglich.

LÖSUNG: Stärke die Sprungkraft deines Pferdes und verbessere seine Springtechnik. Stelle das Galopptraining mit einer Dehnungshaltung in den Vordergrund.

Auge und Geschicklichkeit des Pferdes trainieren

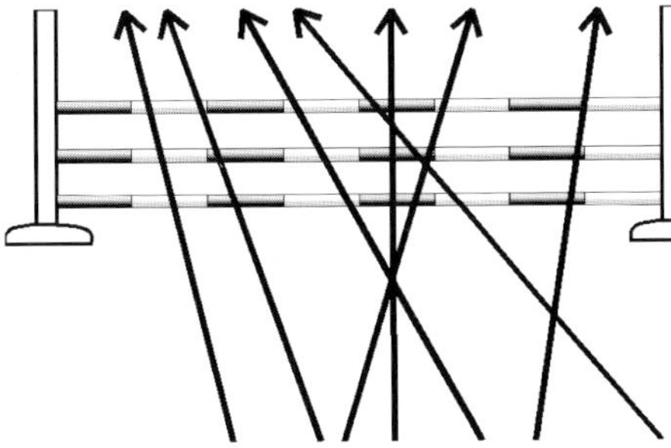

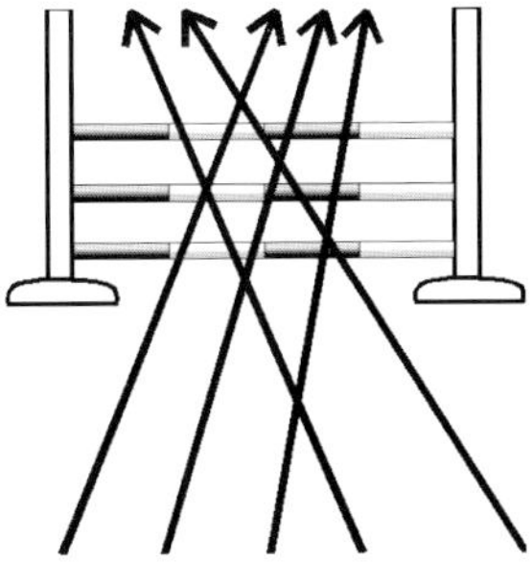

Baue dir einen 6 m breiten Sprung. Nimm besonders dünne Stangen, das Gewicht darf nicht zu groß werden (schwerer als 15 kg sollte die oberste Stange nicht sein). Reite mehr oder weniger schräg oder auch gerade, wie es eben kommt. Hat dein Pferd an Sicherheit gewonnen, trainierst du über 4 m breite Stangen. Schließlich gehst du dazu über, in gleicher Form über einen nur 2 m breiten Sprung zu galoppieren. Zunächst sollten die Sprünge nicht höher als 0,60 m sein. Übe ohne Fang von beiden Seiten.
Das Selbstvertrauen deines Pferdes wächst, der Sprung wird selbstverständlich.

Beim Zulegen dehnt sich der Pferdehals nach vorn und nicht nach oben. Führst du dein Pferd zurück, schiebt sich das Pferd insgesamt etwas zusammen (Ziehharmonika-Prinzip).

Reite zunächst aus einem ruhigen Galopp eine etwas eng gestellte zweifache Kombination mit einem Galoppzwischensprung:

> Steilsprung (0,70 m)
> mit vorgestelltem Bodenrick als Absprungerleichterung,
> nach etwa 7 m ansteigender Oxer
> (vordere Stange 0,60 m, hintere Stange 0,90 m, Tiefe 1,00 m).

Stelle die Kombination in Richtung Platzausgang: So „ziehen" die Pferde mehr gegen das Hindernis, die Übung wird effektiver.

Sämtliche Distanzen und Höhen sind lediglich Vorschläge und setzen gute Bodenverhältnisse sowie eine durchschnittlich große Galoppade voraus. Bei tiefem Boden nehmen die Abmessungen ein wenig ab, auf festem Boden steigen sie. Zwischen schwerem, nassem Sandboden und festem Grasboden kann der Unterschied bei Distanzen mehr als zehn Prozent betragen.

Hat sich dein Pferd mit den Abmessungen der zweifachen Kombination vertraut gemacht, verringerst du nach und nach die Distanz bis auf 6,70 m. Beim zweiten Oxer erhöhst du die vordere Stange auf 0,80 m. Dein Pferd kommt ein wenig dichter an den zweiten Sprung und muß sich vor der ersten Stange des Oxers in acht nehmen. Es lernt allmählich, die Flugkurve nicht flach und weit, sondern auch nach oben zu gestalten. Die Flugkurve wird höher und kürzer.

Gehe mit dieser Trainingsmethode behutsam um. Achte darauf, daß die Zügelanlehnung leicht bleibt, damit dein Pferd seinen Hals den Anforderungen entsprechend benutzen kann. Es muß sich selbständig in der Kombination bewegen können, nur dann macht es eventuelle Fehler auch selbst. Läuft es fast ohne Zügelanleh-

Vorsichtiger durch selbst gemachte Erfahrungen

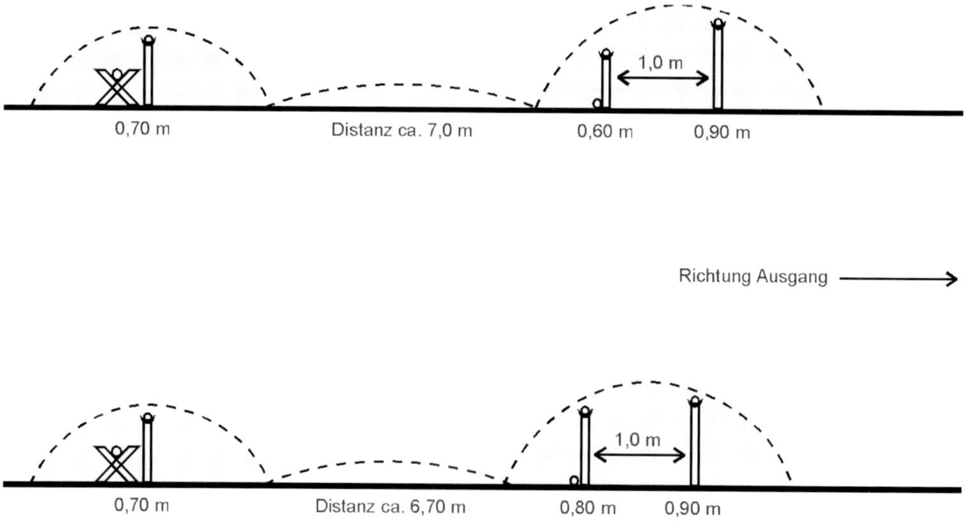

Die Distanz der Kombination wird kürzer, die erste Stange des Oxers liegt höher. Dein Pferd lernt, die Kraft nicht nur in die Weite, sondern auch nach oben zu gestalten. Dein Pferd springt höher und vorsichtiger.

nung und treibende Hilfen gegen eine Stange, lernt es daraus. Es begreift, daß es den Fehler selbst verbockt hat. Beim nächsten Versuch wird es sein Verhalten ändern und die Stangen genauer in Augenschein nehmen.

Rahme die gesamte Kombination mit Fängen ein, damit du auf intensive Zügel- und Schenkelhilfen verzichten kannst. Bestimmst du zuviel mit, kreidet das Pferd dir den Fehler an. Es wird nicht vorsichtiger, sondern unwillig und ungehorsam. Es sollte so aussehen, als spränge dein Pferd frei mit einem Reiter. Sitze ganz still und störe dein Pferd nicht.

Mit der aufgezeigten Übung lernt dein Pferd, nach oben zu springen, weil es aus eigenem Interesse vorsichtiger wird, wobei aber noch nicht gesagt ist, daß es auch runder und mit einer schönen Bascule springt. Es ist sogar möglich, daß sich dein Pferd diesbezüglich ein wenig verschlechtert. Aber das ist kein Grund zur Sorge. Auch hier gibt es zahlreiche Möglichkeiten, die Springmanier des Pferdes zu verbessern. Zum Beispiel diese:

Ausgangspunkt ist wieder die erwähnte zweifache Kombination, jedoch baust du sie nicht mit einem, sondern mit zwei Zwischengaloppsprüngen und einer Distanz von etwa 10,30 m. Benutze auch hier Fänge, obwohl sie bei dieser Übung nicht so erforderlich sind: Zügelanlehnung und Treiben übernehmen wieder wichtige Aufgaben. Stelle jedoch die Kombination nicht wie beim ersten Beispiel in Richtung Ausgang, sondern umgekehrt, vom Ausgang weg. Bei dieser Übung wird ohnehin ein wenig flotter geritten. Eine Kombination in Richtung Ausgang würde hier den Vorwärtsimpuls übertreiben.

Reite im frischen Galopp durch die Kombination und beobachte, wie dicht dein Pferd beim Absprung an den ansteigenden Oxer galoppiert. Verstelle die Kombination, bis dir der Absprung zum zweiten Sprung optimal erscheint (ganz leichtes Unterlaufen).

Im allgemeinen liegt eine günstige Hindernisdistanz bei niedrigen Sprüngen und einem frischen Tempo bei etwa 10,70 m.

Um die gesamte Streckung des Pferdes und die Wölbung seines Rückens zu beeinflussen, machst du aus dem zweiten Sprung fast einen Karree-Oxer:
vordere Stange 0,90 m,
hintere Stange 1,00 m.
Auch dieser Oxer ist zunächst nur 1,00 m breit. Nach und nach vergrößerst du die Tiefe des Karree-Oxers mit der hinteren Stange. Kommst du mit einem beherzten, aber kontrollierten Tempo passend über den Einsprung der Kombination, kann der Oxer nach einigem Training durchaus 1,80 m tief werden. Dein Pferd wird hoch und weit springen, um heil über den Oxer zu kommen. Allmählich findet es heraus, daß es mit einer tiefen Halsdehnung und einem leicht nach oben gewölbten Rücken die Aufgabe leichter meistert. Das Pferd beginnt, „rund" zu springen.

Während du bei der vorherigen Lektion des Vorsichtigmachens lediglich mit einer gleichmäßigen Zügelanlehnung möglichst ruhig sitzt und kaum Einfluß auf

Die Bascule verbessern

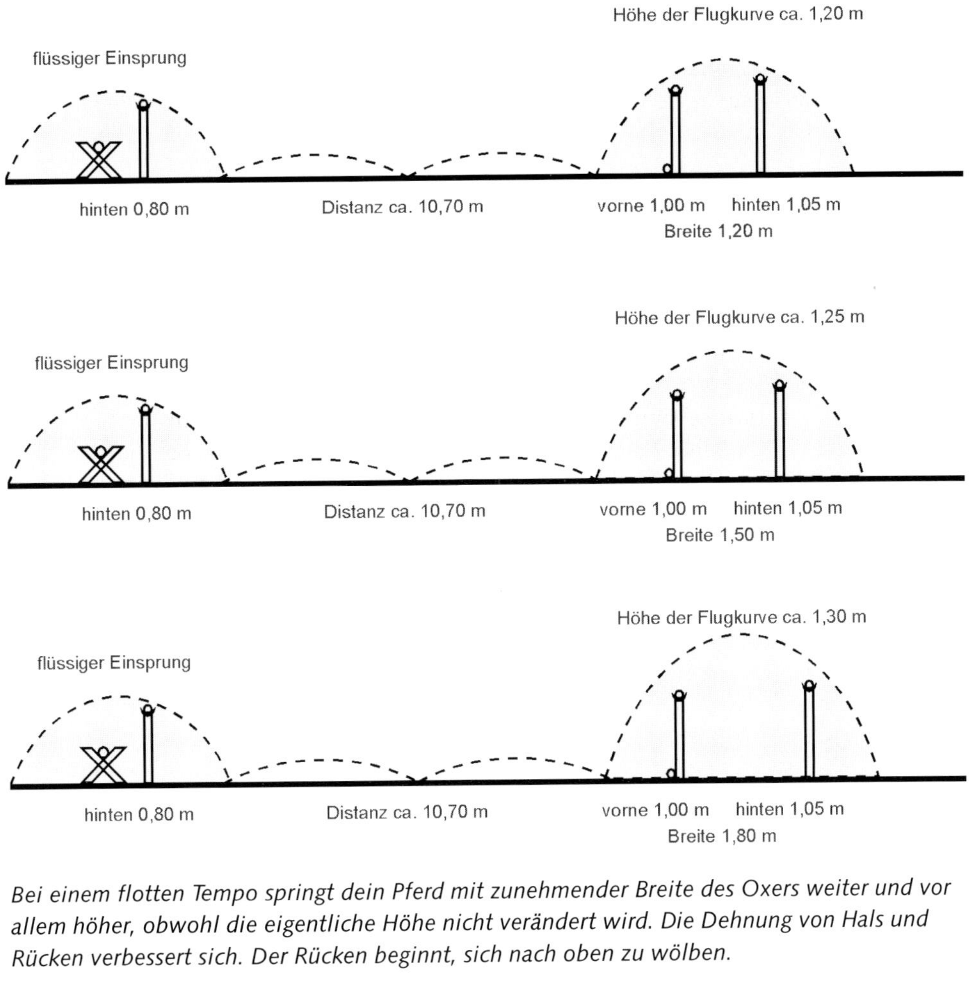

Bei einem flotten Tempo springt dein Pferd mit zunehmender Breite des Oxers weiter und vor allem höher, obwohl die eigentliche Höhe nicht verändert wird. Die Dehnung von Hals und Rücken verbessert sich. Der Rücken beginnt, sich nach oben zu wölben.

Bascule über dem Sprung verbessern

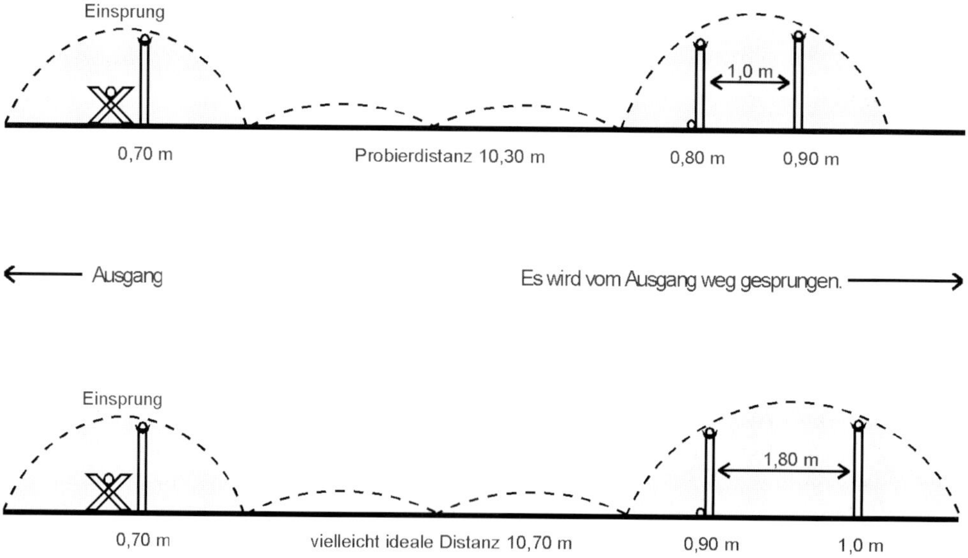

Bei einem flüssigen, weiten Vorwärtssprung wird sich die Rückenwölbung mit einem tiefen, gestreckten Hals verbessern. Die Weite eines niedrigen Oxers bringt dein Pferd nicht in Schwierigkeiten, wenn du mit frischem Tempo genügend Schwung mitbringst.

die Sprunggestaltung nimmst, nehmen deine aktiven Hilfen hier wieder an Bedeutung zu. Dennoch solltest du vermeiden, dein Pferd in den zweiten Sprung zu treiben. Übertriebenes Treiben beim Absprung läßt den Aufwärtsimpuls beim Absprung kaum zur Geltung kommen. Die Vorderbeine deines Pferdes gelangen durch das übertriebene Treiben dicht an den Sprung und stoßen schmerzhaft gegen die vordere Begrenzungsstange des Oxers. Bei einem frischen Tempo hat das Pferd keine Chance, schnell genug die Vorderbeine fast senkrecht nach oben aus der Gefahrenzone zu reißen. Es wird ängstlich und verständlicherweise zukünftig deinen Hilfen mit großem und berechtigtem Mißtrauen begegnen.

Gute Chancen hat es dagegen, wenn es mit ausreichendem Schwung in die Kombination hineinspringen und vor allem den zweiten Sprung des Hindernisses in eigener Regie ausführen kann.

Die einzelnen Phasen:

- Gerades Anreiten gegen den ersten Sprung in frischem Tempo (etwa 400 m/Min.).
- Möglichst auf den letzten drei, vier Galoppsprüngen noch etwas zulegen.
- Die Zügelanlehnung wird ein wenig schwächer, bleibt aber deutlich bestehen.
- Beim Absprung schiebst du deine Hände allmählich mit der Geschwindigkeit nach vorn-unten, mit der sich dein Pferd vom Boden abhebt.
- Über dem Sprung machst du dich klein (Gesäß zurück und tiefe Schultern) und hältst während der Flugphase mit einem ruhigen Sitz eine schwache Zügelanlehnung, die dem Pferd jede Kopf- und Halsbewegung gestattet.
- Bei der Landung trittst du die Bügel vermehrt aus und stellst vorsichtig eine deutlichere Zügelanlehnung her. Dein Pferd sollte bei der Landung ein wenig in deine elastisch führende Hand springen.

• Vor allem beim ersten der beiden Zwischengaloppsprünge suchst du nach der Landung mit deinem Gesäß einen leichten Kontakt zum Sattel, damit deine treibenden Hilfen den Schwung- und Geschwindigkeitsverlust, der während jeder antriebslosen Flugphase entsteht, wieder mit betontem Vorwärtsreiten ausgleichen. Aber schon beim zweiten Galoppsprung reduzierst du ein wenig deine treibenden Hilfen, damit du dein Pferd nicht, wie oben erwähnt, in den zweiten Sprung treibst. Zwar setzen die unterstützenden Hilfen nicht aus, jedoch wird nicht so intensiv getrieben wie beispielsweise auf einem Pferd, das vor einem Sprung verweigern möchte. Leicht angedrückte, ruhige Unterschenkel fordern dein Pferd auf, geben ihm aber auch die Chance, vor dem zweiten Sprung ein wenig „zurückzukommen", um sich für den folgenden Sprung aufzunehmen. So kann es genauer hinsehen, ein wenig vor dem Absprung „abtauchen" und sich wesentlich besser auf den Sprungablauf konzentrieren.

Ähnlich wie Hochspringer in der Leichtathletik gehen auch Pferde vor dem Absprung leicht „in die Knie" und verlagern ihren Schwerpunkt etwas nach unten. Aus dieser Haltung entwickeln sie die größte Sprungkraft. Verhinderst du aber mit allzu deutlichen Zügel- und Schenkelhilfen dieses „Abtauchen", minderst du das Sprungvermögen deines Pferdes.

Reite dein Pferd mit einer passenden Geschwindigkeit in einen vorteilhaften Absprungbereich. Den Sprung selbst laß es jedoch allein gestalten!

Mein Pferd überspringt sich

URSACHEN:

1. *Dein Pferd besitzt zwar ein gutes Sprungvermögen, jedoch läßt mangelhafte Technik es nicht zu, einen ökonomischen und gefahrlosen Sprung auszuführen.*

2. *Du unterstützt dein Pferd während der letzten Galoppsprünge vor dem Absprung nicht genug.*

3. *Hältst du ein Pferd vom Absprung bis zur Landung fest, überspringen sich ehrliche, gehfreudige Pferde. Bequeme Pferde betrachten dies als günstige Gelegenheit zum Verweigern.*

4. *Obwohl dein Pferd noch nicht über genügend Springerfahrung verfügt, baust du breite Karree-Oxer auf.*

5. *Dein Pferd hat sich an einer Stange schmerzhaft gestoßen und bei den folgenden Sprüngen nur noch eines im Sinn: weit weg von Stangen – entweder stehenbleiben oder hoch über die Stangen fliegen.*

Zumeist haben Pferde, die sich überspringen, vor Hindernisstangen einen gehörigen Respekt. Mit steil nach vorn gestellten Ohren nehmen sie den Sprung schon von weitem in Augenschein. Dem Reiter fällt es schwer, vor dem Absprung noch ein wenig zuzulegen. Der außergewöhnliche Respekt schränkt die Gehfreudigkeit des Pferdes ein. Beim Absprung taucht es nicht wie ein flüssig springendes Pferd mit seinem Hals ein wenig ab. Schon während der letzten Galoppsprünge drückt es vielmehr den Hals in Erwartung des Sprungs nach vorn-oben.

Aus dieser ungünstigen Absprunghaltung ist ein runder Sprung nicht mehr möglich. Du spürst deutlich, daß dein Pferd vor dem Hindernis von Sprung zu Sprung ein wenig kürzer wird und seinen Hals verkrampft hält. Dein Blick richtet sich nicht über, sondern gegen die Pferdeohren. Es würde dich nicht sonderlich überraschen, wenn dein Pferd verweigerte.

Überspringt sich dein Pferd mit einer schlechten Technik, so vermittelt dir die gerade Hals-Rückenlinie kein angenehmes Gefühl. Wenn man deinen Sitz und das vermehrte Fehlerrisiko außer acht läßt, bringt es dich selbst jedoch nicht weiter in Schwierigkeiten. Selbstverständlich fällt ein sich überspringendes Pferd, das zudem noch den Sprung mit einer schlechten

Technik ausführt, eher auf die letzte Stange eines Oxers, als wenn es sich dank seiner Technik noch über die Stange retten kann.

Das Sitzgefühl auf einem sich überspringenden Pferd mit einer guten Technik ist aber auch nicht besonders angenehm. Nach dem Absprung wirst du vehement nach oben gestoßen. Der Wölbungsbogen des Pferderückens wird außergewöhnlich, Knie und Unterschenkel verlieren ihren Halt und gleiten aufwärts – du kommst in erhebliche „Wohnungsnot". Bei der Landung verspürst du einen derben Stoß, weil das Pferd erheblich an Geschwindigkeit verloren hat und nahezu steil herunterfällt. Die Vorderbeine liegen im Augenblick der Landung senkrecht unter dem Pferdekörper, so daß nicht die gesamte Hufsohle des zuerst auffußenden Beins, sondern lediglich die Zehen des Hufes den Boden berühren. Das Pferd droht sich zu überschlagen, während du ebenfalls einem deutlichen Übergewicht in Richtung Pferdehals entgegenwirken mußt.

Die Landungen sich überspringender Pferde ähneln denen von Hindernisrennpferden, die über unfair aufgebaute Heckensprünge galoppieren müssen und sich überspringen, weil sie die tiefer liegenden Landestellen nicht einsehen können und daher die Sprungkurve ausschließlich nach der Heckenhöhe ausrichten. So ist die Flugkurve bereits beendet, wenn die Pferdebeine noch weit von der tiefen Landestelle entfernt sind. Die Pferde landen so steil, daß sie sich – auch angesichts des Überraschungseffekts – geradezu zwangsläufig überschlagen.

LÖSUNG: Dein Pferd muß lernen, sich fliegenzulassen. Es soll sicher, flüssig und ökonomisch springen. Der Kulminationspunkt des Hindernisses soll genau senkrecht unter dem des ausgeführten Sprungs liegen. Liegt der Sprung-Kulminationspunkt weiter hinten, gibt es leicht Vorhandfehler, befindet er sich davor, sind Hinterhandfehler möglich.

Mit der in den vorigen Kapiteln aufgeführten Kombination von zwei Zwischengaloppsprüngen lernt dein Pferd das Fliegenlassen. Baue den Einsprung wieder einladend und angenehm, so daß er beim Absprung leicht zu taxieren ist und nicht schon dort ein Malheur geschehen kann. In einer Entfernung von etwa 10,20 m steht nun anstelle des Oxers eine gleichmäßig ansteigende, lediglich 1,20 m breite Triplebarre:

1. Stange 0,40 m,
2. Stange 0,60 m,
3. Stange 0,80 m.

Reite in einem sehr flotten Tempo (etwa 430 m/Min.) durch die Kombination und erweitere die Distanz, bis der Absprung zur Triplebarre genau paßt. Genau passen bedeutet in diesem speziellen Übungsfall, daß der Absprung bei einer Distanz bis zu 11 m oder darüber hinaus auch ein wenig „groß" sein darf. Normalerweise sollten ein breiter Oxer oder eine Triplebarre ein wenig dichter angeritten werden, so daß der Sprung um einen Hauch unterlaufen wird. Nun aber soll sich dein Pferd mit einer ausgeprägten Vorwärtsstreckung in einer weiten und flachen Kurve sich fliegenlassen. Es soll mutig nach vorn springen, Kraft und Zeit nicht nach „oben" vergeuden. Schwung- und Geschwindigkeitsverlust bleiben gering, eine Veränderung fällt kaum auf.

Zu diesem Zweck ist ein weiter Absprung in einem Tempo angebracht, das höher liegt als das übliche Parcourstempo (400 m/Min.). In diesem Fall ist es besser, die Triplebarre „auf groß" anzureiten. Der leichte Kombinationseinsprung gewährleistet, daß dein Pferd in einem forschen Galopp an die Triplebarre kommt und beherzt abspringt.

Eigne dir als Springreiter ein sicheres Tempogefühl an. Du solltest eine genaue Vorstellung davon haben, wann du 300 m/Min. und wann du 400 m/Min. galoppierst!

Das Pferd überspringt sich

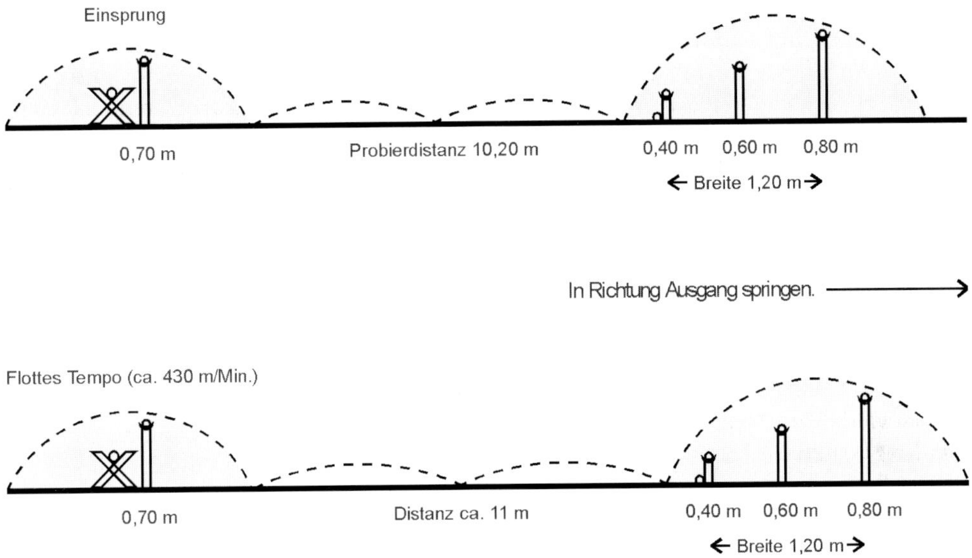

In diesem Fall muß es lernen, mehr nach vorn zu springen. Es soll aus einem frischen Tempo heraus einen flüssigen, gestreckten Sprung über die Triplebarre machen und sich fliegen lassen. Das Motto lautet: Nach vorne!

Auf einer vorher ausgemessenen Strecke von angenommen 400 Metern läßt sich beim täglichen Galoppieren das Tempogefühl mit einer Stoppuhr leicht trainieren. Ebenso solltest du für den Aufbau oder das Abschreiten von Distanzen sehr präzise wissen, wie groß dein Schritt ist, damit du nicht ständig auf ein Maßband angewiesen bist.

Selbstverständlich gehört auch dazu viel Übung und Beharrlichkeit. Denke an wichtige Eigenschaften erfolgreicher Reiter:

- Verständnis für die Situation des Pferdes,
- anhaltende Begeisterung,
- nachsichtige Geduld,
- beharrlicher Fleiß,
- die Fähigkeit, mit den Augen zu stehlen (= erfolgreichen Reitvorbildern konzentriert zuzuschauen, um für das eigene Reiten Anregungen zu bekommen).

Schlußbemerkung

Die oben aufgeführten Fähigkeiten sind natürlich nicht nur für Springreiter richtig und wichtig. Das Schöne am Reiten ist ja gerade, daß man nie auslernt, daß jedes Pferd einen wieder vor neue Rätsel, neue Aufgaben stellt.

Scheue dich nicht, im Training Fehler zu machen. Übung macht den Meister. Aber hüte dich vor einer inneren Einstellung, die alle Fehler dem Pferd zuschreibt! Es gehorcht lediglich deinen Hilfen und bewegt sich nach seinen Möglichkeiten. Trainierst du mit der richtigen Einstellung, kann dich nichts mehr aus der Ruhe bringen. Für Wutanfälle besteht so wenig Anlaß wie für Verzweiflung. Aber du wirst erleben, wie spannend und heiter selbständiges Reiten sein kann.

In vier Jahrzehnten als Amateur- und Berufsreiter habe ich auf etwa eintausend

Dressur-, Spring- oder Vielseitigkeitspferden gesessen. Auf ihnen habe ich eine Strecke zurückgelegt, die etwa dreißig Erdumrundungen entspricht. Unter den vielen Pferden glich keines dem anderen. Das Reitgefühl war bei manchen ähnlich, ganz gleich war es nie. Wollte man auch nur annähernd alle Korrekturmöglichkeiten bei auftretenden Schwierigkeiten berücksichtigen, würde allein das Thema „Verwerfen" ein dickes Buch füllen.

Laß dich deshalb bei Fehlschlägen nicht verunsichern und entmutigen. Beobachte dein Pferd und probiere Varianten aus, von denen du glaubst, daß sie von deinem Pferd verstanden und übersetzt werden können. Suche nach eigenen Wegen und präge deinen persönlichen Reitstil, aber nütze auch jede Gelegenheit, in Kursen – und sei es nur an einem Wochenende – oder bei qualifizierten Lehrern Unterricht zu nehmen und dich korrigieren zu lassen.

Wirke so intensiv auf dein Pferd ein, wie du es vor deinem Gewissen verantworten kannst. Sei ein Freund, nicht der Befehlshaber deines Pferdes.

Zum Abschluß möchte ich weitergeben, was mir Franke Sloothaak zu diesem Buch mit auf den Weg gab:

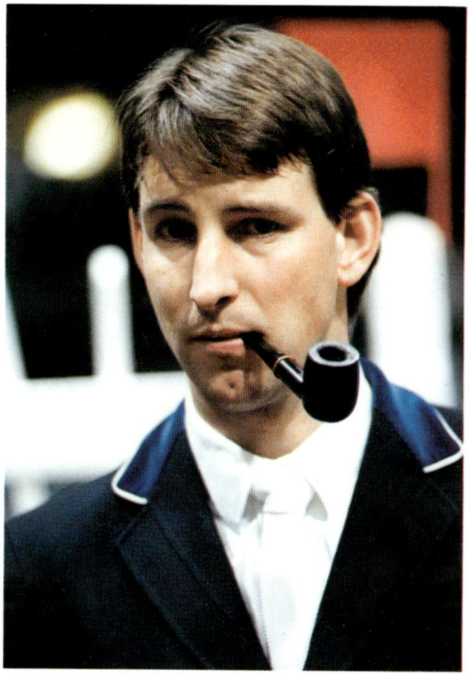

„Ich glaube, es ist sehr wichtig, eine Art Psychiater für sein Pferd zu sein und es so zu akzeptieren, wie es ist, und zu lernen, mit seinen Stärken und Schwächen zu leben. Das perfekte Pferd gibt es nicht, aber wenn man zusammen arbeitet, kann man viel schaffen. Ich denke, es ist unumgänglich, sich immer wieder mit dem Wesen und dem Charakter seines Pferdes auseinanderzusetzen. Hat man dies geschafft, ist der Grundstein für Zufriedenheit und Erfolg gelegt."

(Franke Sloothaak)

Register